# L'Afrique par les Africains : utopie ou révolution ?

Edouard MATOKO

# L'AFRIQUE PAR LES AFRICAINS :

# UTOPIE OU RÉVOLUTION ?

L'Harmattan
5-7, rue de l'Ecole-Polytechnique
75005 Paris

*Photo de couverture : Quelle Afrique laisserons-nous aux générations futures ?*
*(Photographie de l'auteur)*


ISBN : 2-7384-4561-6

*A Élodie et Fabien,*
*A tous les enfants d'Afrique,*
*décideurs de demain à qui,*
*incombera la tâche ingrate*
*de réparer nos erreurs*
*d'hier et d'aujourd'hui.*

## *REMERCIEMENTS*

*Je voudrais remercier tous ceux, amis et proches qui, de près ou de loin, m'ont toujours soutenu et encouragé dans cette entreprise ardue qu'est la rédaction d'un ouvrage de réflexion. Qu'ils veuillent bien accepter ici toute ma profonde reconnaissance.*

«Chaque génération doit, dans une relative opacité, découvrir sa mission, la remplir ou la trahir »

Franz Fanon [1]

*Agostino*
Bonsoir, José
*José*
Salut, Agostino. D'où viens-tu?
*Agostino*
De la Présidence
*José*
Je t'offre quelque chose à boire?
*Agostino*
Oui, un verre de Felicidad
*José*
Un verre de Felicidad ?
Tu as toujours refusé de goûter à cette bière...
*Agostino*
Que veux-tu, on change.

Baba Moustapha [2]

---

[1] Franz FANON, *Les damnés de la terre*, Maspéro, Paris, 1968.
[2] Baba MOUSTAPHA, *Le Commandant Chaka*, Collection Monde Noir, Hatier, Paris, 1983.

# Avant-propos

Notre siècle, le vingtième, aura été incontestablement celui des grands progrès scientifiques dans les domaines de la médecine et du savoir et celui des grandes réalisations techniques dans les secteurs de la production industrielle et agricole, progrès et réalisations qui semblaient destinés à profiter aux nations et citoyens du monde entier. Nous nous acheminons vers le vingt et unième siècle qui consacrera encore plus, notamment dans les domaines de la communication et de la transmission des connaissances, la suprématie de l'intelligence humaine.

Et pourtant, les inégalités en matière de développement et de progrès n'ont jamais été aussi frappantes qu'aujourd'hui. Et elles concernent des millions d'êtres humains, quasiment tout un continent: l'Afrique.

Malgré trente années et plus d'analyses et de diagnostics alarmants, de politiques économiques hardies et d'assistance internationale tous azimuts, l'Afrique continue d'accumuler du retard par rapport au reste du monde. Y-a-t-il une fatalité à cela? Y-a-t-il une conspiration internationale qui maintiendrait ce continent dans la pauvreté? Y-a-t-il une prédisposition culturelle de la part des Africains à ne pas accepter le progrès?

Ces questions et bien d'autres non moins importantes, ne sont pas récentes. Pendant plusieurs décennies, les Africains eux-mêmes ont semblé ignorer leur pertinence, laissant à d'autres le soin des analyses et des réponses censées résoudre les problèmes du continent.

Aucune analyse n'est cependant neutre, aucune théorie ne peut se départir totalement de la culture de celui qui l'engendre et encore moins de l'environnement culturel auquel il est censé s'adapter. La personnalisation des analyses, la généralisation et l'acculturation des théories ont souvent eu pour conséquence d'apporter des réponses incomplètes (et a-culturées) à un problème qui, tout en demeurant global, n'en reste pas moins complexe: celui de la persistance de la pauvreté d'un continent dont le moins que l'on puisse dire, est qu'il n'est pas du tout pauvre, au regard de l'immensité de ses richesses humaines et naturelles.

Après tant de voyages qui nous ont donné l'occasion de voir la pauvreté, la misère et l'exclusion dont sont victimes des millions d'êtres humains en Afrique et mesurer le quotidien de la pauvreté et de la misère tel que ne le laissent pas apparaître les statistiques internationales, nous avons voulu y réfléchir.

Il nous fallait poser les questions que beaucoup se posent concernant la régression de l'Afrique. Il le fallait car, à force de côtoyer cette pauvreté, on finit par s'y accoutumer et oublier qu'elle concerne les hommes, les femmes, et surtout les enfants, qui ne demandent qu'à s'affranchir de leur condition d'exclus et à jouir, de manière équitable, des droits fondamentaux reconnus par la communauté internationale, tels l'accès à l'éducation, au travail, aux soins de santé, et par-dessus tout, le droit de prendre part librement aux décisions qui concernent l'avenir de leur pays.

Comme toute réflexion, ce livre aura ses limites. Nous espérons néanmoins qu'il suscitera d'autres réflexions et qu'il contribuera à alimenter le débat sur ce large chantier qu'est et que restera l'Afrique, pour tous ceux qui nourrissent encore l'espoir d'une Afrique par les Africains.

# INTRODUCTION

René Dumont annonçait au lendemain des indépendances que l'Afrique noire était mal partie[1]. Quelle que soit l'opinion que l'on puisse avoir sur ce diagnostic, force est de constater que ces propos restent encore d'actualité. Bien des choses ont certes changé depuis :

- d'un côté, le Dahomey est devenu *Bénin*, le Congo-Léopoldville est devenu *Zaïre*, la Haute-Volta *Burkina-Faso*, les dernières colonies portugaises d'Afrique ont acquis leur indépendance, la *Namibie* et le *Zimbabwé* ont accédé à la souveraineté internationale, *l'Afrique du Sud* s'est enfin libérée du joug de l'apartheid;

- de l'autre, l'Afrique est un continent en proie à tous les maux: pauvreté, exclusion sociale, accroissement démographique incontrôlé, chômage des jeunes, violence urbaine, résurgence de maladies endémiques, déstructuration du tissu social, désintégration de l'Etat et instabilité des pouvoirs politiques, repli croissant sur les identités ethniques et tribales. Elle se marginalise du reste du monde[2].

Les coups d'Etat et les révolutions de palais ont mis successivement en place des pouvoirs autoritaires et oppressifs appauvrissant la grande masse des africains. La démocratie qui a émergé sur le continent à partir de 1990, suscitant espoirs et euphories, a été entre-temps pervertie et s'est enlisée dans les

---

[1] René DUMONT, *L'Afrique noire est mal partie*, Seuil, Paris, 1973.

[2] Avec une population de plus de 110 millions d'habitants, le continent africain ne participe que pour moins de 100 milliards de dollars au commerce mondial, soit moins que la seule ville de Hong-Kong (10 millions d'habitants) qui réalise à elle seule plus de 110 milliards de dollars de commerce mondial. Données citées par Denis CLERC, *Pour un commerce international à visage humain*, Actes du Colloque « Pour un commerce Nord-Sud équitable », Artisans du monde/Alternatives économiques, Paris, 14 mai 1993.

sables mouvants de ce que certains appellent déjà la « démocrature ».

Certes, des progrès ont été réalisés dans un certain nombre de domaines économiques et dans certains pays, comme nous le verrons plus loin. Mais, en général, le continent tout entier présente des signes de prolétarisation et de paupérisation qui affectent aussi bien la campagne que la ville et qui témoignent d'un processus de régression que les théories économiques semblent impuissantes à enrayer.

Lorsque l'on sillonne le continent africain, loin des grands boulevards et des édifices flamboyants des centre-villes, il y a une Afrique pauvre qui, du développement tant réclamé, n'a vu que le côté négatif. Les quartiers périphériques qui s'étalent sans configuration précise et à un rythme effréné autour des grandes villes africaines, en sont l'exemple le plus frappant: Treichville, Kumassi, Blokosso à Abidjan, Medina, Pikine à Dakar, Talanguaïe, Mfilou, Mikalou à Brazzaville, Mushin, Oshodi à Lagos, autant de noms de quartiers qui évoquent la misère et la pauvreté d'une grande partie du continent. Ils montrent le spectacle d'une population établie là dans l'espoir de profiter de l'apparente abondance de la vie urbaine. Bien que survivant grâce aux réseaux de solidarité traditionnelle, cette population reste marginalisée et tente tant bien que mal, de s'accommoder des contraintes « consuméristes » imposées par la vie urbaine moderne.

Mais au-delà des aspects de la vie quotidienne, la question qui est posée aujourd'hui à tous les Africains et à laquelle nous tenterons de répondre, est celle de savoir si l'Afrique est capable de changement et si les échecs de ces trente dernières années peuvent être passés, au compte des pertes et profits, par une simple opération de remodelage politique des institutions et des systèmes de gouvernements.

L'Afrique bouge, elle change, elle prend son destin en main, entend-on dire de plus en plus, ici et là, depuis que le vent de la démocratisation a soufflé sur le continent. Bien que l'expérience démocratique soit encore récente pour en faire un

bilan exhaustif, on ne peut, d'ores et déjà, s'empêch
s'interroger sur son impact véritable et sur les espoi
changement qu'elle suscite.

Le danger de la réflexion qui se développe aujourd'hui à propos d'une Afrique qui, enfin, prend son destin en main, c'est celui de croire que par un tour de passe-passe électoral, les véritables mutations sociales et culturelles qui accompagnent le progrès d'une nation découleront de cette simple évidence, en oubliant que ce qui caractérise encore aujourd'hui l'Afrique, c'est la pauvreté et l'ignorance avec leur cortège de drames quotidiens - misère, malnutrition, maladies, violence urbaine -. Qu'on le veuille ou non, que l'on soit «afro-optimiste» ou «afro-pessimiste», l'Afrique vit un drame quotidien dont les premières victimes sont les populations à qui l'on a fait croire que l'indépendance hier, la démocratie aujourd'hui, peu importe la définition et le contenu qu'on leur confère, sont les conditions sine qua non du progrès.

En cette fin de siècle, les défis auxquels les Africains doivent faire face, sont nombreux et complexes : défi de l'adaptation aux nouvelles données de l'économie mondiale, défi de la mondialisation, défi de la démocratie, défi de la paix et de la stabilité. Les Africains sont capables de relever ces défis.

Toute l'Afrique ne subit pas passivement les conséquences de la crise. Dans leur lutte quotidienne contre la pauvreté et de la misère, les populations adaptent leurs modes de vie et leur culture aux impératifs de la crise. Lassées d'un Etat qui semble les abandonner à leur propre sort, elles s'organisent en inventant chaque jour des moyens propres de survie. Elles prennent en main leur propre destin en se substituant à l'Etat et en lui revendiquant des espaces de plus grande liberté. L'espoir du continent réside dans la capacité des Africains eux-mêmes à trouver les réponses adéquates aux problèmes du continent.

Il ne s'agit pas d'inventer de nouveaux modèles de développement aux apparences spectaculaires. En effet, quelque soit le type de développement que l'on envisage, qu'il s'agisse de développement intégré, intégral, autocentré ou endogène, il n'est de doute que les populations africaines marginalisées, les jeunes filles n'ayant aucun accès à une quelconque forme d'éducation scolaire, les femmes analphabètes, les enfants souffrant de malnutrition chronique et de sous-alimentation, les jeunes déscolarisés traînant dans les rues des grandes métropoles, pour ne citer que ceux-là, n'attendent certainement pas du type de développement qu'on leur proposerait, les réalisations gigantesques et inutiles qui ne servent qu'à les exclure de plus en plus dans un environnement où ils ne comptent pour rien.

Ce qu'ils espèrent et attendent c'est tout d'abord que leurs besoins les plus élémentaires soient satisfaits: besoin de s'instruire pour comprendre et décoder le monde qui les entoure, besoin de jouir d'une bonne santé, besoin d'avoir accès à une alimentation saine et équilibrée, besoin de s'épanouir dans un environnement sain, préalables à toute vie humaine décente.

Notre démarche consistera à :

- retracer brièvement l'évolution de la pensée économique du développement et en dégager les limites théoriques et pratiques. La crise actuelle est essentiellement la résultante de deux facteurs. D'un côté, elle est le produit de trente années d'échecs des politiques économiques et sociales aujourd'hui symbolisées par une certaine «rupture» de la pensée économique du développement. De l'autre, elle est le résultat de la faillite de l'Etat africain moderne et des systèmes de gouvernement dont la carence principale a été l'absence d'un projet de société cohérent et démocratique;

- montrer les conséquences de la crise des pouvoirs d'Etat à travers une analyse des données socio-économiques du non-développement : généralisation de la pauvreté et de la misère tant urbaine que rurale, marginalisation du monde rural, faillite des systèmes éducatifs ne répondant point aux aspirations d'une grande partie de la population, carences des systèmes de santé publique incapables de garantir le minimum de soins, perpétuation d'une aide extérieure accentuant la dépendance économique et culturelle des pays africains. On ne peut faire l'économie d'un bilan qui peut apparaître anachronique devant les espoirs et les mutations qui s'opèrent sur le continent, même si cela devait signifier redire les mêmes vérités - que l'on a souvent refusé d'admettre -, enfoncer des portes déjà ouvertes;

- indiquer, enfin, des pistes de réflexion pour l'avenir, et démontrer que la pauvreté et la misère ne sont point le fruit d'un déterminisme historique auquel les africains ne pouvaient se soustraire, et que les récentes mutations politiques, marquées par l'avènement de la démocratie, n'entraînent pas nécessairement les changements voulus, mais qu'il faut bien plus que des conférences nationales, des élections libres et de nouvelles constitutions pour changer l'Afrique.

PREMIÈRE PARTIE

# L'UTOPIE DU DÉVELOPPEMENT

«Bientôt nous entendîmes les bruits des motocyclettes, une voiture officielle, encadrée d'une vingtaine de motards, arrivait par l'avenue de la Liberté. Des murmures, des ovations, des applaudissements s'élevaient de la foule. Baré Koulé était salué comme un nouveau dieu par ses compatriotes. On avait oublié déjà la cruauté de sa milice, la fourbe perfidie de ses méthodes d'ascension au pouvoir. Il apparaissait comme le porteur auréolé du flambeau de la liberté, il était celui qui avait arraché par la force notre indépendance (...).
Nous étions indépendants, joyeux, optimistes, mais moi, je restais sur ma faim. J'étais déçu. J'aurais aimé constater, comme par miracle, un changement brusque de la nature, le soleil qui passerait au noir, puis progressivement prendrait un ton clair, rouge, jaune, vert, puis d'une blancheur immaculée, nous enverrait des rayons cléments. J'aurais aimé qu'à l'instant où on nous déclarait indépendants les nuages prennent différentes couleurs, entreprennent une course rapide, que le vent souffle, le soleil soudain disparaisse, les tonnerres grondent, les éclairs brillent, la pluie tombe, arrose la nature et fasse pousser les plantes, puis que tout redevienne normal, mais plus beau qu'avant. Il aurait fallu un miracle comme dans les religions pour célébrer l'indépendance des Marigots du Sud, mais les miracles ne prolifèrent que dans nos fantasmes. Le rêve m'avait pendant quelques instants éloigné de la réalité.».

Alioum Fantouré[1]

[1] Alioum FANTOURÉ, *Le cercle des Tropiques*, Présence Africaine, Paris, 1972.

# CHAPITRE I

## LA CRISE DU DÉVELOPPEMENT

> « Même lorsque tous les experts sont d'accord, il peut arriver qu'ils se trompent »
> Bertrand Russel [2]

> « Il y a des mots doux, des mots qui mettent du baume au coeur et des mots qui blessent. Il y a des mots qui mettent un peuple en émoi et bouleversent le monde. Liberté et démocratie ont été et sont encore de ceux-là. Et puis, il y a des mots poisons, des mots qui s'infiltrent dans le sang comme une drogue, pervertissent le désir et obscurcissent le jugement. Développement est un de ces mots toxiques »
> Serge Latouche[3]

Parler de développement à la fin d'un siècle au cours duquel l'intelligence humaine n'a jamais été aussi féconde, qu'il s'agisse de l'Afrique, de l'Amérique latine ou de l'Asie, ce Tiers Monde qui n'en est plus un et que l'on appelle aujourd'hui avec pudeur le Sud[4], comme pour masquer son éclatement en « sous Tiers Mondes », planètes de misère, d'inégalités économiques et d'injustices sociales, revient à évoquer une page exaltante de l'histoire de plus de la moitié de la population de la planète.

---

[2] Bertrand RUSSEL, *The skeptical Essays*, Allen & Unwin, Londres.
[3] Serge LATOUCHE, *La planète des naufragés. Essai sur l'après-développement*, La Découverte, Paris, 1991, p. 146.
[4] « Le Tiers Monde n'existe plus, le Sud l'a remplacé », Sylvie BRUNEL, *Le Sud dans la nouvelle économie mondiale*, PUF, Paris, 1995, p.1.

Pour l'Afrique en particulier, celle des indépendances acquises au lendemain de la seconde guerre mondiale, cela revient à évoquer les enthousiasmes des populations, relayés par les aspirations des jeunes élites africaines, certaines pétries au moule de l'administration coloniale, d'autres, imprégnées des nouvelles idéologies révolutionnaires venues de l'Est. Ces élites allaient aborder la nouvelle ère des indépendances avec toute la fougue et l'ardeur que des décennies d'oppression coloniale n'avaient pas réussi à dompter. Le développement, comme corollaire de l'indépendance, était le mot-clé des jeunes nations africaines.

Trente années plus tard, les espoirs d'une croissance prometteuse, plus souvent imaginée à l'extérieur du continent, se sont transformés en cruelles désillusions. Alors que dans ce Tiers Monde, aux divergences extrêmes, un nombre de pays hors d'Afrique, ayant connu les mêmes tournants historiques, peuvent aujourd'hui se targuer d'un développement certain, l'Afrique, quant à elle, continue de se mouvoir dans un marasme politique, économique et social dont l'issue ne semble résider que dans la perpétuation d'une manne internationale, profitable à un petit nombre et non exempte de responsabilités[5].

Le développement, ce mot tant utilisé et usé à l'extrême, est aujourd'hui en passe de devenir sujet tabou, tant pour les élites qui en avaient fait leur credo que pour les populations qui en ont fait l'amère expérience à travers nombre de « projets de développement ». Il ne s'agit pas de diaboliser un concept qui, à défaut de mieux, reste encore synonyme de progrès et de croissance. Mais, somme toute, il est opportun de rappeler qu'au nom du développement, les expériences les plus diverses ont été menées sur le continent africain, avec

[5] « Comparé aux autres grandes aires régionales du Sud, l'Afrique offre le triste privilège de présenter dans tous les domaines les résultats les plus défavorables: elle s'identifie au « Tiers Monde » tels que les auteurs le définissaient dans les années 1960 ». Sylvie BRUNEL, op. cit. p. 337.

pour résultat, ce que par antinomie, nous oserons appeler *le non-développement*.

Car, comment nommer autrement cette faillite collective d'un continent qui, du Nord au Sud, regorge de richesses inestimables? Comment qualifier cette aberration énorme qu'est l'Afrique aujourd'hui, végétant entre démocratie et dictature, pauvreté massive et richesse insolente d'un petit nombre ?

## 1. La crise des théories du développement

De nombreuses théories ont été élaborées pour tenter de sortir l'Afrique de l'état d'arriération économique dans lequel l'avait plongée, selon les thèses dominantes au moment des indépendances, plus d'un demi-siècle d'exploitation coloniale. Au cours des années 60-70, l'Afrique a été un vaste champ d'expérimentation de modèles de développement. Elle l'est encore aujourd'hui. Croissance industrielle par étapes, protectionnisme, intégration économique hier, ajustement structurel aujourd'hui, autant de concepts qui ont façonné le paysage économique africain et qui désormais, font partie de la littérature spécialisée.

Cette recherche constante de solutions et la mise en oeuvre de stratégies politiques et économiques adaptées avec plus ou moins de rigueur au contexte africain n'ont pourtant pas abouti à la résolution des problèmes fondamentaux du sous-développement de l'Afrique. Tout semble indiquer, au contraire, que leur application en termes de politiques de développement ont plutôt entraîné des « processus de paupérisation ou de marginalisation de certains groupes sociaux »[6] (et non des moindres, numériquement parlant) et

---

[6] Gérard D. de BERNIS, *Développement ou paupérisation et marginalisation sociale?*, in « Pauvreté, progrès et développement », UNESCO-L'Harmattan, Paris, 1990, p. 87.

accentué l'ampleur du *déficit de développement* dont souffrait déjà l'Afrique à l'aube des indépendances. Doit-on attribuer à la théorie les échecs des politiques économiques des ces trente dernières années?

Les concepts et les politiques qui ont déterminé les stratégies de développement en Afrique méritent d'être aujourd'hui remis en question. Il serait cependant injuste d'en attribuer la seule responsabilité à la théorie et d'ignorer que les pouvoirs qui ont eu la charge de les mettre en application ont bien souvent abusé des concepts que les théoriciens avaient mis à leur portée. En effet, la crise du développement en Afrique, ce n'est pas seulement la crise de la théorie économique du développement. C'est aussi et surtout la conséquence de la crise des pouvoirs africains symbolisée d'une part, par l'effritement de la puissance de l'Etat et d'autre part, par l'émergence de plus en plus visible d'activités parallèles que la théorie identifie comme secteur informel.

On est en droit de s'interroger aujourd'hui sur les raisons de l'improductivité de la pensée économique et sur l'inefficacité des modèles de développement élaborés au début des années 60. Face à la dégradation constante des économies africaines, il convient de reconnaître aujourd'hui que les spécialistes du développement ne semblent guère armés pour trouver les réponses adéquates à la misère grandissante du continent.

Quand on se penche attentivement sur la littérature courante traitant des problèmes du développement, on se rend compte qu'il y a non seulement crise des systèmes économiques mais aussi et surtout crise de la pensée. La période d'euphorie intellectuelle du début des années 60 et du milieu des années 70 qui avait vu fleurir différentes théories économiques prometteuses semble aujourd'hui révolue. La pensée économique apparaît stérile et incapable d'élaborer des modèles complets embrassant toutes les sphères de la vie économique et sociale[7]. Cette incapacité apparaît encore plus évidente à un moment où, d'une part, les mutations de l'économie mondiale consacrent les principes de la libéralisation comme étant le fondement de toute stratégie économique et d'autre part, la globalisation des théories capitalistes néo-libérales nous acheminent vers un système uniforme de production et de consommation.

Les modèles économétriques sur lesquels les plus grandes institutions financières internationales continuent de justifier leur philosophie d'assistance au développement, restent encore dominées par une culture économique fondée sur l'utilisation excessive d'équations mathématiques sans référence historique et culturelle aux sociétés. Le développement c'est encore la croissance mesurée en termes quantitatifs. Le risque d'une rupture de la pensée (et de la fin du paradigme du développement) est donc beaucoup plus présent que ne le laissent paraître les discours politiques des dirigeants africains ou les stratégies d'ajustement proposées par les nouveaux économistes du développement opérant dans les institutions financières internationales.

Le développement lui-même, en tant que paradigme renfermant un ensemble de concepts jusqu'alors admis par tous, semble aujourd'hui trouver plus d'adversaires que d'adeptes. Les interrogations sont actuellement nombreuses quant à sa signification et ses implications en termes de stratégies et de politiques économiques et sociales. Depuis quelques années, en effet, plusieurs chercheurs, provenant de disciplines diverses, tentent de re-situer le paradigme du

---

[7] De retour de Rio de Janeiro où il avait assisté à la Conférence mondiale sur l'Environnement, le Premier Minsitre du gouvernement de transition d'un pays africain "en voie de démocratisation" faisait justement remarquer que la génération d'économistes de la trempe d'Adam Smith dont la théorie recouvrait tous les domaines de la vie économique n'existait plus; symptomatique remarque d'un dirigeant africain appelé à redresser l'économie de son pays au bord de la faillite. Interview à Radio france International (19/6/1992).

développement à la lumière des échecs des politiques du même nom[8].

Les théories du développement peuvent être analysées non pas en fonction des idéologies auxquelles elles s'inspirent mais, en fonction des problèmes qu'elles posent et des solutions qu'elles proposent. Les théories classiques d'inspiration libérale posent le problème du développement en termes de croissance et d'industrialisation, en ayant au préalable identifié le sous-développement, comme un simple retard sur la voie d'une évolution tracée selon un schéma prédéterminé auquel les pays pauvres ne pouvaient échapper - ce qui conduisait naturellement à calquer les modèles de croissance des pays les plus avancés -. A l'opposé, s'est développée une série de thèses s'inspirant d'une démarche structurale et historisante mettant au premier plan les notions de domination, d'échange inégal et de dépendance.

Les années 60 et 70 ont été marquées par l'importance des débats autour de ces deux thèses. Les premières sont celles de la croissance par étapes et du dualisme économique postulant l'existence d'un excédent structurel de main d'oeuvre dans les pays du tiers-monde (notamment en milieu rural). Les secondes se regroupent autour des thèses de la dépendance et du développement autocentré, dénonçant notamment l'asymétrie des relations internationales et la dégradation des termes de l'échange qui relèguent les pays du tiers-monde à la périphérie du système économique mondial[9].

---

[8] Comme l'"écrit Xavier DUPUIS, « on ne peut une fois de plus que reconnaître que la question du développement a été traitée pendant trop longtemps comme une pure question économique que l'on croyait résoudre en important des remèdes miracle et des modèles « clefs en main », en oubliant que le développement ne peut rencontrer le succès qu'à travers une stratégie intégrée qui parie sur les capacités endogènes des pays et des populations locales ». in *Culture et développement. De la reconnaissance à l'évaluation*, UNESCO/ICA, Paris, 1991, p. 25.

[9] A propos des théories du développement et des problèmes rencontrés dans les pays du tiers-monde au moment de leur mise en application, au début des années 50 et 60, voir notamment, *Leading issues in development economics. Selected materials and commentary*, Gerald M. MEIER, Oxford University Press, Londres,

Les stratégies de développement adoptées au lendemain des indépendances, inspirées des thèses classiques, se fondaient sur la dichotomie « tradition-modernité ». Le développement ne pouvait être que moderne tandis que les sociétés traditionnelles étaient induites à s'effacer devant les impératifs du progrès; le monde rural devait servir de base d'approvisionnement pour le développement du secteur moderne urbain et la priorité était accordée aux investissements industriels à forte intensité de capital.

Cette conception a donné lieu à de nombreux modèles d'industrialisation et à la mise en oeuvre de politiques de « rattrapage » visant à combler le retard accumulé par les pays sous-développés[10]. Elle a été à l'origine de nombreuses erreurs qui aujourd'hui pèsent sur le devenir du continent africain. Des tentatives de concilier tradition et modernité ont été réalisées dans quelques pays avec plus ou moins de succès, mais bien souvent les résultats ont été éphémères et n'ont pas résisté aux différentes crises institutionnelles et politiques qui ont secoué l'Afrique[11].

Au terme des deux premières décennies du développement (60 et 70), les expériences et les premiers bilans ont commencé à faire apparaître une diversité de situations entre les pays du tiers-monde : l'Asie oscillant entre la réussite économique de ses nouveaux pays industrialisés (NPI) et l'incertitude de ses géants (la Chine, l'Inde et le Pakistan); l'Amérique Latine titubant entre la miraculeuse croissance apparente du Brésil et l'extrême pauvreté de pays comme le

---

Londres,1964. Voir aussi *La fin des modèles économiques*, Laurence TUBIANA, in « La fin du Tiers Monde », La Découverte, Paris, 1996.

[10] Voir à ce propos : *Industrialisation et développement: la crise des paradigmes*, Claude COURLET et Pierre JUDET, Revue Tiers-monde, n.107, Paris, Juillet-Septembre 1986.

[11] On cite souvent dans la littérature spécialisée l'exemple des « villages Ujamaa » en Tanzanie qui constituaient des unités productives fondées sur la socialisation des moyens de production et sur une organisation sociétale rappelant celle des communautés traditionnelles. Les échecs de ces tentatives courageuses de « socialisme africain ou bantou » sont édifiants à plusieurs égards.

Pérou ou le Guatemala; l'Afrique, quant à elle, restant encore marginale et confrontée déjà aux problèmes récurrents de la famine et la sécheresse.

La fin des années 70 ayant vu l'émergence de phénomènes nouveaux - pauvreté, violence, misère urbaine, - liés à la crise ont sonné le glas des théories optimistes de la croissance en ce qu'elles fondaient leur rationalité sur la formation et l'augmentation du capital et, ce faisant, ne prenaient en compte qu'un des multiples aspects du développement.

La théorie de la dépendance quant à elle, dont le plus grand mérite a été celui de faire prendre conscience, au niveau international, des inégalités entre nations riches et nations pauvres en dénonçant l'existence d'un système d'échanges entièrement dominé par les pays nantis, n'a pas non plus résisté à la crise[12]. Certains auteurs lui reprochent notamment une vision négative des rapports économiques internationaux et une tendance exagérément centripète de la voie nationale vers l'auto-développement [13].

L'heure actuelle dominée par la crise ne semble pas non plus propice à l'innovation en matière de développement. L'urgence des besoins à satisfaire, l'imbrication de phénomènes de pauvreté et de misère requérant des solutions immédiates donnent ainsi lieu à la mise en oeuvre de politiques à court terme tels l'ajustement structurel ou sectoriel, les programmes de stabilisation ou de redressement économique, destinés à rétablir l'équilibre des agrégats macro-économiques et restaurer les comptes de la nation. Tous les experts sont d'accord aujourd'hui pour dire que la panoplie des mesures

---

[12] Les théories de la dépendance sont nées d'une réaction de l'Amérique latine contre les théories de la croissance et de la modernisation. Elle puisaient leur origine dans la doctrine de la CEPAL (Commission Economique des Nations-Unies pour l'Amérique Latine).

[13] « Les obstacles extérieurs qui s'opposent au développement ont été si énergiquement dénoncés que l'on a plus ou moins négligé le problème de savoir comment il convient d'opérer le démarrage, une fois ces obstacles éliminés », Bjorn HETTNE, *La théorie du développement et le tiers-monde*, Agence suédoise de recherche coopérative avec les pays en développement, Stockholm, 1982.

transitoires d'ajustement des structures économiques des pays africains ont provoqué des déséquilibres inattendus et profonds, notamment dans le domaine social, et que les résultats ne semblent pas à la hauteur des sacrifices imposés aux populations[14].

La crise actuelle c'est donc aussi, comme le soulignait l'économiste Ignacy Sachs,

> « une crise des théories du développement . En particulier, celle du réductionnisme à trois étages, d'inspiration mécaniciste, qui ramène le développement à sa seule dimension économique (...). L'économique c'est la seule croissance et celle-ci se fait par le seul jeu de l'accumulation des investissements et du progrès technique »[15].

Il faut donc se rendre à l'évidence, cette évidence cruelle qu'aujourd'hui, les dirigeants africains eux-mêmes semblent enfin admettre avec résignation. L'Afrique ne se développera pas ou jamais tant qu'une certaine conception du développement continuera de dominer les discours politiques et les stratégies économiques des pays africains.

---

[14] Sans vouloir remettre en question la nécessité des programmes d'austérité mis en place pour redresser les économies africaines, ni prétendre que d'autres politiques moins rigoureuses eussent apporté des solutions immédiates à la crise, il apparaît désormais (et de nombreuses études l'ont démontré), que ces mesures ont contribué à augmenter le nombre de personnes pauvres en Afrique. La Banque Mondiale et le FMI tentent depuis quelques années de corriger l'image négative des programmes d'ajustement structurel par la prise en compte des facteurs sociaux en y incorporant une dimension sociale dite « dimension sociale de l'ajustement ». De l'ajustement structurel tout court, on est ainsi passé à l'ajustement structurel renforcé (actuellement en cours au Maroc et au Ghana), après que l'UNICEF ait diffusé le concept d'ajustement à visage humain. Voir à ce propos, *L'ajustement à visage humain. Protéger les groupes vulnérables et favoriser la croissance*, UNICEF, Giovanni Andrea CORNIA, Richard JOLY, Frances STEWARD (sous la direction de), Economica, Paris, 1987.

[15] Ignacy SACHS, *De la crise au co-développement, en quête s'une nouvelle coopération au développement*, CIAO Editeur 1986, Louvain La Neuve, Actes du Colloque International organisé par le Conseil pour le développement intégré de l'Université catholique de Louvain, 15-18 octobre 1985, p. 111.

Nous l'avons vu. Cette conception a pris naissance à partir du moment où il était admis que le sous-développement des pays africains nouvellement indépendants étaient le résultat d'un retard de croissance économique et que le développement se résumait en une simple augmentation de la richesse matérielle mesurée en termes de biens et services. L'Afrique n'a pas échappé à cette règle, comme le note du reste Paye Obanya :

> « L'Afrique a connu de nombreux projets de développement depuis les indépendances. Il fut un temps où l'on confondait la croissance physique et quantitative avec le développement réel. C'est ainsi que les projets nationaux de développement des années 60 et 70 mettaient l'accent sur beaucoup plus de X et beaucoup plus de Y. Un nombre très restreint de pays africains ont peut-être pu atteindre la croissance, mais le développement réel est resté encore loin »[16].

Cette « vision mimétique du développement » a longtemps dominé la théorie économique. Elle a donné lieu, dans la plupart des pays du tiers-monde, à des politiques d'industrialisation inspirées par les économies avancées du Nord. Aujourd'hui, les échecs et les tensions sociales engendrées par ce type de développement « obligent à ne plus confondre exclusivement le développement avec la réussite de l'industrialisation selon des normes transnationalisées »[17].

## 2. La crise des indicateurs du développement

Plusieurs indicateurs sont utilisés au niveau international pour mesurer le degré de développement d'un pays: produit

---

[16] Paye OBANYA, *Quelle école africaine pour quel type de développement*, Bulletin de la Fédération Internationale des Associations d'instituteurs, n. 49, décembre 1993.

[17] J. Philippe PEERMANS, *De la crise au co-développement*, en quête d'une nouvelle coopération au développement, op. cit., p. 211.

national brut, espérance de vie, niveau d'éducation, couverture sanitaire, etc. Munis de tels instruments, on serait donc en droit de croire que la mesure du degré de développement atteint par un pays ne serait plus qu'un simple exercice de logique arithmétique. Apportent-ils pour autant l'éclairage voulu et nécessaire à l'élaboration de politiques et stratégies économiques appropriées à la résolution des problèmes des pays concernés? La réalité semble démontrer le contraire. Les indicateurs, au demeurant fort nombreux selon les domaines d'études et les buts qu'on leur assigne, ne parviennent pas toujours à refléter les évolutions réelles et complexes des sociétés et de leurs éléments constitutifs[18].

Jusqu'au début des années 80, l'on s'accordait tous plus ou moins, avec certitude, sur la validité d'un indicateur commun, le Produit national brut. Le foisonnement actuel d'indicateurs est un signe du degré d'incertitude de la théorie quant à la pertinence des modes de calcul utilisés pour déterminer le niveau de vie d'une nation. Nous nous limiterons, au cours de ce chapitre, aux deux indicateurs qui constituent la base de la plupart des analyses actuelles sur le développement.

***Produit National Brut (PNB)***

C'est l'indicateur le plus connu et le plus utilisé au niveau international. Le PNB c'est ce qu'une nation produit chaque année à partir de ses propres ressources. Il est égal au produit intérieur brut (PIB), « additionné des revenus rapatriés par les travailleurs et les capitaux nationaux à l'étranger, diminués des revenus exportés par les travailleurs et les capitaux étrangers présents dans le pays »[19]. Considéré globalement, il reflète la

---

[18] Déjà au début des années soixante-dix, l'Institut des Nations-Unies pour le Développement Social (Génève) n'en dénombrait pas moins d'une soixantaine recouvrant différents domaines : santé, éducation, nutrition, démographie, agriculture, industrie, transports, services, etc.

[19] Selon les sytèmes de comptabilité nationale, les pays adoptent le PNB ou le produit intérieur brut (PIB). Le PIB mesure la richesse créée dans le pays pendant l'année, en additionnant la valeur ajoutée dans les différentes branches. Certains

capacité de production d'une nation et le volume de sa richesse; lorsqu'on le rapporte à la population totale, il permet de déterminer la richesse individuelle des citoyens d'une nation (PNB par habitant). C'est sous cette forme qu'on l'utilise pour classifier les pays selon leur niveau de richesse. La plus grande critique qu'on lui adresse est celle d'ignorer la distribution sociale de la richesse, ce qui d'une part, donne une idée peu réelle de la vraie richesse ou pauvreté d'une nation et d'autre part, fausse la comparaison des niveaux de vie entre pays.

Le Gabon avait en 1990, un PNB par habitant estimé à environ 3 000 dollars EU, légèrement supérieur à celui de l'Ile Maurice (2 250 dollars EU) mais bien au-delà de celui du Maroc (750 dollars EU). Est-ce à dire que le niveau de vie au Gabon est supérieur à celui de l'Ile Maurice ou à celui du Maroc? Les citoyens gabonais se sentent-ils vraiment plus riches que les citoyens mauriciens ou marocains ? La Côte d'ivoire qui a un PNB supérieur à celui du Kenya a un taux d'alphabétisation plus bas et un taux de mortalité plus élevé (53,8 pour cent contre 69 pour cent dans le premier cas et 92 pour mille contre 68 pour mille dans le deuxième). Le Koweït a un PNB par habitant supérieur à celui de beaucoup de pays occidentaux sans être pour autant classé parmi les pays développés.

Ces différences montrent combien il peut être difficile d'apprécier le bien-être d'une nation lorsque le développement est mesuré en termes de production de biens et services matériels. Les limites du PNB par habitant ne sont plus à démontrer. Pierre Gourou soulignait déjà avec pertinence, les imprécisions du PNB par habitant en ces termes :

---

pays qui ont connu, jusqu'à une date récente, un système économique dirigiste, priviligient encore le produit matériel net (PMN) ou le produit social global (PSG). Le PSG est la somme de la valeur globale de la production des différentes branches ( et pas seulement de la valeur ajoutée, à la différence du PIB). Le PMN est obtenu à partir du PSG, auquel est soustraite la valeur des consommations intermédiaires. *L'Etat du monde actuel, Annuaire économique et géopolitique mondial*, La Découverte, Paris, 1996, p. 673.

« Comment préciser le niveau du revenu au-dessus duquel sévirait une incontestable pauvreté? Définir le revenu individuel moyen en divisant le revenu national par la population totale : opération grossière qui ne saurait donner satisfaction. Lui échappent en effet les différences sociales et régionales et bien des consommations non monnayables dans une économie rurale de subsistance »[20].

Malheureusement, la théorie n'a pas encore réussi à lui trouver un substitut sauf à lui ajouter des indicateurs complémentaires, beaucoup plus complexes et souvent difficiles à calculer. Dans un monde où les événements se succèdent à un rythme effréné et où la réflexion humaine doit s'adapter avec promptitude à cette accélération, on comprend aisément pourquoi, malgré ses imperfections, cet indicateur est toujours si utile. Il a le mérite de la concision et de la simplicité[21].

***Indice du Développement Humain (IDH)***

Élaboré par le Programme des Nations Unies pour le Développement (PNUD), l'Indice du Développement Humain a la prétention de mesurer le développement, comme son nom l'indique, en y ajoutant une dimension sociale et humaine. C'est un « indicateur composite » qui est le résultat d'un calcul associant à la fois des indicateurs de la croissance économique

---

[20] Pierre GOUROU, *Terre de bonne espérance. Le monde tropical*, Paris, Plon, 1982, p. 343. On peut également reprocher à cet indicateur le fait qu'il ne tienne pas compte des ressources provenant des activités du secteur informel, lequel génère aujourd'hui en Afrique des revenus importants et non négligeables pour une grande partie de la population, notamment en milieu urbain.

[21] Malgré son imprécision, il faut reconnaître qu'il s'est avéré utile en bien d'occasions et c'est là aussi son mérite. N'a-t-on pas entendu en effet certains responsables africains revendiquer haut et fort auprès des institutions financières internationales un modeste PNB sur la base d'un nombre d'habitants supérieur et fictivement déterminé ?

et un ensemble de paramètres du progrès social[22]. Son « adhérence à la réalité » semble beaucoup plus élevée que celle du PNB, mais il a le désavantage intrinsèque de dépendre de plusieurs paramètres. Son calcul est laborieux, coûteux et s'appuie sur des données souvent difficiles à obtenir ou tout simplement inexistantes dans la plupart des pays africains. On reste donc toujours au niveau des estimations et des conjectures. Le rapport du PNUD en relevait lui-même les insuffisances :

> « A ce stade, l'indicateur est une approximation qui permet de saisir les multiples dimensions des choix humains, mais il comporte certaines insuffisances des mesures du revenu. Les moyennes nationales masquent les inégalités de répartition locales et régionales »[23].

Depuis son introduction, du fait de ses insuffisances, ce concept a suscité de vifs débats, qui ont néanmoins permis au PNUD d'affiner sa méthodologie. Ainsi, en 1995, le PNUD reconnaît encore l'imperfection de cet indicateur :

> « le concept de développement humain est beaucoup trop profond et trop riche pour être saisi dans sa globalité par n'importe quel indicateur composite, et même par un ensemble détaillé d'indicateurs statistiques. Il est néanmoins utile en ceci qu'il permet de simplifier une réalité complexe, ce qui est sa fonction première. Les enseignements fondamentaux de l'IDH doivent être complétés par des analyses afin de saisir d'autres dimensions importantes, dont un grand nombre ne se prêtent pas aisément à la quantification: libertés politiques, respect durable de l'environnement et équité intergénérationelle, par exemple »[24].

---

[22] « Revenu, espérance de vie, niveau d'alphabétisation et des ressources permettant de jouir de conditions de vie décentes », PNUD, *Rapport mondial sur le Développement Humain*, 1990.

[23] PNUD, 1990, op. cit.

[24] PNUD, *Rapport mondial sur le Développement Humain*, 1995, p. 20.

Pour autant, le succès obtenu par cet indice auprès des planificateurs des pays en développement augure de son utilité certaine dans les années à venir. Car il révèle ce que le PNB cache : les insuffisances en matière de progrès social, les inégalités d'accès à l'éducation, aux services de santé de base ou à un environnement propre et sans danger, ainsi que les discriminations en matière de libertés humaines, politiques et économiques.

Si les responsables africains prennent la peine d'une lecture attentive des rapports du PNUD, peut-être y trouveront-ils matière à inspiration. En effet, si l'on se réfère au bilan du développement humain présenté par le PNUD, en 1995, que nous reprenons dans le tableau ci-après, on se rend bien compte que malgré quelques progrès accomplis, de nombreuses déficiences subsistent encore.

Produit National brut ou Indice du Développement Humain, les indicateurs ne donnent cependant qu'une image instantanée et souvent superficielle de la réalité. Les subtilités historiques, sociales ou culturelles qui gouvernent les différents modes de formation et de distribution de la richesse nationale dans la plupart des pays en développement ne sont pas nécessairement pris en compte par ces indicateurs. Et comme le dit si bien Gérard. De Bernis :

> « l'échec des politiques de développement va bien au-delà de ce que peuvent révéler des indicateurs qui demeurent globaux. Ils cachent d'authentiques processus de régression, de destructions structurelles qui se traduisent par la paupérisation, la marginalisation sociale de masses importantes »[25]

[25] Gérard de BERNIS, op. cit.

**Bilan du développement humain - Afrique subsaharienne**
(Source : PNUD, Rapport sur le développement humain, 1995)

| PROGRES | MANQUES |
|---|---|
| **SANTE :** - Entre 1960 et 1992, l'espérance de vie à la naissance est passée de 40 à 51 ans. Depuis 10 ans, la part de la population ayant accès à l'eau potable a presque doublé, passant de 25% à 45%. | - Cette région compte seulement un médecin pour 18000 habitants, contre un pour 7000 dans les pays en développement et un pour 390 dans les pays industrialisés. Plus de dix millions de personnes sont infectées par le virus VIH. Plus des deux tiers des séropositifs se trouvent en Afrique subsaharienne. |
| **EDUCATION :** - Depuis 20 ans, le taux d'alphabétisation des adultes a doublé, passant de 27% à 54%.. Entre 1960 et 1991, le taux net de scolarisation a doublé dans l'enseignement primaire et presque triplé dans le secondaire, passant de 25% à 50% et 13% à 38%, respectivement. | - Seulement la moitié des enfants entrant en première année d'école atteignent la cinquième année de scolarisation. Plus de 80 millions de garçons et filles d'âge scolaire n'ont toujours pas accès à l'enseignement primaire ou secondaire. |
| **REVENU ET PAUVRETE :** - Entre 1980 et 1992, la croissance du PIB a été supérieure à 5% par an dans cinq pays d'Afrique subsaharienne : Botswana, Cap-Vert, Lesotho, Maurice et Swaziland. | - Environ 170 millions de personnes (soit près d'un tiers de la population de cette région) souffrent de la faim. Entre 1980 et 1992, le taux moyen de croissance du PIB a été de -0,8% par an. Les dépenses militaires sont passées de 0,7% du PIB en 1960 à 3,0% en 1991. |
| **FEMMES :** - Le taux de scolarisation des filles dans le secondaire a quadruplé au cours des trente dernières années, passant de 8% en 1960 à 32% en 1991. | - L'Afrique subsaharienne possède le plus fort taux au monde de mortalité maternelle: 600 décès pour 100000 naissances vivantes (contre 10 dans les pays industrialisés). Il y a six femmes infectées par le virus VIH pour quatre hommes. |
| **ENFANTS :** - Le taux de mortalité infantile est passé de 165 à 95 décès pour mille naissances vivantes au cours des trente dernières années. | - Environ 6 millions d'enfants souffrent de malnutrition et près de 15% des bébés présentent une insuffisance pondérale. |
| **POPULATION ET ENVIRONNEMENT :** - Les émissions de dioxyde de carbone par habitant sont les plus faibles au monde: 1,04 tonne par an. La consommation de pesticides par habitant est environ la moitié de la moyenne générale des pays en développement. | - Au cours des 50 dernières années, quelque 1,3 million d'hectares de terres agricoles se sont transformées en désert chaque année. Entre 1992 et 2000, la croissance de la population a été estimée à 3% par an. C'est le rythme le plus rapide au monde. |
| **ASPECTS POLITIQUES :** - Depuis 1990, 27 élections présidentielles pluralistes ont eu lieu. Dans 21 cas, il s'agissait d'une première dans l'histoire des pays concernés. Des partis d'opposition ont une existence légale dans 31 pays de la région. | - En 1994, 16 pays de cette région étaient gouvernés par un parti unique ou par les militaires. Fin 1993, cette région comptait plus de six millions d e réfugiés, soit plus d'un pour cent de sa population. |

### 3. Le développement : la fin d'un paradigme?

Lorsque l'on aborde les questions touchant à la notion de développement, on ne peut éviter de rappeler les multiples débats qui ont animé le monde intellectuel autour de ce concept. Peu d'autres termes ont été ainsi fréquemment utilisés et remis en cause par toutes les disciplines touchant l'évolution de l'espèce humaine. Cependant, force est de constater que le développement apparaît à l'heure actuelle comme une notion sans charge émotive et intellectuelle particulière comme elle a pu l'être au cours des années 60 et 70, lorsque se mobilisaient en masse les intellectuels de tous bords pour élaborer les théories les plus hardies. Est-ce la fin d'un paradigme qui a généré pendant trente ans une vaste littérature et suscité les espoirs de millions d'hommes et de femmes?

La complexité et l'asymétrie des relations internationales, les bouleversements géopolitiques à la périphérie, le changement de rapports de force au centre et surtout l'incapacité des dirigeants africains eux-mêmes à assumer des comportements et des mentalités en conformité avec une certaine *éthique du développement*, sont probablement à la base de ce désenchantement.

La crise économique et les problèmes qui en découlent ont remis en cause les modèles et les politiques de développement qui ont construit les sociétés africaines d'aujourd'hui. Ici et là, ont surgi de nouvelles thèses tentant de redéfinir le concept de développement par rapport à l'ensemble des problèmes et des éléments autres que matériels qui gouvernent les sociétés. Le débat n'est pas propre à l'Afrique, il concerne l'ensemble des pays pauvres de la planète.

La tendance actuelle, est de considérer le développement comme un processus global, donnant à chacun la possibilité d'exprimer et d'élargir la gamme de choix qui s'offrent à lui. A partir de là, toutes les remises en question, opérées jusqu'à présent, ont conduit à considérer le développement comme un processus à plusieurs dimensions: dimension économique certes mais aussi dimensions politique, culturelle, sociale et spirituelle, avec au centre l'homme, celui-ci étant la finalité du développement et non simplement le vecteur qui permet de l'atteindre[1]. Ce qui donne brièvement l'enchaînement suivant:

- *économique* : le développement est économique en ce sens qu'il permet la production de biens et services matériels nécessaires à la croissance et au bien-être d'une nation; c'est la thèse classique de la croissance économique qui a servi à expliquer et modeler les programmes de développement des pays du tiers-monde. C'est aussi celle qui aujourd'hui réunit le moins d'adeptes bien que les politiques actuelles d'ajustement structurel s'en inspirent encore largement;

- *politique* : pour qu'il y ait développement, il faut une volonté politique des autorités et une adhésion des populations aux différents projets qui leur sont proposés et dont ils sont les premiers bénéficiaires. Mais pour que ces deux éléments concourent à la réussite du développement, il faut instaurer un système de libertés, en somme, une base démocratique. Les organisations internationales soulignent avec force, depuis quelques années, l'importance du politique dans le processus de développement. Ainsi, le PNUD en fait un des éléments forts de ses analyses sur le développement humain en affirmant sans ambages que « sans liberté (politique notamment), le développement est incomplet »[2]. L'UNESCO, à travers le promotion et la diffusion de programmes éducatifs intégrant les notions de démocratie, de paix et de tolérance, confirme la

---

[1] Ainsi que l'affirme Mr J. Perez de CUELLAR, ancien Secrétaire général de l'ONU et Président de la Commission Mondiale de la Culture et du Développement établie par la Conférence Générale de l'UNESCO en sa vingt-sixième session (1991): « Chacun commence à se convaincre que le développement ne peut se borner au seul développement économique ou matériel (...). Car aujourd'hui, c'est le facteur humain qui est revenu au centre des préoccupations ». Discours prononcé au Conseil Exécutif de l'UNESCO, Paris, 21/10/1992.

[2] PNUD 1990, op. cit.

nécessité d'un changement de mentalités et d'une prédisposition de l'esprit au développement;

- *culturel* : l'insertion du culturel dans la sphère de l'économique constitue aussi depuis quelques années l'argument clé du développement. Le culturel n'est plus considéré comme un élément exogène aux politiques de développement mais comme une des conditions inéluctables de leur mise en oeuvre. En ayant décrété la décennie actuelle (1990-2000), la décennie mondiale du développement culturel, l'ONU a conforté les thèses de plus en plus nombreuses revendiquant la nécessité d'intégrer la dimension culturelle dans le processus d'élaboration et de mise en oeuvre des politiques nationales de développement.

Federico Mayor, Directeur Général de l'UNESCO, l'explique ainsi:

> « pendant plusieurs décennies, jusqu'aux années 80, les principaux théoriciens du développement ont semblé ne pas voir les lacunes, et même les échecs de leur démarche. Il faut pourtant bien se rendre à l'évidence : toute doctrine axée presque exclusivement sur l'abstraction unidimensionnelle qu'est l'homo economicus ne méconnaît pas seulement la profondeur et l'amplitude infinies de notre nature réelle d'êtres humains, elle est aussi indéfendable, y compris sur le plan économique. Pour parler simplement, elle pêche contre l'économie, puisque la croissance économique dépend dans une large mesure des variables culturelles que sont la créativité et l'adaptabilité. Il est désormais de plus en plus clair que la dimension culturelle a une influence décisive sur la sphère économique »[3].

La création par l'UNESCO, d'une Commission Mondiale sur la Culture et le Développement, répond à cette logique et vise à renforcer la compréhension du rôle déterminant que joue la culture dans les changements en cours de par le monde et en particulier dans le processus de développement, au Nord

---

[3] Federico MAYOR, Discours prononcé à l'Institut canadien des Affaires Internationales, *La décennie mondiale du développement culturel à mi-parcours*, Québec, 21/9/1992.

comme au Sud[4]. Mais l'on ne saurait se limiter à définir le développement en maintenant des barrières dogmatiques entre ces différentes facettes et en oubliant que celui-ci reste avant tout « un concept transdisciplinaire par excellence »[5].

La notion de *développement humain* qui, aujourd'hui, semble gagner l'adhésion de toute la communauté internationale, constitue une synthèse des différents concepts du développement et concilie à la fois les objectifs de la croissance économique et ceux de la satisfaction des besoins essentiels, comme l'attestent les définitions suivantes :

> « ce que nous appelons développement humain est le processus qui élargit l'éventail des possibilités offertes aux individus; vivre longtemps et en bonne santé, être instruit et disposer de ressources permettant un niveau de vie convenable, sont des exigences fondamentales; s'y ajoutent la liberté politique, la jouissance des droits de l'homme et le respect de soi »[6];

> « la notion de développement humain repose non pas sur la négation, mais bien au contraire sur l'élargissement de l'objectif de croissance économique. Celle-ci est en effet indispensable si l'on veut atténuer puis éliminer la pauvreté et le dénuement chroniques qui sont le lot d'un bon tiers des 5,3 milliards d'habitants que compte la planète »[7].

---

[4] La Commission a clos ses travaux en décembre 1995, par la publication d'un rapport intitulé *Vers des diversités créatrices,* UNESCO, Paris, 1996

[5] Ignacy SACHS, *Le développement, un concept transdisciplinaire par excellence*, in « Entre savoirs. L'interdisciplinarité en acte: enjeux, obstacles, perspectives », Etudes réunies sous la direction d'Eduardo Portella, Erès, Paris, 1993.

[6] PNUD, 1990, op. cit.

[7] Federico MAYOR, *La lettre du Directeur Général*, UNESCO, n.1, Paris, octobre 1992.

# CHAPITRE II

## LA CRISE DES POUVOIRS D'ETAT

> « Si l'Africain boude l'Etat, c'est parce qu'il a la certitude qu'il s'agit d'un « Etat-hors-la-loi » et cela depuis l'introduction de cet Etat par la colonisation. Aussi cette question qui nous semble fondamentale: la « crise de l'Etat » en Afrique ne serait-elle pas plutôt une crise de leadership politique? »
>
> Guy Rossantanga-Rignault[1]

> « Nous vivons une époque troublée. Une vague irrésistible de liberté balaie de nombreux pays. Ce ne sont pas seulement les systèmes politiques, mais aussi les structures économiques qui commencent à changer dans des pays où les forces démocratiques ont été longtemps réprimées. Les interventions inutiles de l'Etat diminuent. Tous ces éléments témoignent du triomphe de l'esprit humain ».
>
> William Draper III[2]

L'on ne peut parler de la crise du développement en Afrique sans aborder la question du pouvoir car, en définitive, c'est lui qui légitime la théorie et la met en application. La crise

---

[1] Guy ROSSANTANGA-RIGNAULT, *Penser post-modernité africaine: un discours,* in Afrique 2000, Revue africaine de politique internationale, n.11, Paris, octobre-novembre-décembre 1992.

[2] William H. DRAPER III, Administrateur du PNUD. Préface au Rapport mondial sur le développement humain, PNUD 1990.

actuelle qui affecte tous les segments de la société africaine a été engendrée d'abord de l'intérieur par le pouvoir lui-même en usant d'un discours idéologique donnant à l'Etat et aux hommes qui l'incarnaient, le rôle unique de garants du développement.

Loin de nous l'idée d'amalgamer les différents pouvoirs qui ont dirigé en Afrique. Il est juste de reconnaître que certains d'entre eux ont réellement tenté d'affranchir leurs pays du cercle vicieux de la pauvreté, bien des fois en s'aidant de théories audacieuses et « révolutionnaires ». Loin de nous aussi l'idée de trouver un quelconque « bouc émissaire » responsable des maux africains. Nous convenons pleinement avec Emmanuel Terray que :

> « le temps est passé de ces analyses qui faisaient d'un impérialisme occidental aussi omnipotent qu'abstrait l'unique acteur de la vie économique et politique du continent, et qui ne laisse aux africains que le choix entre deux rôles: celui de fantoche plus ou moins complice, celui de victime plus ou moins résignée »[3].

Cela étant, il serait tout aussi simple, par ailleurs, d'ignorer la permanence du caractère asymétrique des relations internationales[4] et d'occulter les indéfinissables et obscures connexions entre les pouvoirs africains et les anciennes métropoles; connexions qui échappent bien souvent à la logique de la gestion de la chose publique pour se confondre

---

[3] Emmanuel TERRAY, Introduction à *L'Etat contemporain en Afrique*, L'Harmattan, Paris, , 1987.

[4] L'asymétrie des relations économiques internationales se traduit par une domination des puissances industrielles (le centre « dominant ») sur les économies des pays pauvres (la périphérie « dominé »): hier, par la mainmise des Etats coloniaux, aujourd'hui, par le relais des firmes transnationales et, plus subtilement, par la diffusion de modèles culturels de consommation; le « dominant » imposant inévitablement au « dominé » sa rationalité politique, économique et culturelle.

avec les intérêts des individus au pouvoir et des économies occidentales dominantes[5].

Les deux démarches ne s'excluent pas[6]. Mais les sentiments de culpabilité et d'auto-flagellation qui affleurent ici et là parmi les intellectuels africains ne doivent pas nous faire oublier non plus que l'Afrique a tout de même subi, bon gré mal gré, un siècle de déportations esclavagistes et bien d'autres de domination économique et politique. Trente années ne suffisent pas à remodeler une société bousculée jusque dans les tréfonds de son âme, de sa culture et de son être. On ne construit pas l'avenir sans un peu d'histoire et en faisant soudainement table rase d'un passé encore récent dans la mémoire collective de générations d'africains ayant subi les affres de la colonisation.

## 1. L'Etat : crise et décadence

Pour étayer nos propos sur la crise des pouvoirs, nous dirons d'abord que la crise économique africaine a des racines profondes qui se perdent dans les méandres obscurs des pouvoirs locaux pour ensuite étendre leurs ramifications à l'extérieur. La structure qui, aux yeux de tous, incarne le pouvoir en Afrique c'est l'Etat. Même si aujourd'hui, de nouveaux acteurs émergent avec force sur la scène politique, profitant des carences d'un Etat éprouvé par la crise et le changement démocratique, c'est encore à travers lui que se matérialise l'autorité publique et c'est en se servant de lui que se produit l'accumulation de la richesse, sa reproduction et sa redistribution.

---

[5] Pour une lecture contemporaine des relations entre les anciennes métropoles et les dirigeants africains, on peut lire notamment l'ouvrage de Stephen SMITH et Antoine GLASER, "*Ces messieurs Afrique. Le Paris-village du continent noir*", Calmann Levy, Paris, 1992.

[6] Celle qui consiste à accuser l'impérialisme et celle qui procède d'une autocritique des Africains eux-mêmes.

Il n'est donc pas possible d'expliquer la crise actuelle en ignorant le rôle que cette superstructure a joué et continue de jouer dans le développement de l'Afrique. Nous reprenons quelques-unes des idées majeures exprimées par les spécialistes qui se sont penchés sur cette question[7].

Le rôle de l'Etat a fait l'objet de nombreuses études et les théories économiques n'ont pas manqué de stigmatiser sa fonction essentielle dans la processus de développement des pays africains[8]. La logique d'un Etat puissant et centralisateur se présentant, au lendemain des indépendances, comme le seul instrument capable de garantir le développement des jeunes nations africaines en quête de modernité est ainsi expliqué par Jean François Médard :

> « la crise des Etats africains constitue l'une des dimensions essentielles de la crise des sociétés africaines. En raison d'une conception naïve et quasi unanimement partagée d'un Etat de nature purement instrumentale, au service du développement, qu'il soit capitaliste ou socialiste, on avait fait de l'Etat le véritable démiurge du développement. On avait oublié que cet Etat investi d'une mission historique avait une logique spécifique qui ne s'harmonisait pas nécessairement avec la responsabilité qu'on lui avait assignée »[9].

La construction de l'Etat moderne en Afrique s'est faite sur les cendres des anciens royaumes et des structures tribales que

---

[7] Nous n'entendons pas entrer dans le débat conceptuel sur la définition de l'Etat en Afrique. Abstrait, objet évanescent et fantomatique, entité politique ayant un pouvoir institutionnalisé, etc. (J.F. MEDARD, op. cit.,p.52), le simple sitoyen africain a sa propre conception de l'Etat qu'il sait identifier et reconnaître à tout moment, lorsqu'il en a besoin ou lorsqu'il ne lui sert point ou encore lorsqu'il en subit la dictature. C'est en fonction de cette conception élastique de l'Etat que les pouvoirs locaux traditionnels se sont renforcés, et que les influences économiques et les positions sociales se sont tissées au fil du temps et des évènements politiques qui ont marqué l'Afrique post-coloniale.

[8] Le débat est encore loin d'être arrivé à terme. Ainsi, il apparaît, à notre avis, prématuré de prédire une disparition totale de l'Etat au profit d'une autre structure issue de la société civile.

[9] Jean-François MEDARD : "*L'Etat néo-patrimonial en Afrique noire*", op. cit.

le colonisateur avait anéanti ou modelé selon ses propres intérêts. Ce qu'il en est résulté, c'est un Etat dit moderne que les forces sociales traditionnelles et encore plus, les nouveaux dirigeants ont tenté de consolider en s'accaparant les pouvoirs qu'il conférait à tous points de vue, ainsi que le note Jean-François Bayart :

> « ... l'Etat instauré par le colonisateur a d'emblée fait l'objet d'un double mouvement d'appropriation de la part des peuples qu'il s'était soumis. D'une part, il a été investi par les acteurs sociaux autochtones au mieux de ce qu'ils pensaient être leurs intérêts. De l'autre, il a été interprété par ceux-ci en fonction de leurs représentations culturelles propres »[10].

Quant aux élites africaines qui avaient accédé à la direction des nouveaux Etats africains, leur rôle est ainsi analysé par Elikia M'Bokolo:

> « Les élites africaines (...) découvrirent que le projet de construction d'Etats nationaux était à la fois irréalisable et inefficace: irréalisable, parce que le pluralisme et le particularisme ethniques et culturels étaient de règle dans la plupart des Etats; inefficace, parce qu'il risquait de différer des tâches plus urgentes telles que le développement économique. Les idéologies du développement se substituèrent à celles de l'Etat national. Parallèlement, les mêmes élites, qui avaient investi les appareils d'Etat, découvrirent tout l'intérêt qu'il y avait à les conserver tels quels: d'une part, il s'agissait de ne pas remettre immédiatement en cause les privilèges récemment acquis dans l'exercice du pouvoir; d'autre part, il fallait assurer la rentrée régulière des revenus fiscaux dans les mêmes formes que sous la colonisation, mais avec des objectifs avoués différents (le développement); enfin, le maintien de l'ordre intérieur revint aux armées nationales improvisées à partir des forces publiques coloniales. La machine étatique retrouva donc rapidement les attributs répressifs qui avaient été les siens dans la période précédente. Les élites africaines s'efforcèrent de légitimer cette situation de fait par l'instauration du parti unique, l'institution

---

10 Jean François BAYART, *Les Afriques politiques*, Christian Coulon et Denis-Constant Martin (sous la direction de), La Découverte, Paris, 1991, p. 214.

d'un régime militaire ou les deux ensemble. Les puissances étrangères, dont la mainmise ne fit que se renforcer, ne cachèrent pas les avantages qu'elles trouvaient dans cette situation qui semblait garantir la pérennité de leurs intérêts. Cette marche forcée vers les formes d'Etat autoritaire se produisit quelle que fût l'idéologie, révolutionnaire ou modérée, socialiste ou non, dont se réclamait le régime en place ».[11]

L'espace national issu de la configuration géopolitique de l'Afrique, opérée par les puissances coloniales, se retrouvait également légitimée au niveau du continent, du fait qu'il permettait de conserver dans l'immédiat, le statut-quo politique et administratif hérité de la colonisation. Il conférait de facto aux nouveaux dirigeants, la légitimité et la reconnaissance internationale nécessaires à l'exercice de l'autorité publique. Au moment de la fondation de l'OUA (Organisation de l'unité africaine), les dirigeants africains avaient énoncé le principe de l'intangibilité des frontières définies par les puissances coloniales à la Conférence de Berlin[12]. On peut l'interpréter comme une tentative de conservation des pouvoirs légués par les anciennes administrations coloniales. Justifiée par le besoin d'assurer la paix et l'unité du continent, cette démarche n'a pas suffit à affirmer l'unité du continent, comme en témoigne encore aujourd'hui la persistance de revendications séparatistes[13].

---

[11] Elikia M'BOKOLO, *L'Afrique au XXème siècle. Le continent convoité*, Seuil, Paris, 1985, p.336.

[12] Conférence qui consacra le partage du continent entre les anciennes puissances coloniales (1875)

[13] Analysant la teneur des arguments qui avaient prévalu au moment de la fondation de l'OUA, Axelle KABOU écrit: « Au moment où les intellectuels africains semblent convaincus de n'avoir d'autre choix que d'accepter l'OUA dans toute sa médiocrité, il est plus qu'opportun de rappeler que (ses) fondateurs redoutaient l'unité comme la peste, pour trois raisons essentielles qui, loin d'avoir disparu de notre paysage quotidien, se sont singulièrement renforcées depuis la première vague des indépendances africaines: il s'agit du complexe d'inférorité à l'égard de l'occident, de la nostalgie morbide du passé anti-colonial et du racisme inter-africain ». On ne saurait être plus explicite. Axelle KABOU, *Et si l'Afrique refusait le développement?*, L'Harmattan, Paris, 1991, p.198.

Pour expliquer la toute puissance de l'Etat moderne en Afrique, nous retiendrons trois niveaux d'analyse :

- Au niveau politique, la politisation extrême de l'Etat au détriment de sa fonction d'agent du développement, le contrôle de toutes les sphères du pouvoir et la surcentralisation du processus de décision local et national ont trouvé leur expression maximale à travers la création des partis uniques s'identifiant à l'Etat ou, tout simplement, le devançant dans la hiérarchie des institutions publiques. C'est l'Etat-parti omnipotent, s'accaparant, par un discours idéologique fortement imprégné de revendications nationalistes, les prérogatives symboliques et matérielles du pouvoir.

- Au niveau social, l'Etat est devenu le moyen d'ascension de tous ceux qui, jeunes diplômés de l'enseignement supérieur notamment, n'avaient d'autre choix que le recours à un emploi dans la fonction publique. C'est l'Etat-patron, embauchant par voie de connaissance ou d'appartenance à une même tribu, un même clan ou une même famille politique.

- Au niveau économique, l'appropriation des richesses nationales par l'Etat, leur exploitation exclusive sous forme de monopole étatique ainsi que l'octroi de ses largesses aux dignitaires du régime et à leurs proches ou alliés, ont paralysé la créativité de la grande masse des africains[14]. C'est l'Etat-prédateur (tel que le décrivent E. Fottorino, C. Guillemin et E. Orsenna[15]), omniprésent et confisquant notamment sur le plan

---

[14] « L'ensemble du continent noir n'a pas encore rompu avec les blocages internes et la dépendance externe qui affectent son mode de fonctionnement économique. L'Etat y reste tout à la fois hégémonique, faible et inefficace. La logique d'enrichissement par la rente, captée au niveau des flux commerciaux à partir de positions de pouvoir, y reste majoritaire. », *Le Sud éclaté. L'éclatement économique: les disparités régionales*, Jacques OULD AOUDIA, Les Tiers Mondes, Cahiers français, Paris, La Documentation française, n°270, mars-avril 1995.

[15] Eric FOTTORINO, Christophe GUILLEMIN, Erik ORSENNA, *Besoin d'Afrique*, Fayard, Paris, 1992.

industriel, par le jeu des nationalisations ou par la création de sociétés à économie mixte, le surplus produit par la nation.

### *L'Etat-parti*

Les systèmes d'organisation politique des pays africains hérités de la période coloniale ont produit des formes de pouvoir dont la caractéristique principale a été celle de monopoliser l'Etat et toutes les structures s'y rattachant à travers la création de partis uniques[16]. Aussi bien dans les pays à vocation communiste (Congo, Bénin, Guinée, etc.) que dans ceux ayant adopté une ligne plutôt libérale (Côte D'Ivoire, Zaïre, etc.), le parti unique avait les mêmes prérogatives, la seule différence résidant dans le discours idéologique: virulent et porté contre l'impérialisme occidental pour les premiers, fortement teinté de concepts nationalistes et anticommunistes pour les seconds. Le parti unique s'identifiant à l'Etat a constitué le trait dominant de tous les régimes africains.

A propos du Bénin, Théophile Vittin écrit:

> « Le parti reste la principale force dirigeante du pays et le fondement politique auquel tous les organes étatiques sont subordonnés. Il est à la fois l'organe d'inspiration de la politique de l'Etat et l'instrument de désignation des organes d'Etat. Sa nature avant-gardiste s'est traduite dans la formule consacrée par les dirigeants du pays : Le parti dirige l'Etat »[17].

Quant au Malawi, pays longtemps reconnu pour sa stabilité politique et économique, Philippe L'Hoiry écrit:

> « Ce parti (...) a des bases solides, tissant un réseau hiérarchique des plus petits villages au sommet de l'Etat. La vie politique,

---

[16] Notre analyse se réfère à la période précédant la vague de démocratisation à laquelle nous consacrons, par ailleurs, un chapitre dans la troisième partie.

[17] Théophile E. VITTIN, *Bénin : du système Kérékou au renouveau démocratique*, in « Etats d'Afrique noire... », op. cit., p. 101.

économique, culturelle, est quadrillée par le parti et ses organisations annexes (...). Le parti est partout: ici dans un projet de développement, là dans une campagne anti-sida, là encore dans les participations financières qu'il possède (...), dans les secteurs bancaire, industriel et des services »[18].

Dans les deux cas, l'Etat apparaît

> « comme une technologie importée, qui vient se greffer sur une multitude de nations au service de quelques privilégiés. S'il parvient à assujettir l'ensemble de la société, il n'arrive presque jamais à l'intégrer. A défaut d'une motivation et d'une ambition d'envergure nationale, l'Etat fonctionne comme un clan omnipotent parmi d'autres, au sein d'une nation fictive »[19].

La politisation excessive de l'Etat au détriment de sa fonction d'agent du développement pu être effective grâce à la popularisation d'idéologies légitimant l'instauration de partis uniques, seuls moyens de susciter l'adhésion des populations aux sacrifices imposés pour amorcer le prétendu développement. En ce sens, les dirigeants africains ont pu, pendant de longues décennies, légitimer le recours à la violence, l'exclusion et le bannissement des hommes et des forces politiques, économiques ou sociales ayant tenté de s'opposer aux mots d'ordre du parti dominant.

La déroute des systèmes de gouvernement « mono-partitiques » et les bouleversements politiques auxquels nous assistons aujourd'hui, sont bel et bien le signe d'une époque révolue que plusieurs anciens dirigeants tentent encore vainement de préserver ou de mettre à profit en se reconnaissant des vertus de démocrates et fervents partisans du multipartisme.

---

[18] Philippe L'HOIRY, *L'Etat au Malawi, l'Afrique disciplinée,* in « Etats d'Afrique noire », op. cit., p. 297.

[19] François BICABA, *Afrique, s'ajuster ou périr*, Perspectives Africaines, n. 1, avril-mai 1991.

*L'Etat-patron*

En dépit des tentatives de « dégraissage » ou de « déflatage » opérées sous la férule du Fonds Monétaire International, les effectifs restent encore pléthoriques et les maigres ressources dégagées à grand peine par l'Etat sont entièrement dévorées par les salaires des fonctionnaires. L'Etat a embauché, au cours des périodes fastes, sans rationalité aucune, le plus souvent en se fondant sur des critères de nature essentiellement partisane. Aujourd'hui, bon nombre de gouvernements africains sont incapables de pourvoir au paiement des salaires de leurs agents, ajoutant au drame et à la misère de familles entières largement dépendantes des ressources de leurs parents et amis fonctionnaires[20].

Très peu de pays africains ont réellement offert une alternative valable à la fonction publique pour les jeunes diplômés des universités européennes ou africaines. Pourtant, les dépenses d'entretien de ces étudiants (bourses, frais d'internat, etc.) ont représenté pour les budgets nationaux des ponctions énormes sans pour autant que leur rentabilité n'ait été rendue possible par une planification judicieuse de l'emploi.

La fuite des cerveaux, phénomène qui continue de priver les pays africains de cadres de haut niveau en est la résultante la plus significative. On estime aujourd'hui à environ 300.000 le nombre d'africains diplômés exerçant dans les pays industrialisés. L'exode massif des compétences africaines ne résulte pas seulement du manque d'opportunité de travail dans les pays d'origine[21]. Loin s'en faut. L'absence de démocratie et

---

[20] Sylvie BRUNEL estime que 50 à 60% de l'aide publique que la France accorde aux pays africains sont destinés à soutenir les budgets nationaux et notamment à payer les salaires des fonctionnaires. *Le gaspillage de l'aide publique*, Seuil, Paris, 1993, p. 17.

[21] Selon le PNUD, « le manque d'opportunités d'emploi dans les pays africains, a poussé un grand nombre de personnes ayant reçu une éducation supérieure à émigrer pour trouver du travail. Il y a quatre fois plus de médécins ghanéens qui pratiquent à l'étranger que dans leur pays. Le Nigéria a également perdu des

de libertés économiques, l'aggravation des injustices sociales en constituent certainement les causes principales.

L'Etat-patron c'est aussi une administration peu efficace dont la caractéristique principale est de créer les germes de sa propre inefficacité : mauvaise utilisation des effectifs, inertie bureaucratique, résistance aux innovations, culte de l'apparence, favoritisme, pour ne citer que ceux-là.

La mise en oeuvre des projets de développement génère fréquemment une pléthore de nouveaux bureaucrates, chefs de projets, adjoints, sous-adjoints, assistants qui, très souvent, du projet n'en connaissent même pas les objectifs. Ainsi, tel projet a-t-il l'ambition de servir la population d'une zone rurale donnée et ce sont des dizaines de fonctionnaires qui sont aussitôt affectés pour en assurer le suivi avec des budgets de fonctionnement disproportionnés par rapport aux objectifs du projet lui-même et surtout, par rapport aux bénéfices qui en découlent pour les groupes cibles[22].

Mais, il y a aussi le culte de l'apparence:

> « Quand j'ai terminé mes études en Europe en 1987, les boubous amples me plaisaient. Malheureusement à chaque fois que je me présente dans certains bureaux on feint de m'ignorer. Un condisciple m'a conseillé de changer de look. Le jour où je me suis présenté avec un costume strict, mallette en cuir à la main, le gendarme d'en bas m'a laissé passer sans un mot, dans les bureaux, c'est la convoitise »[23].

N'importe quel africain aujourd'hui, jeune cadre, élève ou étudiant, n'aura eu aucun mal à s'identifier à notre héros. Vous vous rendez dans un bureau ministériel dans une tenue correcte mais ordinaire. Le costume et la cravate sont des

---

centaines de personnes hautement qualifiées dans le domaine médical au profit des pays industrialisés », *Rapport mondial sur le développement humain*, 1991.

[22] L'aide internationale tend elle-même à pléthoriser la fonction publique en exigeant la mise en place de structures de projet dépassant les capacités d'absorption et de gestion des administrations locales.

[23] SUD-HEBDO, Hebdomadaire sénégalais, n°60, Dakar, 6/7/1989.

atouts supplémentaires si vous désirez obtenir un rendez-vous en haut-lieu. On raconte souvent en Afrique les histoires d'escrocs bien vêtus, passant pour cadres ou hommes d'affaires, réussissant à fourvoyer la vigilance des secrétaires et des ministres pour obtenir toutes sortes de faveurs inespérées pour le simple citoyen

La pratique du clientélisme et du favoritisme est une activité courante à laquelle n'échappe aucune administration publique africaine et qui absorbe le temps et les énergies des fonctionnaires, comme le décrit Jean-Pierre Magnant à propos du Tchad :

> « la pénurie ne permet pas que passe un tant soit peu dans les faits le principe de l'égalité des citoyens: chacun continue donc à chercher la personne puissante qui lui donnera la recommandation ou l'aide permettant d'accéder à ce que l'on désire, à tel point que l'on ne conçoit plus de ne pas se faire aider pour accomplir quelque démarche administrative que ce soit; la plupart des hauts fonctionnaires, des dirigeants du parti ou des ministres passent une partie non négligeable de leur temps à intervenir pour quelqu'un ou à répondre à une intervention. Le système se généralisant, les passe-droits se multiplient qui remettent en cause toutes les règles de fonctionnement des services publics: que peut faire le petit fonctionnaire lorsqu'une autorité de l'Etat ou du parti lui demande de transgresser une règle? »[24].

### *L'Etat-prédateur*

Dans le domaine économique, l'Etat s'est accaparé le monopole du contrôle de la richesse nationale allant, dans bien des cas, au-delà des prérogatives institutionnelles qui lui étaient reconnues, envahissant et régentant par le biais d'acteurs économiques de circonstance, des secteurs qui

[24] Jean-Pierre MAGNANT, *Tchad, crise de l'Etat ou crise de gouvernement?* in « Etats d'Afrique noire », op. cit., p.197.

auraient pu être efficacement dynamisés grâce à l'entreprise individuelle.

La théorie économique a légitimé en quelque sorte cette tendance tentaculaire de l'Etat, notamment lorsqu'il s'est agi d'amorcer le processus d'industrialisation dans ces pays[25]. Mais, ce que la théorie avait oublié de considérer dans sa logique rationnelle, c'est la relation que les dirigeants africains allaient entretenir avec l'Etat, en tant que structure de création, d'accumulation et de distribution de la richesse nationale, relation de substitution voire d'identification.

Cette importance excessive de l'Etat dans la gestion économique - celui-ci étant perçu comme une « chose » appartenant au chef, à son clan, à sa famille ou à ses fidèles et alliés de circonstance -, ne pouvait qu'engendrer un Etat prédateur dont les intérêts individuels ne coïncident pas nécessairement avec les besoins de la collectivité. Même dans les années plus récentes marquées par l'application de programmes de redressement économique tendant à réduire l'interventionnisme de l'Etat, celui-ci n'a pas manqué de trouver une parade aux exigences imposées par les bailleurs de fonds.

Que ce soit par nationalisations ou privatisations, l'Etat prédateur en Afrique a continué et continue de perpétuer sa mainmise sur l'économie, comme le note encore avec justesse Jean-François Bayart:

> « Les mesures de nationalisation de l'économie, prises dans la plupart des pays à la fin des années soixante ou dans le courant des années soixante-dix, ont souvent été un moyen, pour les détenteurs du pouvoir, de restreindre ou de contrôler des réseaux factionnels susceptibles de les concurrencer; mais, à leur tour, les programmes d'austérité mis en oeuvre à la demande du FMI et de la Banque mondiale dans les années quatre-vingt, et les

---

[25] Ainsi que le souligne M. IKONICOFF, « l'Etat apparaît comme l'agent principal de changement aussi bien dans la conception que dans la mise en oeuvre des projets de développement », *Théorie et stratégies de développement, le rôle de l'Etat*, Revue Tiers-monde, tome XXIV, n. 93, Paris, janvier-mars 1983.

> privatisations qu'ils ont entraînées ont permis aux présidents -...- de transférer à leurs proches les entreprises publiques et de priver les « barons » qui menaçaient de leur porter ombrage d'une partie de leurs prébendes »[26].

S'il ne s'agissait que d'une ultérieure confiscation de la richesse nationale au détriment d'une couche sociale déjà privilégiée, l'on pourrait, à tort ou à raison, en justifier la légitimité. Malheureusement, les intérêts qui régissent la distribution de cette richesse au profit des couches sociales proches du pouvoir sont loin de coïncider avec ceux de la grande masse de la population[27].

Les profits dérivant de cette redistribution inégale génèrent une accumulation de richesse supplémentaire qui ne sert point le développement des pays africains car, la plus grande partie de cette manne n'est pas dirigée vers des investissements productifs locaux. Elle est transférée sous forme de comptes bancaires anonymes auprès d'institutions financières occidentales ou sous forme d'investissements immobiliers à l'étranger quand elle n'est pas destinée à la consommation de biens de luxe importés. Les fortunes amassées par les dirigeants africains, produits d'une corruption généralisée à tous les niveaux, suffiraient à elles seules probablement aujourd'hui, à résoudre les problèmes de liquidités dont souffrent actuellement bon nombre d'Etats africains[28].

Les biens immobiliers détenus en Europe par certains dirigeants africains sont impressionnants : châteaux, villas, appartements et résidences luxueuses au coeur des quartiers

---

[26] op. cit., p. 216.

[27] « Dans ces pays périphériques gouvernés par des dictateurs ou cliques (groupes) préoccupés surtout de la satisfaction de leurs intérêts individuels et visant à leur propre enrichissement, on se trouve souvent devant une activité économique de l'Etat non adaptée à l'intérêt du pays et qui constitue alors un obstacle à la croissance au lieu de jouer un rôle de moteur de développement », Mieczyslaw SZOSTAK, *Le secteur public dans les pays du tiers-monde: sa formation, son expansion*, Revue Tiers-monde, tome XXIV, n. 93, Paris, janvier-mars 1983.

[28] Pierre Péan, *L'argent noir. Corruption et sous-développement*, Fayard, Paris, 1988.

les plus huppés des grandes villes européennes. Il aura fallu la chute de Bokassa, par exemple, pour que l'opinion publique découvre l'existence de son château normand, entretenu en permanence par un personnel tout autre qu'africain. Lorsque l'on imagine les frais importants qu'occasionnait l'entretien d'une telle propriété, fréquentée par ailleurs seulement une ou deux fois l'année, et que l'on considère le nombre de jeunes chômeurs en Centrafrique, on ne peut qu'être choqué par tant d'incurie.

Bokassa qui a été l'un des premiers dirigeants africains à succomber à la fureur populaire n'est qu'un exemple parmi tant d'autres. Il passerait même pour un enfant de choeur quand on le compare à certains autres chefs d'Etat d'Afrique qui, aujourd'hui, défendent becs et ongles, contre le cours inéluctable de l'histoire et au mépris de la volonté populaire, leurs régimes en perte de légitimité.

Mais évidemment, comme le disent encore si bien E. Fottorino, C. Gillemin et E. Orsenna, à propos de l'Etat prédateur, « comment accepter de partager ou d'abandonner un pouvoir si total »?[29].

## 2. L'Etat: fin d'un mythe?

Comme nous l'avons souligné précédemment, l'Etat en Afrique a assumé au-delà de ses capacités réelles toutes les fonctions de contrôle et de direction de la vie politique et économique à tel point qu'aujourd'hui l'une des conditions du succès des politiques de redressement économique repose sur la réduction de son poids dans la vie publique. Que l'Etat se charge de contrôler une grande partie de l'activité économique n'est en rien contraire aux principes de la théorie économique. Mais, comme le dit Elsa Assidon, «la question n'est pas de

---

[29] op. cit., p. 38.

savoir si l'Etat doit intervenir ou ne pas intervenir, mais plutôt de savoir comment et jusqu'où »[30].

Certains secteurs stratégiques devraient revenir à l'Etat car ils renforcent la souveraineté nationale et affirment l'indépendance d'un pays. Dans les systèmes économiques avancés, l'Etat continue de jouer un rôle prépondérant dans la formation et la prise de décision dans les secteurs reconnus stratégiques pour la nation. Mais lorsque celui-ci s'accapare directement ou indirectement le contrôle des secteurs où, traditionnellement, la libre entreprise est la plus efficace, on obtient comme résultat une plus grande inefficacité du fait même que, par essence, la gestion étatique est de loin celle qui concilie le mieux rigueur financière et productivité.

L'Etat en Afrique a fonctionné comme une institution dont la présence et l'implication dans la vie économique paraissaient inévitables, avec pour résultat un gaspillage de ressources et de compétences. La Banque mondiale, dont les préceptes commandent aujourd'hui l'avenir économique des pays africains, en donne le constat suivant :

> « l'Etat exerçant un rôle dominant - les dépenses publiques représentaient en 1986 plus de 27% du PNB (contre 19% seulement dans les pays à faible revenu non africains)-, ses interventions affectent profondément l'efficacité globale de l'utilisation des ressources »[31].

Le problème de la mainmise de l'Etat sur les économies africaines, ce n'est pas tant le fait que les pouvoirs aient cherché à tout faire, mais à le faire mal et à faire ce que les gens auraient pu faire avec plus d'efficacité. L'économiste J.M. Keynes disait à propos de l'interventionnisme des pouvoirs publics que « ce qui est important pour les pouvoirs publics n'est pas de faire ce que les gens sont déjà en train de faire, et

---

[30] Elsa ASSIDON, *Les théories économiques du développement*, La Découverte, Paris, 1993.
[31] op. cit.

de s'y prendre un peu mieux ou un peu plus mal, mais de faire ce que personne d'autre ne fait pour le moment ». Le paradoxe en Afrique a été que les pouvoirs publics n'ont pas seulement fait ce que les gens ne faisaient pas (sous prétexte que l'Etat devait tout faire, nous l'avons mentionné), mais les gens ont fini par faire ce que l'Etat faisait déjà ou leur permettait de faire, sous des apparences de liberté économique.

Lorsque l'on analyse le processus de désengagement de l'Etat en oeuvre dans de nombreux pays africains, on constate que celui-ci se retire de toute activité économique contraint par la crise et non pas comme résultat d'une trajectoire de développement arrivée tout naturellement à maturation. Les transformations économiques tout comme les réformes politiques qui ont cours sur le continent, sont le résultat de contraintes liées essentiellement à la crise économique et aux exigences des bailleurs de fonds.

La tendance actuelle consistant à « désétatiser » les économies africaines, se heurte à l'absence d'un secteur privé national capable d'en prendre la relève. Aujourd'hui que l'Etat se trouve contraint, pressé par la crise et par les bailleurs de fonds, à se désengager des secteurs qu'il avait monopolisé, l'absence d'un secteur privé national rend problématique la reconversion des activités économiques jadis aux mains de celui-ci. Dans un tel contexte, le recours aux capitaux étrangers devient presque inévitable. Encore que derrière ces capitaux se cachent bien souvent des intérêts privés nationaux détenus par une minorité.

Les mouvements de protestation des syndicats qui récusent les privatisations dans beaucoup de pays africains ont souvent pour origine l'opacité et la non transparence des structures mises en place pour mener ces opérations. Ainsi dans le secteur bancaire ou dans celui de l'énergie, les privatisations ont donné lieu à un retour des groupes financiers occidentaux; dans le secteur des transports (l'aviation ou les chemins de fer, par exemple), la gestion des compagnies et sociétés nationales a été confiée à des expatriés. C'est le cas notamment de la compagnie aérienne Air Afrique, longtemps considérée comme le symbole de l'indépendance des Etats membres.

La faillite de l'Etat et de ses pouvoirs représentatifs périphériques a donné lieu à l'éclosion de forces populaires revendiquant les espaces de liberté qui lui avaient été jusqu'à présent confisqués. Ces revendications ont été perçues, au premier abord, comme des mouvements de déstabilisation des pouvoirs en place, alors qu'elles exprimaient tout simplement un désir de plus grande liberté et de participation au développement. Les expériences actuelles de démocratisation vécues dramatiquement dans certains pays n'ont fait que renforcer à l'extérieur du continent l'image d'une Afrique incapable de s'autogérer. A l'intérieur, l'image de l'Etat s'est de plus en plus dégradée et la crise actuelle s'est révélée être une crise inspirée par les pouvoirs locaux.

Pour re-situer le rôle véritable de l'Etat en Afrique, il faudrait que celui-ci apparaisse aux yeux des citoyens comme le garant de ses libertés et de ses droits. C'est là un passage obligé que tous les pouvoirs actuels devraient emprunter, si l'on veut que le développement soit le résultat d'un effort commun des populations et des structures publiques qui sont chargées de les instruire, de les encadrer et de les responsabiliser. Comme le dit si bien Guy Rossantanga-Rignault :

> « responsabiliser l'Africain par rapport à l'Etat revient d'abord à le faire passer du statut de sujet de l'Etat qu'il est aujourd'hui à celui de citoyen. Le citoyen étant celui-là qui sait - ou du moins qui est convaincu - qu'il pèse dans l'organisation et le fonctionnement de l'Etat. Il est celui qui accepte les servitudes de l'Etat parce qu'il sait - ou qu'il est convaincu - que l'Autre a les mêmes devoirs et droits que lui. Le passage d'un statut à l'autre est subordonné à l'instauration de la liberté (qui s'acquiert) et du règne du droit »[32].

[32] Guy ROSSANTANGA-RIGNAULT, op. cit.

Face à l'urgence de la crise et aux solutions qui lui sont proposées, l'Etat africain devrait d'abord s'attacher à restructurer son image et à revaloriser son rôle véritable trop longtemps occulté par les discours idéologiques et les ambitions de domination économique de certains groupes.

Si l'Etat ne peut être ramené à une entité « banale » du fait qu'il représente la structure publique qui, par définition, catalyse les ambitions de tous les citoyens, il doit néanmoins se présenter non pas comme un élément de coercition mais comme une force d'adhésion. Les populations ne demandent qu'à être guidées par des Etats soucieux de leur bien-être, leur octroyant les mêmes droits et devoirs et leur reconnaissant le statut de citoyen, au sens plein du terme.

DEUXIÈME PARTIE

# LE NON-DÉVELOPPEMENT AU QUOTIDIEN

## CHAPITRE III

# POUR COMPRENDRE LE NON-DÉVELOPPEMENT

> « Quel que soit l'indicateur choisi, PIB, PIB par habitant, consommation par habitant, croissance des exportations, croissance des importations, modification des termes de l'échange, prix des produits de base, ratio du service de la dette, aide extérieure, tout n'est, à quelques exceptions près, qu'une succession de chiffres désespérants »
>
> Stephen Lewis [1]

Pour situer le non-développement de l'Afrique, il nous paraît utile de rappeler d'abord les grandes étapes qui ont marqué l'histoire des ces trois dernières décennies. On note ainsi que du sous-développement caractérisé par un manque de moyens financiers et de ressources humaines pour exploiter les richesses existantes, l'Afrique est passée à un stade de non-développement caractérisé par des inégalités énormes, une absence criante de services de base, une incapacité à gérer le potentiel humain et les richesses naturelles dont elle est dotée.

Ce passage du sous-développement au non-développement peut s'expliquer lorsque l'on considère que l'Afrique a en fait,

---

[1] Stephen LEWIS, Conseiller Spécial du Secrétaire Général des Nations-Unies chargé du PANUREDA (Programme d'Action des Nations-Unies pour le Redressement Economique et le Développement de l'Afrique) évoquant en 1988 « la litanie des indicateurs économiques qui hantent et forgent la condition humaine en Afrique ». Rapport UNICEF 1989.

connu trois étapes de développement correspondant aux trois premières décennies post-indépendance, suivant une courbe d'évolution régressive:

- une première étape (1960-1970) qui a été celle du *sous-développement* au cours de laquelle tout espoir de voir l'Afrique, enfin libérée du joug colonial, atteindre un niveau de développement comparable à celui des pays déjà avancés semblait permis. Les théories économiques étaient alors empreintes d'un optimisme à toute épreuve et les stratégies de développement semblaient poser les justes bases d'un mouvement en avant vers le progrès et d'une transformation radicale des sociétés coloniales africaines. Le discours politique autant qu'économique, fortement imprégné des idéologies d'inspiration libéral-capitaliste ou social-marxiste, qui accompagnait les plans nationaux de développement, recelaient une ferme volonté de s'affranchir du sous-développement;

- une seconde étape (1970-1980) qui a été celle du *mal-développement* au cours de laquelle l'on s'est aperçu que non seulement les ingrédients du sous-développement étaient encore présents mais que les recettes préconisées alors n'avaient pas produit, à part quelques exceptions, les résultats escomptés. On notait ici et là l'essor d'activités industrielles qui pouvaient laisser présager d'un développement certain. Mais en même temps, pointaient déjà à l'horizon les premiers signes du non-développement: gabegie financière, paupérisation du monde rural, déstructuration du tissu urbain, extraversion de l'économie et dépendance accrue de l'extérieur.

Le développement à rebours dont la dichotomie villes-campagnes et l'accroissement de la dette extérieure en sont l'illustration parfaite, commençait déjà, au niveau international, à singulariser les économies africaines. Cette période qui a été beaucoup influencée par des facteurs exogènes tels que la détérioration des termes de l'échange, la chute des prix des matières premières, la crise pétrolière, la récession de l'économie mondiale, l'exacerbation des rapports Est-Ouest etc., a pourtant donné lieu à une mobilisation sans précédent de la communauté internationale au point d'inciter l'Assemblée Générale des Nations Unies à en faire « la décennie du développement »[2];

- une troisième étape, objet de notre réflexion, qui marque un net recul par rapport aux maigres progrès difficilement accomplis aux cours des deux décennies précédentes et qui est caractérisé par ce que nous nommerons le *non-développement*. Les maux actuels qui érodent les économies africaines sont connus de tous: faible croissance du revenu national, explosion démographique urbaine et exode rural, dépendance alimentaire accrue et dette extérieure exorbitante, dégradation de l'environnement, implosion des systèmes éducatifs et de santé publique, etc. C'est sans nul doute l'étape la plus dramatique que nous vivons non sans angoisse, alors que nous abordons le troisième millénaire : persistance de conflits internes fragilisant les processus démocratiques en cours, propagation des maladies endémiques et du virus du sida[3]. Paradoxalement, c'est celle aussi qui est traversée par des transformations profondes des systèmes politiques et par l'irruption de nouveaux acteurs occupant les espaces laissés vacants par l'absence des pouvoirs publics.

---

[2] « Décennie perdue » selon les experts car, malgré les engagements des uns et des autres (augmentation de l'aide publique au développement de la part des pays nantis, rigueur budgétaire de la part des pays pauvres), le développement n'a pas été au rendez-vous.

[3] Selon les estimations de l'ONU, « pendant la période 1986-90, la guerre a coûté cher à l'Afrique, en termes financiers (45 milliards de dollars pour la seule Afrique Australe) aussi bien qu'humains »; le SIDA affecte aujourd'hui environ 8 à 10 millions de personnes adultes avec des conséquences néfastes pour les millions d'enfants orphelins et abandonnés.

*Du sous-développement au non-développement*

On considère en général qu'au cours des deux décennies 1960-1970 et 1970-1980, l'économie africaine a enregistré des taux de croissance positifs:

> « l'économie africaine a eu globalement d'assez bons résultats pendant les années soixante et soixante-dix, surtout jusqu'en 1973, puis entre 1976 et 1978. Le PIB et les exportations ont augmenté à un rythme comparable à celui des autres grandes régions en développement et il a été généralement plus rapide que celui de l'Asie du Sud ».[4]

Mesuré en termes de croissance du Produit intérieur brut, et considéré sous l'angle des échanges internationaux, on peut en effet, admettre que le progrès de l'Afrique ait été réel. Et pourtant, ce progrès n'a pas entraîné de développement véritable et surtout durable, et n'a pas non plus permis d'endiguer la pauvreté et la misère de la grande masse des africains. Il aura suffi que la récession économique internationale touche le continent pour se rendre compte que les structures économiques et sociales africaines n'étaient pas préparées à affronter la crise. Les programmes d'ajustement structurel, jugés nécessaires par les bailleurs de fonds, continuent de fragiliser les sociétés africaines et démontrent, si besoin est, que le développement n'est pas seulement question d'équilibre budgétaire.

L'expression quotidienne du non-développement du continent africain, c'est la non satisfaction des besoins les plus élémentaires, pour des millions de personnes qui n'ont d'autre recours que l'invention journalière de modes de survie recréant les réseaux anciens de solidarité traditionnelle. C'est aussi et surtout le résultat de l'absence d'un projet politique

---

[4] *L'Afrique vers la reprise économique. De la stagnation et l'ajustement au développement humain* (une étude de l'UNICEF), Giovanni Andrea CORNIA, Thandika MKANDAWIRE, Rolph von der HOEVEN (sous la direction de), Economica, Paris, 1992, p. 11.

démocratique ayant empêché l'éclosion de forces nouvelles et la participation spontanée des populations aux efforts qui leur étaient demandés.

Tous les rapports des organismes internationaux s'accordent pour reconnaître cependant que les perspectives de développement des économies africaines à court ou moyen terme, tous secteurs confondus, ne sont guère encourageantes. Le déclin de l'économie africaine déjà constatée au cours de la décennie 1970-1980 s'est encore plus aggravée au cours de ces dernières années.

Selon la BAD (Banque Africaine de Développement), le revenu réel par habitant était en Afrique en 1989 d'environ 15 pour cent inférieur à ce qu'il était en 1980. Le FMI (Fonds Monétaire International) estime que le PIB réel par habitant a diminué de 6 pour cent depuis 1981, alors qu'il avait perdu un point durant la période 1972-1981. Quant à la dette et aux contraintes qu'elle impose aux pays africains, les chiffres sont encore plus éloquents[5].

Toujours selon le FMI, le montant total de la dette africaine s'était en 1988-89 stabilisé juste en dessous de 200 milliards de dollars, mais le service de cette dette après avoir diminué en 1987, a de nouveau augmenté pour atteindre 25-27 pour cent des recettes tirées de l'exportation de biens et services, ce qui constitue un retour aux niveaux élevés du milieu des années quatre-vingt. La CEA (Commission Economique pour l'Afrique) estime quant à elle à 5,5 milliards de dollars les sorties nettes de ressources de l'Afrique en 1989. La croissance annuelle du PIB a été de 5,9% entre 1965 et 1973, de 2,5% entre 1973 et 1980 et de 0,5% entre 1980 et 1987,

---

[5] « La dette extérieure africaine totale représente près de 110% des PNB des Etats, plus de trois fois les recettes d'exportation de biens et de services, et son service dépasse le seuil fatidique des 20% de recettes d'exportations. Cette dette a triplé depuis le début des années 1980 et affecte surtout aujourd'hui les pays dits à « revenu intermédiare » comme le Gabon, le Cameroun ou la Côte d'Ivoire, où le service de la dette représente la moitié des exportations de biens et services », Sylvie BRUNEL, op. cit., p. 337.

tandis que la croissance annuelle moyenne de la population était respectivement de 2,6%, 2,8% et 3,1%[6].

Les infrastructures économiques et sociales nécessaires à la satisfaction des besoins essentiels de cette population en constante augmentation sont cependant restées largement insuffisantes, ainsi que le démontrent les indicateurs élaborés par le PNUD pour déterminer le niveau de développement des pays d'Afrique: à l'exception d'un petit nombre de pays ayant un niveau de développement humain jugé moyen par le PNUD, tous les autres pays de l'Afrique subsaharienne sont classés dans le groupe des pays à faible développement humain, groupe dont ils constituent par ailleurs la grande majorité[7].

Les gigantesques réalisations qui ont englouti tant d'argent public, en particulier au cours des années soixante-dix et qui étaient censées symboliser le décollage économique et industriel de l'Afrique se sont avérées être des gouffres financiers sans fond. Beaucoup d'entre elles n'ont servi qu'à alimenter les comptes personnels des dirigeants locaux et à enrichir les entreprises étrangères chargées de leur réalisation.

Et pourtant, certaines d'entre elles pouvaient réellement prétendre impulser le développement. Ainsi, les constructions de barrages électriques ou les projets de production et de transformation des produits de première nécessité pour satisfaire la demande locale ou régionale étaient certainement justifiés. Méthodes de gestion hasardeuses, manque de rigueur financière, politique de personnel laxiste, népotisme ..., ont réduit à la perte ces investissements pourtant prometteurs. Aujourd'hui, ils ne font plus que figure de monuments sans une quelconque utilité et donnent la mesure de la gabegie

---

[6] Données citées par la FAO, *Rapport annuel sur la situation mondiale de l'alimentation et de l'agriculture*, Rome, 1990.

[7] Parmi les 47 pays à faible développement humain recensés par le PNUD en 1995, on trouve 35 pays de l'Afrique subsaharienne. *Rapport Mondial sur le Développement Humain*, PNUD 1995.

financière qui a caractérisé la gestion des ressources publiques en Afrique.

Il ne manque point d'exemples pour illustrer cette situation. Ainsi, depuis 1981, le Bénin dispose d'une capacité de transformation de maïs de 25 à 30.000 tonnes par an. Mais, l'unité de transformation installée à Bohicon n'a jamais fonctionné, malgré les sommes énormes qui y ont été englouties[8] . Au Zaïre, en dépit du barrage hydroélectrique d'Inga dont la capacité de production, lors de sa construction, était estimée suffisante à couvrir les besoins du pays et des Etats voisins, 3,5% de zaïrois seulement bénéficient de l'électricité. En Tanzanie, la fabrique de chaussures de Morogoro, l'une des plus grandes du monde en ce domaine, conçue pour produire des articles de haute qualité et équipée de machines italiennes extrêmement coûteuses et totalement inadaptées, n'a fonctionné, au plus haut niveau de sa production, qu'à 7% de sa capacité[9]. Les « éléphants blancs », symboles du mal-développement du continent, gisent partout et garnissent le paysage industriel africain[10].

Mais l'on comprend mieux le sens du non-développement actuel de l'Afrique lorsque l'on considère que les trois secteurs autour desquels s'expriment les besoins essentiels des populations n'ont pas reçu dans les faits, si ce n'est que dans les intentions[11], l'attention que l'on attendait des pouvoirs

---

[8] *Etudes sur la sécurité alimentaire au Bénin*, n° 18, Synthèses des Etudes de l'Office National des Céréales du Bénin, Décembre 1991.

[9] PNUD, *Rapport Mondial sur le Développement Humain*, 1991.

[10] Portrait de l'éléphant blanc: « il s'agit d'une construction somptuaire, inutile, coûteuse, qui a en propre la faculté d'alourdir la dette des pays africains, de ne pas fonctionner, de se changer en ruine, en rouille ou en fantôme au bout de quelques années. Barrages, cimenteries, hôtels du désert, sucreries, centrales électriques, le troupeau des éléphants blancs pietine l'Afrique, enrichit les firmes occidentales (et les dirigeants et hommes d'affaires locaux - ajouté par nous -)... », E. FOTTORINO, C. GUILLEMIN, E. ORSENNA, *Besoin d'Afrique*, op. cit, p.34.

[11] Qui ne se souvient en effet des slogans tels que « l'agriculture, priorité des priorités », « la santé pour tous », « un village, une école » etc. Ces slogans ont légitimé bien de pouvoirs en Afrique et mobilisé l'enthousiasme de générations

publics. Aujourd'hui, l'africain moyen, le citoyen ordinaire, celui qui constitue la grande masse de la population pauvre, n'a pas accès aux services de base qui permettent des conditions de vie décentes[12].

Dans le domaine de l'alimentation, les politiques agricoles et les stratégies d'autosuffisance alimentaire ne semblent pas avoir apporté des solutions durables aux problèmes du monde rural et de la famine en Afrique. Le monde rural africain a subi toutes sortes d'interventions qui, loin s'en faut, ne l'ont conduit à devenir le « moteur du développement ». Ainsi, selon Jacques Lombard,

> «les interventions extérieures (Etat, sociétés de développement, etc.) ont fait du paysan un homme de moins en moins bien enraciné dans son terroir, fasciné souvent par d'autres genres de vie et par l'éventualité d'un salariat, là où la réussite agricole est difficile, stimulée au contraire, lorsqu'il a réussi, par des stratégies d'exploitation et d'investissements capitalistes, pas toujours strictement agricoles »[13].

Au contraire de ce que l'on attendait d'elles, les politiques agricoles semblent plutôt plutôt figé l'espace rural africain, reléguant les paysans dans un arrière-monde qui ne leur laisse guère que le choix entre un retour à une agriculture de subsistance ou une reconversion dans un emploi précaire en ville. L'insuffisance des productions nationales continue d'accentuer la dépendance des pays africains obligés de recourir aux importations commerciales et à l'aide alimentaire pour nourrir une population urbaine en expansion, pallier la baisse constante de la production vivrière et soulager les

---

d'Africains. Aujourd'hui, ils paraissent vides de sens au regard de la situation actuelle du continent.

[12] Le rapport du PNUD sur le développement humain (1991) indique qu'en Afrique, près des deux tiers de la population n'ont pas accès à l'eau salubre et moins de la moitié des enfants fréquente l'école primaire, accentuant la pauvreté et le dénuement d'une grande partie de la population.

[13] Jacques LOMBARD, *Une autre fin des paysans : ceux d'Afrique noire*, Revue Tiers-monde, tome XXII, n° 85, Paris, janvier-mars 1981.

populations rurales victimes de famines chroniques ou saisonnières et en proie à la malnutrition et à la sous-alimentation[14].

D'après les estimations de la FAO, environ un quart de la population africaine - plus de 100 millions de personnes - vit dans des conditions permanentes d'insécurité alimentaire. Le nombre de personnes victimes de la faim et de la malnutrition devrait atteindre 200 millions d'ici la fin de cette décennie. Cette situation est d'autant plus dramatique qu'elle est exacerbée par l'accroissement démographique, l'exode rural, la sécheresse, la désertification, la dégradation de l'environnement, le poids de la dette extérieure, la recrudescence des conflits internes. Les experts estiment qu'à la fin du siècle, l'Afrique devra nourrir plus de 800 millions de personnes soit environ le double d'aujourd'hui. La crise économique est venue mettre à nu les déficiences d'un système de production et d'approvisionnement alimentaire conçu en fonction d'une économie extravertie, peu diversifiée et dépendantes de monocultures de rente.

Dans le domaine de la santé publique, des progrès ont été certes accomplis, mais la situation reste en général médiocre malgré les nombreuses initiatives entreprises au niveau international en faveur de la santé pour tous en Afrique[15]. La couverture sanitaire de la plupart des pays africains est en dessous du minimum établi par l'OMS, l'encadrement sanitaire

---

[14] L'aide alimentaire qui entre de plus en plus comme une donnée structurelle dans les stratégies de développement des pays africains, représentait environ 15% des importations de céréales au début des années soixante-dix, environ 25% à la fin de la même période et 35% pendant les années quatre-vingt. *L'aide alimentaire en Afrique: Programme pour les années 90*, Etude conjointe de la Banque Mondiale et du Programme Alimentaire Mondial, Washington et Rome, août 1991.

[15] Conférence d'Alma-Ata en 1978 recommandant la mise en oeuvre de stratégies de santé primaire, Programme élargi de vaccination entrepris par l'UNICEF en Afrique au milieu des années 80 et plus récemment encore, Initiative de Bamako (1987) prônant la création de centres de santé facilement accessibles pour les communautés locales et en particulier pour les enfants et les femmes.

et la disponibilité de structures font cruellement défaut[16]. On estime que près de la moitié de la population du continent africain n'a pas accès aux services de santé fondamentaux et que seule une personne sur dix-mille bénéficie d'équipements sanitaires. Les statistiques révèlent en outre que le taux de mortalité y reste élevé (107 pour mille pour l'ensemble du continent) et qu'en Afrique subsaharienne en particulier, environ quatre millions d'enfants âgés de moins de cinq ans meurent chaque année de maladies telles que le paludisme, les maladies diarrhéiques et les affections aiguës des voies respiratoires[17].

L'absence de structures permanentes et fonctionnelles fait qu'aujourd'hui, la moindre épidémie se transforme en tragédie nationale. A l'approche du troisième millénaire, il est scandaleux de ne point trouver dans de nombreux centres hospitaliers d'Afrique, la moindre seringue, le plus petit bout de coton, et que le patient soit obligé de se procurer lui-même les médicaments nécessaires aux premiers soins.

Dans le domaine de l'éducation, les systèmes éducatifs africains dont on attendait beaucoup au début des années soixante, connaissent une crise profonde qui, à plusieurs titres, reflète la déstructuration de la société africaine d'aujourd'hui: crise d'identité, décomposition du tissu économique et social, double déconnexion par rapport aux valeurs culturelles qui ont forgé la société africaine traditionnelle et encore plus, par rapport à celles qui devraient la transformer pour l'engager sur les voies de la modernité et du progrès.

Qu'il s'agisse de la capacité des systèmes éducatifs à absorber la demande ou encore de la qualité de l'enseignement, les indicateurs (taux de scolarisation, abandons, résultats

---

[16] On notait, à titre d'exemple, dans quelques pays africains, les proportions suivantes (médecin/hab.): Bénin (1/15940), Rwanda (1/34680), Sierra-Leone (1/13630), Mali (1/25390), Sénégal (1/13060), Tanzanie (1/24970). *Rapport sur le développement dans le monde*, Banque mondiale, 1992.

[17] Données citées par l'UNICEF, in *Les enfants d'abord*, Publication trimestrielle de l'UNICEF, n° 3, juillet-septembre 1992.

scolaires, etc.) ne laissent guère de doute sur la gravité de la situation. On estime aujourd'hui que le taux net de scolarisation dans l'enseignement du premier degré en Afrique subsaharienne varie autour de 50%, autrement dit un enfant sur deux n'a pas accès à une éducation de type formel. Par ailleurs, le nombre d'élèves inscrits ne cesse de décroître depuis le début de la crise: le taux d'accroissement des effectifs scolarisés dans l'enseignement primaire était de 7,4% en 1970-75, 9,4% en 1975-80 et 1,8% en 1980-88[18].

La diminution des effectifs qui assume des proportions de plus en plus inquiétantes, se traduisant par un nombre croissant de jeunes abandonnant prématurément l'école, dénote les difficultés d'un système éducatif dont les limites qualitatives et quantitatives ne permettent pas d'apporter à court terme des solutions à la crise et aux problèmes qui en découlent pour la jeunesse africaine.

Malgré les progrès réalisés dans les pays ayant entrepris des grandes campagnes d'alphabétisation, le nombre d'adultes analphabètes représente encore une proportion importante de la population africaine. Selon les estimations de l'UNESCO, l'Afrique subsaharienne comptait 138,8 millions d'analphabètes en 1990 représentant 52,7% de la population totale. Les projections indiquent que le nombre d'analphabètes sera de l'ordre de 146,8 millions en l'an 2000, ce qui donne la mesure du drame du non-développement du continent africain lorsque l'on considère que le niveau de développement d'un pays est aussi fonction du niveau d'alphabétisation de sa population[19].

---

[18] UNESCO, *Rapport mondial sur l'éducation*, Paris, 1991

[19] UNESCO, op. cit.

## CHAPITRE IV

# LA GÉNÉRALISATION DE LA PAUVRETÉ

> « Tout pays, aussi développé qu'il soit, sécrète des aberrations et la formation d'un vaste monde d'exclus »
>
> Laetitia Fernandez[1]

Selon le PNUD, plus d'un milliard d'individus vivent dans la pauvreté absolue dans le tiers-monde. L'Afrique compte cependant le plus grand nombre de déshérités par rapport au reste du monde en développement, et c'est dans ce continent que la pauvreté a progressé le plus rapidement au cours de ces deux dernières décennies. Toujours selon le PNUD, de 1979 à 1985, le nombre d'Africains vivant au-dessous du seuil de pauvreté a augmenté de près de deux-tiers alors que l'accroissement moyen n'a pas dépassé un cinquième dans l'ensemble du monde en développement[2]. La Banque Mondiale a consacré en 1989 un rapport entier sur la pauvreté dans le monde d'où il découle que celle-ci assume des proportions de plus en plus inquiétantes notamment en Afrique et se manifeste aussi bien en milieu rural qu'en milieu urbain.

Sans vouloir faire un amalgame des réalités africaines diverses que beaucoup jugeraient trop hâtif, il y a un dénominateur commun à tous les pays africains: la pauvreté grandissante des zones rurales où vivent encore plus de 70%

---

[1] Laetitia FERNANDEZ, *Des tiers-mondes*, Collection Enjeux, Hatier, Paris, 1991.

[2] Rapport PNUD 1990, op. cit.

de la population totale et la misère croissante des villes où s'accumulent tous les exclus du développement. Cette pauvreté et cette misère caractérisent encore aujourd'hui l'Afrique, du Nord au Sud, ainsi que l'avait déjà constaté, en 1991, l'Assemblée Générale des Nations Unies :

> « pour de nombreux millions d'Africains, les conditions de vie ont continué à se dégrader. La pauvreté absolue a augmenté en Afrique. Si les tendances actuelles se maintiennent, l'Afrique risque de devenir, d'ici à 1995, la région du monde la plus touchée par le dénuement ».[3].

Malheureusement, ces tendances semblent se maintenir et les africains s'enfoncent de plus en plus dans la misère au point qu'aujourd'hui, le nombre de personnes démunies vivant au dessous du seuil de pauvreté est estimé à plus de 200 millions soit environ un quart de la population africaine. On prévoit même que dans les conditions actuelles de non-développement, près de 400 millions d'africains vivront dans la pauvreté absolue d'ici l'an 2000.

Comment, dans ces conditions, définir une politique de développement durable ou à tout le moins, de croissance économique soutenue, lorsque l'avenir de la grande majorité des destinataires potentiels de cette politique est déjà compromise par l'exclusion, la marginalisation et que le « cercle vicieux de la pauvreté » continue de caractériser les économies africaines? La pauvreté ainsi qu'elle se manifeste actuellement est l'ennemi du développement. Elle génère une masse d'exclus et constitue le terreau idéal pour toutes les formes de violence. Elle secrète les germes du non-développement.

L'expression la plus courante de la pauvreté en Afrique, c'est l'exode vers les centres urbains pour les milliers de laissés

---

[3] Assemblée Générale des Nations-Unies, Résolution 46/151, *Examen et évaluation finals de l'exécution du Programme d'action des Nations Unies pour le redressement économique et le développement de l'Afrique (PANUREDA), 1986-1990,* New-York, 8/12/1991.

pour compte du développement qui s'entassent dans les quartiers périphériques et les bidonvilles offrant des conditions de vie indécentes. La misère de cet habitat et les difficultés de la vie urbaine produisent encore plus d'exclusion, notamment parmi les enfants et les jeunes, dont l'unique source de revenu est l'exercice de petits métiers lorsqu'ils ne sombrent pas tout simplement dans la violence et la délinquance.

Ces « enfants de la rue » sont, dans une large mesure, le produit de la faillite de l'éducation et le symptôme évident d'une crise profonde des valeurs familiales. On les compte par centaines et milliers dans les métropoles africaines mais aussi un peu partout ailleurs dans les mégalopoles du tiers-monde (Bombay, Manille, Mexico, Rio de Janeiro etc.): abandonnés à eux-mêmes, pour beaucoup sans abri, exposés aux aléas de la vie urbaine, déjà adultes avant d'avoir dépassé le stade de l'adolescence. Bien que statistiquement encore peu définie, leur présence dans les villes augmente rapidement[4] En 1990, Nairobi comptait 16 000 enfants de la rue; aujourd'hui, ce chiffre serait passé à environ 25 000[5].

La déstructuration du tissu économique et social contraint les africains à s'inventer des moyens de survie inattendus. La capacité des africains à surmonter les difficultés quotidiennes de la crise en s'appuyant sur le dynamisme des réseaux traditionnels de solidarité familiale ou sur l'imagination individuelle, mérite que l'on s'y attarde un peu.

L'émergence de multiples activités de type informel, génératrices de revenus précaires et instables, exercées le plus souvent à la limite de la légalité et des normes d'efficacité économique, est le signe d'une culture positive qui démontre

---

[4] Les données statistiques sur l'ampleur de ce phénomène en Afrique sont encore fragmentaires. L'UNESCO estime à environ 100 millions le nombre de jeunes et enfants vivant dans des conditions extrêmement difficiles dans les mégapoles du Nord et du Sud (environ 40 millions en Asie, 30 millions en Amérique Latine, 5 millions en Afrique et 20 millions dans le reste du monde). Bulletin EFA 2000, Secrétariat du Forum consultatif international sur l'éducation pour tous, UNESCO, n° 8, juillet-septembre 1992.

[5] PNUD, *Rapport sur le développement humain*, 1993.

que les Africains sont capables d'initiative lorsquil s'agit de faire face aux besoins de la survie quotidienne. Mais, on peut tout de même s'interroger sur leur résistance et sur la capacité de l'informel à s'insérer à long terme dans le processus (inévitable?) de la « modernité » et donc de se soumettre aux règles du jeu économique.

A ce sujet, l'étude de l'UNICEF citée précédemment apporte un éclairage à la fois intéressant et inquiétant pour l'avenir du secteur informel et résume bien les interrogations qui peuvent surgir lorsque l'on analyse la dynamique de ce secteur à long terme :

> « si, au cours des dernières années, on a considéré d'un oeil bien plus favorable l'expansion du secteur informel, le caractère souhaitable des transferts aussi massifs reste douteux si on le considère du point de vue de la croissance, de l'inflation, de la fiscalité et de la répartition du revenu. Alors que le remplacement par des biens du secteur informel de produits auparavant importés ou fournis par le secteur formel a sans doute eu des effets positifs pour la croissance, les choix technologiques et les besoins en importations, le potentiel de croissance limité de nombreuses activités du secteur informel et la dépendance de ces activités par rapport au système formel ont abouti à la stagnation et à des pressions inflationnistes. En outre, les difficultés inhérentes à la taxation des revenus du secteur informel ont exacerbé la crise budgétaire dans la plupart des pays africains, à mesure que le rôle de ce secteur dans les économies nationales s'est élargi »[6].

Au niveau de la doctrine, le succès de l'économie informelle « repose surtout sur sa consonance avec une certaine désillusion face aux modèles antérieurs de développement fondés sur une industrialisation dans laquelle l'Etat joue un rôle moteur »[7].

---

[6] Etude UNICEF, 1993, op. cit., p. 29.

[7] Bruno LAUTIER, *L'économie informelle, son rôle social et la démocratisation*, in « Les Tiers Mondes », Cahiers Français, La Documentation Française, n.270, Paris, mars-avril 1995, p. 24.

Il reste toutefois qu'au-delà de la doctrine, l'informel constitue une source d'activités indispensable à la survie des populations et nécessaire au maintien de la stabilité sociale dans de nombreux pays africains. C'est aussi une réponse spontanée et efficace aux distorsions provoquées par la crise et les programmes d'ajustement structurel.

## 1. La misère croissante du monde urbain

Il a toujours été de coutume de considérer que la pauvreté était un phénomène exclusivement réservé au milieu rural et que les villes semblaient être à l'abri de toute forme de paupérisation. Les nombreuses enquêtes réalisées depuis quelques années auprès des ménages urbains démontrent aujourd'hui que la pauvreté est largement diffuse aussi bien en ville qu'en milieu rural. Il est même devenu courant de considérer que les conditions de pauvreté des populations urbaines sont plus dramatiques que celles qui prévalent dans les campagnes, et que ses conséquences sont plus désastreuses sur le plan social.

Lorsque l'on débarque dans n'importe quel aéroport d'Afrique (généralement c'est aux petites aurores ou à la tombée de la nuit, lorsque fatigué par plusieurs heures de voyage, les yeux réussissent à peine à distinguer les ombres et que déjà la chaleur vous accable), l'impression de pauvreté, malgré la dignité apparente des personnes qui vous accueillent, est partout présente. Les halls des aéroports africains grouillent d'une multitude de personnages, pour la plupart jeunes, profitant de la naïveté des voyageurs étrangers pour proposer toutes sortes de services : porteurs, taxis clandestins, accompagnateurs touristiques, racoleurs d'hôtel, etc. A cela s'ajoute la horde de douaniers et de policiers dont les contrôles plus ou moins rigoureux et à la limite de l'exaspération cachent une corruption de plus en plus diffuse. Ce sont là les signes d'une déstructuration de la société et d'une paupérisation collective qui affectent de plus en plus, sans distinction, l'ensemble de la population.

Bien qu'essentiellement rurale, l'Afrique n'en est pas moins un continent où la population urbaine croît à un rythme impressionnant. Selon les Nations Unies, l'accroissement de la proportion de la population vivant dans les villes (en général, c'est dans les capitales) a plus que doublé de 1960 à 1990 : en Afrique de l'Ouest de 14,5% à 32,5%, en Afrique centrale de 17,9% à 37,8% et en Afrique de l'Est de 7,3% à 21,8%[8]. On estime par ailleurs que les moins de trente ans représentent plus de la moitié de la population totale et que la grande majorité d'entre eux vit en ville.

Il est donc certain qu'à ce rythme de croissance, la moitié de la population africaine sera urbaine au cours du prochain siècle. Nous serions plutôt tenté de dire, vu l'accroissement démographique, l'exode des jeunes, la dégradation de l'environnement et la pauvreté des villes, que cette population sera péri-urbaine, ce qui pose dès à présent le problème de l'avenir des zones rurales et, pour le futur, celui de l'approvisionnement des marchés urbains.

L'urbanisation de l'Afrique se caractérise par une occupation tous azimuts des sites extérieurs à la ceinture urbaine proprement dite, donnant lieu à l'essor de quartiers périphériques dépourvus des infrastructures sociales, économiques et culturelles les plus élémentaires. Cette urbanisation « sauvage » a surtout donné naissance à un prolétariat multiforme évoluant dans un environnement insalubre à tous points de vue (prolifération des décharges d'orduresméngères, stagnation des eaux usées, etc.), dont le trait commun est la pauvreté et le seul but, la lutte quotidienne pour se procurer de quoi se nourrir, se vêtir et peut-être préparer l'avenir.

---

[8] World Urbanization Prospects 1990, ONU, New York, 1991.

Les dirigeants africains ont partout pratiqué, à cet égard, la politique de la « ville, miroir du développement » en y concentrant la plupart des infrastructures économiques[9]. Ce privilège donné aux investissements urbains au détriment du monde rural n'est encore une fois que le résultat de cette « politique-spectacle » qui fait que l'on trouve aujourd'hui dans les villes africaines, des ponts, des boulevards et des tours immenses à la démesure de l'environnement local.

Il n'est d'ailleurs pas rare de noter que la plupart de ces constructions gigantesques et bien souvent inutiles ont été réalisées à l'occasion de la célébration de festivités à la gloire du « guide de la nation » quand ce n'est la commémoration d'événements marquant « la victoire du peuple contre les forces impérialistes et antidémocratiques ». C'est une démonstration de richesse apparente dont l'absurdité, en ces temps de crise, éclate aux yeux de n'importe quel visiteur.

Ce que dit Josépha Laroche de cette conception erronée du rôle de la ville dans le tiers-monde mérite d'être mentionné ici :

> « dans les mégalopoles du tiers monde, la misère ne cesse de progresser, fruit d'une croissance démographique anarchique et d'une pauvreté rurale endémique. Fausse panacée au sous-développement, la mégalopole du tiers monde ne représente pas le résultat d'un enrichissement mais la persistance d'un échec. Dans l'idéologie du progrès, la ville s'impose comme condition du changement socio-économique, en conséquence, elle est investie d'une mission démesurée: changer l'état du pays, lui permettre de passer comme par magie, du statut de pays pauvre à celui d'Etat développé. Et pourtant, loin s'en faut, l'urbanisation du tiers monde n'a pas été facteur de développement économique. Les mégalopoles ne sont pas devenues des pôles de croissance économique et, surtout, elles engendrent des dysfonctionnements sociaux graves, la violence y

---

9 Ainsi par exemple, Dakar, capitale du Sénégal concentre l'essentiel des infrastructures du pays (plus de 80%). Daouda Diop, *Secteur informel/secteur refuge, phénomène de la pauvreté (Dakar et banlieue)*, in « Ajustement, emploi et développement au Sénégal », Publication BIT, 1991.

régnant de plus en plus comme le seul mode de régulation des rapports sociaux. ».[10]

La ville africaine d'aujourd'hui est le refuge de tous les exclus et les laissés-pour-compte du développement: jeunes déscolarisés et adultes désoeuvrés, paysans ruraux en quête d'un emploi précaire, enfants abandonnés et mendiants, etc. C'est un monde qui s'articule autour de la pauvreté et qui subit les conséquences de sa violence. En d'autres termes, la ville africaine c'est, comme le disait Michelet, une loterie et comme le dit encore, à juste titre, Ignacy Sachs :

> « les villes fonctionnent comme une loterie: on vient dans la ville tenter sa dernière chance. On réussit ou on ne réussit pas; si on ne réussit pas, on vit encore plus mal qu'à la campagne, mais peut-être, les enfants réussiront-ils à leur tour? Il y a des chances à saisir: on joue à la loterie de l'emploi, on joue à la loterie de la vie et il est de toute façon certain qu'on est plus près du pain et du cirque lorsqu'on se trouve dans la ville ».[11]

Une expansion aussi rapide de l'urbanisation n'est pas sans conséquence sur l'unité des familles et sur la cohésion des différents groupes sociaux appelés à coexister et à survivre dans ce nouvel espace où se perdent brutalement les valeurs de solidarité familiale et les repères traditionnels d'appartenance à un même groupe. Elle engendre inévitablement des ruptures et des crises: rupture du tissu culturel, social et économique, crise de l'environnement et de l'habitat et par dessus tout, elle entraîne des phénomènes d'exclusion et de marginalisation qui affectent l'ensemble de la société et donnent naissance à de multiples formes de violences jusqu'alors inconnues en Afrique. Ruptures et

---

[10] Josépha LAROCHE, *Les mégapoles: une impasse pour le tiers-monde*, in Cosmopolite, Forum International de Politique, Trimestriel, n° 17, Paris, Septembre 1990.
[11] op. cit.

violences sont ainsi les deux faces d'une même médaille qui représente la ville africaine[12].

L'exemple de Dakar décrit par Maktar Diouf nous semble illustrer à mesure la misère croissante des métropoles africaines et pourrait être transposé, sans risque d'extrapolation abusive, à bien d'autres villes d'Afrique :

> « la société sénégalaise est dans une situation de crise sans précédent; elle est en proie à la paupérisation à un rythme croissant et inquiétant; celle-ci se manifeste sous des formes très apparentes, particulièrement dans la capitale, Dakar, qui en est certainement le révélateur le plus éloquent : les groupes de mendiants à chaque feu rouge de la circulation; les quémandes régulières dans les rues, de la part d'hommes et de femmes, qui, par leur aspect vestimentaire, ne laissent rien paraître de leur pratique nouvelle manière de mendicité; les innombrables laveurs de voitures à la devanture des supermarchés; les défilés de jeunes prostituées le soir sur la corniche ouest; les arnaques sur les bijoux et les portefeuilles des passants en plein jour et en plein centre-ville, au marché Sandaga; le développement de la délinquance et de la drogue chez les jeunes ».[13]

Ces jeunes adolescents, pour la plupart déscolarisés avant d'avoir pu apprendre à se défendre des dangers de la vie moderne, se trouvent ainsi projetés dans un monde où la solidarité traditionnelle tend peu à peu à disparaître. L'apprentissage de la vie, ils le font dans la rue. Sans emploi ou exerçant différents petits métiers, suscitant trop souvent à

---

[12] A propos de violence urbaine, qui oserait aujourd'hui s'aventurer sans crainte la nuit dans certains quartiers d'Abidjan, Lagos, Douala ou Nairobi? La recrudescence de la criminalité organisée est directement liée à cette misère des villes ayant pour conséquence le chômage et le désoeuvrement des jeunes. Mais la violence n'est pas seulement criminelle. La drogue, la prostitution, le vol à la tire, la fausse mendicité sont autant de formes de violence sourdes mais souvent plus pernicieuses pour l'avenir de la société. Pour une analyse des types de violences engendrées par la misère, la pauvreté et les inégalités sociales, voir *La violence et le développement socio-économique*, Rasheeduddin Khan, in « La violence et ses causes », Publication UNESCO,Paris, 1980.

[13] Maktar DIOUF, *La crise de l'ajustement*, in Politique Africaine n° 45, Khartala, Paris, mars 1992.

tort la méfiance quand ce n'est la réprobation, ils constituent aujourd'hui un phénomène social inquiétant au point que des organisations internationales telles l'UNESCO et l'UNICEF ainsi que des Organisations non gouvernementales consacrent de plus en plus de ressources pour leur réinsertion. Alphonse Tay les définit très justement ainsi :

> « Empiriquement perçus, ce sont des enfants, surtout des garçons âgés de 7 à 18 ans - ou jusqu'à l'âge de la majorité légale, suivant les pays - qui vivent en permanence ou à temps partiel dans la rue, de jour ou de nuit. Ici, le terme « rue » recouvre les terrains vagues, les gares, les marchés, les plages, les parkings, les abords d'hôtels ou de supermarchés ou encore les ruelles des quartiers pauvres. Pour des raisons pragmatiques, de pudeur ou de référence théorique ou doctrinaire, les praticiens les nomment, à leur convenance, enfants de la rue, enfants dans la rue, enfants à la rue, enfants du quartier - sous-entendu pauvre -, enfants défavorisés, enfants en situation difficile ou encore enfants en stratégie de survie. Pour les institutions de répression ou le touriste agressé, ce sont des délinquants ou des voyous ».[14]

À propos des enfants de la rue à Dakar, Citons D. Diop:

> « En dehors des quartiers flottants et des bidonvilles, le Plateau et les trottoirs des grandes avenues sont envahis la nuit pas des sans-abri qui, le jour, s'adonnent à des activités hétéroclites. Certains petits vendeurs du port, de la salle de vente de Sandaga, passent la nuit sur des nattes, des cartons ou des chutes de matelas synthétiques, aux alentours du marché Kermel, des grands édifices du Plateau, des mosquées, des grandes artères, dans certaines maisons abandonnées ou en réfection, autour du service d'hygiène, sous les immeubles des allées du Centenaire, etc. Le même phénomène se retrouve à la Médina, autour du marché Tilène, du stade Iba Mar Diop, ainsi qu'à Fass, à Grand Dakar, sur le grand boulevard menant au rond-point du Jet-d'eau, sur l'avenue Bourguiba ».[15]

---

[14] Alphonse TAY, *Les enfants de la rue*, Document de travail, UNESCO, Paris, 1993.

[15] Daouda Diop, op. cit.

A côté de cette grande masse de déshérités qui survit au quotidien, végète un groupe hétéroclite dont la caractéristique commune est celle de pouvoir disposer de sources de revenus lui permettant de se situer « au-dessus du lot » et de vivre la crise « de loin ». Nous la nommerons par simplicité d'analyse « la classe moyenne urbaine », sans référence à une quelconque idéologie.

Cette classe de privilégiés n'est pas homogène. On y distingue deux groupes: à la base, se trouvent principalement les fonctionnaires et ceux qui exercent les professions libérales; au sommet de la pyramide, se situent tous ceux qui, par la grâce du pouvoir, font étalage d'une richesse matérielle insolente (les « en haut d'en haut » tels qu'on les désigne dans certains pays d'Afrique). Ces derniers constituent certes une minorité, mais autour d'eux, gravite une multitude de personnages, membres du même clan ou de la même famille, amis plus ou moins rapprochés, dont le seul but est de profiter eux aussi des prébendes du pouvoir.

Nous ne disserterons pas outre mesure sur les caractéristiques propres à ce dernier groupe. Notons tout simplement que, quoique minoritaire, il détient et monopolise une grande partie des richesses nationales et n'en tire profit que pour la satisfaction de besoins souvent éphémères, démonstratifs, superflus et inutiles au développement de leur pays. Nous nous attarderons par contre sur le groupe des « en bas ».

Les fonctionnaires, il est évident, en constituent la grande majorité. Avant la crise, être fonctionnaire signifiait avoir atteint l'échelon supérieur de la société. Aujourd'hui, on considère le fonctionnaire comme un parasite. Spécialistes et experts des institutions financières internationales crient haro sur le fonctionnaire lui attribuant, entre autres, la responsabilité de la crise économique. Il est vrai que les statistiques sont révélatrices de situations absurdes, le nombre de fonctionnaires étant, dans certains pays africains, supérieur à celui des autres corps de métier.

L'Etat, nous l'avons souligné plus haut, a été le principal pourvoyeur d'emploi en Afrique. Ce recrutement massif de fonctionnaires s'est opéré en dépit de toute règle d'efficacité économique. La politique de l'emploi ne consiste pas seulement à recruter pour remplir un effectif dont bien souvent on n'en a pas besoin, ou pour répondre à des stratégies politiques d'équilibre géographique. On l'a souvent oublié en Afrique.

Cependant, quel que soit le jugement que l'on puisse porter sur lui, il n'en reste pas moins que le fonctionnaire africain partage le même désespoir que la grande masse des sans-emploi et vit aujourd'hui un cauchemar quotidien depuis que la crise s'est installée: celui de l'irrégularité ou du non-paiement de son salaire[16]. C'est une situation dramatique qui prive des milliers de familles de moyens de subsistance. Or, on sait que, bien souvent, le salaire d'un fonctionnaire africain ne sert pas satisfaire uniquement les besoins des parents les plus proches.

L'une des solutions à la crise, selon les experts, serait de décongestionner la fonction publique pour alléger les dépenses de personnel qui pèsent lourdement sur les budgets des Etats. Le calcul économique est fascinant en ce qu'il contient, dans sa logique rationnelle, les solutions à tous les problèmes. Mais, dans ce cas précis, comment réduire cette armada de fonctionnaires sans créer de chômeurs supplémentaires qui viendraient augmenter le désarroi social?

Les programmes d'ajustement structurel ont entraîné le départ de nombreux fonctionnaires. Certains ont pu se reconvertir à d'autres activités mais ils constituent une minorité. Pour la grande majorité, c'est une nouvelle aventure vers l'inconnu. Le « déflatage » a eu pour conséquence l'essor d'un prolétariat suburbain, l'entrée massive de nouveaux acteurs dans le secteur informel déjà saturé, l'établissement de

---

[16] Nous parlons ici des employés et cadres moyens ou supérieurs n'ayant pas accès aux avantages « extra-salariaux » que procurent, dans la fonction publique, certaines positions proches des pouvoirs.

quartiers périphériques et de bidonvilles où s'entassent ces nouveaux chômeurs et leurs familles.

Encore une fois, la ville, en ayant concentré la plus grande partie des infrastructures administratives, se trouve obligée d'absorber dans des espaces inappropriés une nouvelle classe d'urbains, hier privilégiés, aujourd'hui membres quelconques et anonymes de la société. On assiste ainsi, du point de vue géographique et urbanistique à un exode « intra-urbain », des quartiers centraux de la ville vers la périphérie non organisée et dépourvue de services publics adéquats.

Les professions libérales constituent un groupe varié regroupant en son sein les commerçants et tous les services s'y apparentant, les professions qui jouissent d'un certain prestige social - médecins, pharmaciens, avocats, etc. - et celles qui, traditionnellement, sont exercées par les « allogènes »[17]. S'agissant en particulier de cette dernière catégorie, il est intéressant de noter que dans la plupart des pays africains, avant l'essor du secteur informel monopolisé par les autochtones, ce type de commerce - épiceries, vente de tissus en gros, etc. - était en majorité aux mains d'Africains étrangers: sénégalais, maliens en Afrique centrale, libanais et mauritaniens en Afrique de l'Ouest.

Les récents événements qui ont ponctué de manière tragique les relations sénégalo-mauritaniennes ou les expulsions massives et dramatiques de commerçants sénégalais ou maliens au Congo et au Gabon ont révélé l'existence de ces commerçants, adulés en temps de vaches grasses et accusés de tous les maux en temps de crise. Ils ont aussi produit, dans certains pays, une prise de conscience aiguë des effets pervers de la crise entraînant des pulsions xénophobes et un sentiment d'appartenance nationale jusque là occulté par le discours fédéraliste africain.

---

[17] Terme utilisé en Côte d'Ivoire pour désigner tous les africains, établis dans ce pays et originaires des pays voisins. Ceux-ci sont en général actifs dans le secteur de la vente en gros ou au détail.

## 2. La dégradation des villes africaines

On ne distingue plus des bidonvilles d'aujourd'hui les quartiers traditionnellement chics qui caractérisaient le charme post-colonial de certaines villes africaines. Ces quartiers, symbole d'une Afrique qui s'urbanisait à un rythme lent mais sûr, ne sont plus que la copie un peu plus propre des quartiers périurbains poussant comme champignons, dans le désordre le plus total et l'indifférence des pouvoirs publics. C'est le résultat d'une politique de la ville marquée par l'absence d'une planification de l'habitat urbain ayant appauvri les campagnes au profit des grandes métropoles, dégarnissant au passage les petites et moyennes villes qui auraient pu assurer un équilibre social et un relais économique entre « l'arrière monde rural » et « l'extrême monde urbain ».

Pour illustrer cette dégradation des villes africaines, citons l'exemple de Brazzaville, capitale du Congo, autrefois célèbre pour ses jardins et sa verdure au point de mériter l'appellation de « Brazza-la-verte ». Voici comment la décrit aujourd'hui un correspondant d'un journal local :

> « Le petit poste que jadis le Sergent Malamine défendit farouchement contre Stanley en 1875 s'est aujourd'hui développé à l'horizontal et en éventail. Il s'est, au fil de l'histoire, étendu en largeur et (surtout) en longueur avec une dynamique inouïe, pour venir buter (1970) contre les pieds d'une chaîne de collines (Mfilou, Moukondo, Talangaï) au-delà desquelles commence brutalement le monde rural. Ensuite, la fièvre foncière des années 70 a incité la ville à escalader ces hautes collines (...), cela, au mépris des règles du cadastre. Dans les années 80, cette épopée de la ville sauvage suit son chemin le long de la nationale 2, narguant impudiquement le village des morts d'Itatolo. Ce tissu anarchique qui fait frontière avec la savane, on ne sait si c'est encore la ville ou déjà le village! Brazzaville n'est prolongée par aucune banlieue. Le résident de cette zone suburbaine est à mi-chemin entre le paysan et le citadin. A la fin des années 70, l'homme de Mfilou, l'habitant de Mikalou, bref l'agent urbain des ceintures limitrophes est par exemple un

urbain, à la fois rural et urbain, c'est-à-dire ni l'un, ni l'autre. Il est sans identité par rapport à la ville en tant qu'espace social c'est-à-dire lieu de travail, lieu de vie, lieu de rêve, lieu d'avenir chargé de convivialité et de symboles. Or, cette périphérie signifiée par Mfilou, Moukondo, Mikalou, Talangaï, (...) est le creuset d'un sous-prolétariat accouché par une politique urbaine incapable de s'assumer. (...) Ces rares avenues bitumées, truffées de nids de poule, ces kilomètres d'artères secondaires ensablés non illuminés, ces rues jonchées de déchets domestiques, ces eaux de pluies formant des lacs, sièges par excellence des anophèles, cette triste mine des maisons. Voyez Madukutsékélé, cet égout à ciel ouvert qui renforce cette image médiocre d'un autre âge; La Mfoa, cette autre horreur digne de figurer dans un roman d'épouvante à cause de la population barbare qu'elle héberge : crapauds, grenouilles, serpents, sangsues, larves de moustiques ... Stoïciens sont les riverains qui cohabitent avec un voisinage aussi peu sympathique qu'agressif et pourvoyeur de maladies mortelles (malaria). Comment s'étonner donc que Brazzaville soit la ville la moins attrayante et la plus épouvantable qui soit! Il est vrai que quelques tours ont poussé dans le centre-ville. Mais il s'agit évidemment, d'un aménagement d'apparat visant à masquer la misère hugolienne des quartiers périphériques (Poto-poto, Moungali, Ouenzé, Bacongo, Makélékélé et j'en passe). Le pétrole des années 80 n'a franchement pas rendu service à la ville sauf pour la narguer de ces gratte-ciel destinés plus à concurrencer ceux de Kinshasa outre-fleuve qu'à doter Brazzaville d'un label moderniste »[18].

Cette description se passe de commentaires. Elle illustre la triste réalité de la plupart des grandes métropoles africaines : aucune canalisation, des infrastructures routières impraticables, des services publics inexistants ou insuffisants. Le développement d'un habitat périphérique précaire où se bousculent et s'entassent tous les exclus, dans un environnement hostile du point de vue sanitaire, donnent de la ville africaine une image sombre, certainement à l'opposé de celle des cartes postales représentant les édifices à l'apparence nette des centres-villes.

---

[18] Gustave BIMBOU, *Brazza-la-Capitale*, article paru dans « La Rue meurt », mensuel congolais, n° 012, juillet 1992.

### 3. La survie en ville : l'informel

Lorsque l'on parle de l'expansion « sauvage » des grandes villes africaines et des phénomènes d'exclusion et de marginalisation qui s'y développent, l'on ne peut ignorer l'émergence d'activités échappant à tout contrôle des pouvoirs publics. L'informel, ce radeau sur lequel embarque quotidiennement une foule hétéroclite d'exclus pour un voyage à la destination incertaine, est le produit du non-développement. Il constitue, à n'en point douter, pour des millions d'exclus, « un refuge contre la pauvreté et une volonté de lutte pour ne pas sombrer dans l'abîme de la dissolution totale ».[19]

On dispose à l'heure actuelle d'informations abondantes sur le secteur informel. Le nombre croissant d'études réalisées à ce sujet, depuis que la notion d'économie informelle est apparue dans la littérature économique au début des années 70, prouve à l'évidence que le volume de la richesse nationale provenant de ce secteur n'est pas négligeable[20]. Mais qu'est-ce que l'informel? En avons-nous une notion exacte?[21].

Les spécialistes englobent dans l'informel toutes les activités non codifiées qui se développent en marge de la légalité et qui, de ce fait, ne sont pas comptabilisées dans le calcul du produit national. Mais ce qu'il est important de comprendre, au delà de la définition que l'on peut en donner, ce sont les raisons pour lesquelles ce secteur prend de plus en plus d'ampleur et occupe aujourd'hui, en Afrique, une si grande partie de la population[22]. En effet, malgré des

---

[19] Daouda DIOP, op. cit.

[20] Le secteur urbain non structuré a fait l'objet de diverses études et enquêtes de la part de l'OIT; Voir en particulier: *Petits producteurs urbains d'Afrique francophone*, Carlo MALDONADO, avec la collaboration de J. CAPET et E. DEMOL, Publication OIT, Genève,1987.

[21] A propos de l'évolution de la pensée, voir notamment : *L'Etat et l'informel*, Bruno LAUTIER, Claude de MIRAS, Alain MORICE, L'Harmattan, Paris, 1991.

[22] Selon des estimations récentes de l'OIT - reprises par la Banque Mondiale -, le secteur informel emploie plus de 50% de la population active urbaine en Afrique

apparences d'homogénéité, le secteur informel n'en constitue pas moins une réalité complexe et diversifiée :

- tout d'abord, du point de vue strictement économique, on y distingue deux groupes d'activités: un premier groupe dont l'accès est ouvert à tous du fait de l'absence de barrières économiques, politiques ou juridiques (faible capital, aucune qualification et expérience ne sont requises, le volume de l'activité est marginal et les revenus sont essentiellement destinés à la subsistance); un deuxième groupe dont l'accès nécessite un certain volume de capital, une technologie (fut-elle rudimentaire) et une organisation dans la gestion, la production et la commercialisation des biens et des services pour en garantir la qualité. Il côtoie le secteur moderne de production et constitue une alternative à l'emploi salarié dans le secteur formel;

- deuxièmement, contrairement à ce que l'on a tendance à penser, l'informel n'est pas constitué que d'exclus, de marginaux. C'est une idée qui mérite d'être revue. On constate de plus en plus que ce « radeau aux contours indéfinis » accueille des hommes et des femmes de tous âges et d'origines diverses - de plus en plus, on y embarque aussi des enfants -. Il concerne aussi bien les exclus, les marginaux que des citoyens respectables qui s'adonnent à ces activités soit directement, soit par personne interposée[23]. La conjoncture économique n'épargne donc pas une partie de la classe moyenne urbaine, celle qui, bien que jouissant de revenus intermédiaires relativement confortables, n'en est pas moins contrainte de

---

subsaharienne. Une enquête effectuée dans 17 pays de la région a, par ailleurs, permis de constater que la production de ce secteur représenterait en moyenne 20% du PIB de ces pays.

[23] Une enquête réalisée par l'OCDE en Côte d'Ivoire indique par exemple, que si dans la ville d'Abidjan la plupart des femmes pauvres (90%) se retrouvent dans le secteur informel, dans les autres villes, ce secteur regroupe un nombre pratiquement égal de femmes appartenant à des ménages pauvres et à des ménages riches: 56% et 54% respectivement. Winifred WEEKES-VAGLIANI, *Variables socio-culturelles et ajustement: remise en question des idées reçues*, revue Tiers-monde, tome XXXII, n° 126, Paris, avril-juin 1991.

recourir aux astuces du secteur informel pour faire face aux difficultés de la vie quotidienne;

- troisièmement, l'informel est de plus en plus largement dominé par les activités du premier groupe - là où les barrières d'accès n'existent point -. La pauvreté et l'absence d'emplois salariés poussent les populations vers des activités de substitution assurant un revenu tout aussi immédiat que précaire. Il suffit, pour s'en rendre compte, d'observer avec attention les types d'activités qui foisonnent dans les villes africaines.

Le secteur de la vente au détail par exemple, est certainement celui qui mobilise la plus grande partie de la population active du secteur informel parce qu'il ne nécessite aucune formation particulière. Un peu de bonne volonté et surtout de la ténacité suffisent à initier une activité commerciale. Certaines villes africaines présentent l'aspect d'un grand marché où tout s'achète et se vend à un prix fixé selon la capacité de négociation des parties en présence. On négocie, on achète et on vend tout ce qui peut l'être sans s'embarrasser de procédures commerciales compliquées. Cela va de la moindre tige de cigarette aux appareils hi-fi dotés des dernières astuces technologiques japonaises en passant par tout ce qui est comestible. Chaque coin de rue a sa petite commerçante installée là, n'ayant pour comptoir qu'un rudimentaire support sur lequel sont entreposés divers objets. Les trottoirs et les carrefours des grandes avenues sont encombrés par une multitude de vendeurs à la sauvette proposant à qui veut bien les écouter toutes sortes de marchandises. C'est véritablement une économie parallèle qui fait concurrence au secteur urbain structuré et sans laquelle certains pays d'Afrique n'auraient pu résister à la crise[24];

---

[24] On en vient même à se demander, pour ne prendre que l'exemple de Dakar, comment les commerçants libanais de l'avenue William-Ponty, résistent à la concurrence des « bana-bana » installés devant leurs devantures et vendant à des prix dérisoires les mêmes types d'articles exposés dans leurs vitrines.

- quatrièmement, lorsque l'on parle de l'informel en Afrique, l'analyse se limite bien souvent aux activités visibles de la grande masse en oubliant qu'une grande partie de la richesse produite en milieu urbain reste entre les mains d'une petite classe de privilégiés. En effet, il existe toute une richesse souterraine produite de manière informelle dans l'illégalité totale ou dans une semi-légalité admise par les pouvoirs en place. Si l'on définit le secteur informel comme l'ensemble des activités produisant une quelconque richesse en dehors des canaux officiels, on devrait aussi considérer que les détournements de fonds publics opérés par tous les privilégiés du régime font partie du secteur informel[25];

- cinquièmement, le secteur informel ne concerne pas seulement les activités de production ou de commercialisation. Une part importante de la masse monétaire en circulation est canalisée vers une épargne de type informel se traduisant par une forte consommation en biens non productifs et par une thésaurisation d'avoirs qui échappe au circuit officiel bancaire.

La propension des africains à la consommation de biens immédiats - en majorité d'importation- et aux dépenses somptueuses - fêtes, cérémonies funéraires, etc. -, au détriment de l'épargne, défie probablement toutes les proportions admises par la théorie économique. Elle est le reflet d'une société ancrée dans ses pratiques traditionnelles et refusant de s'adapter aux contraintes du progrès. L'épargne ne pouvant être placée dans les institutions financières locales en perpétuelle faillite, consommer devient une sorte de refuge et un rempart contre les incertitudes de la crise. De plus, quand on considère le bas niveau des salaires des fonctionnaires qui constituent le plus fort contingent de la force du travail, on comprend facilement pourquoi épargner est une gageure pour les Africains. Lorsque l'on perçoit son salaire, on est sûr

---

[25] Cette richesse illégalement acquise est devenue dans la plupart des pays africains une pratique d'Etat. Ce qui ne signifie pas pour autant que c'est en Afrique seulement qu'elle est diffuse. Les récents évènements en Europe (« mains propres » en Italie, « affaires » en France) le démontrent fort bien.

qu'une fois remboursées les dettes accumulées par tant de mois impayés, il ne reste plus rien ou très peu pour l'épargne. Les retards de paiement des salaires des fonctionnaires constituent la vraie plaie qui mine les économies africaines. Ce qui fait dire à beaucoup d'africains que le mois a quarante-cinq jours ou plus.

On retrouve, au niveau des individus, la même typologie de l'endettement que celle des Etats. Pour les uns, « bon-pour » contractés tout au long des mois sans salaire et remboursés petit à petit au gré des emprunteurs souvent usuriers; pour les autres, rééchelonnements et remboursements différés par manque de disponibilités financières. Le vocabulaire change mais le fonds du problème reste identique. Et pourtant, et là se situe l'un des multiples paradoxes de la société africaine, en dépit du manque de liquidités et de cette frénésie à la consommation, le volume de la circulation monétaire non contrôlée et les transferts informels des revenus qui s'opèrent en dehors des circuits légaux sont certainement plus importants que ne le démontrent les statistiques officielles.

Analysant la crise économique africaine, François-Régis Mahieu présente l'Afrique comme une société de transferts, en temps, produits, travail, monnaie..., et distingue les transferts directs et les transferts indirects - funérailles, mutuelles, associations, tutorat, hébergement -[26]. Dans le même ordre d'idées, Philippe Hugon parle lui aussi de « logiques redistributives analysables en termes de transferts »[27].

L'absence d'un système bancaire efficace et d'un réseau officiel de collecte de l'épargne servant les zones rurales les

---

[26] On pourrait y ajouter aussi l'entretien de maîtresses ou concubines appelées « deuxième bureau » dans le jargon populaire, pratique fort courante chez les responsables politiques et dirigeants d'entreprises publiques africains, qui nécessite des ressources supplémentaires que les salaires ne peuvent garantir. Ce qui donne comme résultat, ainsi que le note encore Mahieu, que « les transferts globaux peuvent être supérieurs au revenu nominal des individus, d'où nécessité pour eux de se procurer d'autres ressources ». François-Régis MAHIEU, *Les fondements de la crise économique en Afrique*, L'Harmattan, Paris, 1990.

[27] Philippe HUGON, *L'économie de l'Afrique*, La Découverte, Paris 1993

plus reculées font que les attitudes de thésaurisation de la monnaie, certes profitables aux individus mais préjudiciables à la croissance économique de la collectivité, continuent de persister et de se développer à un rythme impressionnant.

L'épargne traditionnelle a de tout temps constitué la bouée de sauvetage des familles africaines. Elle l'est encore plus en ces temps de crise où la faillite du système bancaire démontre toute l'incapacité des structures publiques à canaliser l'épargne locale tant nécessaire aux besoins d'investissements productifs utiles au développement des pays africains. Les associations d'épargne traditionnelle font florilège et dans certains pays, elles servent même à tempérer ou étouffer les tensions sociales générées par la crise[28].

La tendance croissante à l'informalisation des économies africaines, tendance que les pouvoirs publics paraissent impuissants à maîtriser ou encouragent selon les cas, traduit en fin de compte la désorganisation des structures sociales et économiques et le malaise qui traverse une société africaine sans cesse confrontée aux impératifs du progrès et aux contraintes de la tradition[29].

Certes, le développement de ce secteur présente des avantages pour ceux qui s'y aventurent, en raison, d'une part, de l'absence de tout contrôle fiscal et d'autre part, de sa flexibilité qui permet de répondre avec célérité aux fluctuations du marché et de s'y mouvoir et y exercer simultanément plusieurs activités -commerce en tous genres, fabrication et production d'objets divers en fonction de la demande, etc.-. Mais, est-on certain que ces avantages compensent le manque à gagner pour les pouvoirs publics et la collectivité toute entière résultant de l'absence de contrôle fiscal ?

---

[28] Voir à ce propos, *Jeux d'argent et de pouvoir au Zaïre*, B. JEWSIEWICKI, in Politique Africaine n° 46, juin 1992.

[29] Comme le note Serge LATOUCHE, « la nébuleuse de l'informel comprend des stratégies de réponses globales aux défis que pose la vie dans les zones péri-urbaines pour des populations déplacées et déracinées, tiraillées entre la tradition perdue et l'impossible modernité ». op. cit., p. 112.

D'un point de vue strictement doctrinaire, il est probable que le développement du secteur informel au-delà d'un seuil - que les pays africains ont certainement déjà franchi - ne peut qu'être, à long terme, défavorable à la croissance économique. Premièrement, l'absence de contrôle fiscal constitue un manque à gagner pour l'Etat et par conséquent des opportunités d'investissement en moins pour la collectivité. Deuxièmement, l'absence de barrières à l'accès laisse la voie libre à toutes sortes de trafics au détriment de la qualité des produits avec des conséquences nuisibles pour le consommateur. Les journaux locaux abondent souvent de récits relatant les nuisances provoquées par les produits vendus sur le marché informel, sans contrôle sanitaire préalable et dans des conditions hygiéniques inadéquates.

Au-delà d'une analyse de long terme, force est de constater cependant que le secteur informel africain, loin d'être une économie souterraine, constitue une stratégie populaire de survie où se mêlent inventivité, esprit d'innovation et d'entreprise. Ces structures populaires transformées en économies dynamiques où dominent encore les règles coutumières de partage et de distribution de la richesse, « permettent de satisfaire des besoins fondamentaux non couverts par les systèmes officiels: se nourrir, se loger, se vêtir, se former, se soigner, se déplacer ou se distraire »[30]. C'est une réponse efficace aux échecs des politiques de développement des pouvoirs publics et un défi aux impératifs des institutions financières internationales.

## 4. Le monde rural : entre la survie à la campagne et l'exode en ville

Le monde rural constitue encore une part importante de la population en Afrique. Malheureusement, son apport dans la

---

[30] Philippe HUGON, op. cit.

production de la richesse nationale est faible au regard de ses potentialités, et inférieure à celle du secteur industriel, urbain et moderne. Non pas que le paysan africain soit d'une paresse quelconque ou qu'il n'ait pas les capacités de produire plus que ce dont il aurait besoin pour sa subsistance. Les politiques agricoles n'ont pas été tout simplement en mesure de dynamiser un secteur pourtant reconnu comme essentiel au développement.

Malgré l'opulence de certaines villes africaines qui offrent une panoplie de services à la pointe du progrès, il est surprenant de constater que la richesse qui y est produite ne profite pas au reste du pays et en particulier au monde rural. On a l'impression que les villes africaines vivent en vase clos et qu'il n'y ait aucune interaction entre ces deux mondes. Les campagnes africaines s'appauvrissent lentement et subissent les effets d'un mouvement inéluctable de population vers les villes les privant de leur force de travail.

En effet, contrairement à celles-ci, elles n'attirent pas les populations: pas d'exode urbain, pas de force de travail pour valoriser la terre. Fini le temps où les citadins, écoliers et adultes, attendaient avec impatience le temps des congés ou des vacances scolaires pour aller au « village », retrouver les lieux de leur enfance, respirer l'air de liberté de la forêt ou de la savane, flâner au milieu de l'abondance des champs d'ananas ou de bananes, s'ébattre dans les eaux troubles des marigots ou pêcher le menu fretin dans les eaux claires des rivières. Aujourd'hui, ce sont plutôt les ruraux qui viennent passer les vacances en ville, vacances sans fin qui se transforment finalement en exode rural.

L'exode rural n'affecte pas seulement les capacités de production et d'autosubsistance des familles paysannes. Il détruit le tissu social, familial, et oblige des centaines de jeunes à quitter le village en quête d'un bonheur apparent en ville. La misère du monde rural se caractérise par une absence de structures permettant un accès adéquat et sécurisant à certains services de base. Là où elles existent, elle sont dans un état de délabrement et offrent des services dans des conditions déplorables.

Une des premières images qui frappent le regard lorsque l'on parcourt la campagne africaine, c'est la pauvreté des habitations et l'état de dégradation des services publics. V.L. Griffiths en donne la description suivante :

> « L'eau provient, généralement de puits de sources, l'éclairage est assuré par des lampes à pétrole, tant qu'il reste du pétrole; le combustible est le charbon de bois, le bois, le pétrole ou la bouse. Ni hôpital ni médecin; à la rigueur, un dispensaire. Dans les boutiques, uniquement des articles de première nécessité. Ni cinémas ni autres distractions régulières. Mais peut-être des transistors, qui sont facilement l'objet d'un engouement extraordinaire. Très peu de livres ou de journaux; la majorité des hommes et la plus grande partie des femmes sont illettrés. Tantôt il y a une école primaire et tantôt non; la scolarité du premier degré est tantôt complète et tantôt partielle. Rien d'étonnant dès lors si ceux qui ont eu l'occasion de connaître les hôpitaux et les écoles, l'eau courante et la lumière électrique, la variété des boutiques et l'animation des villes où la vie est plus moderne préfèrent, quand ils en ont la possibilité, aller vivre à la ville, même si la vie y coûte plus cher ».[31]

Ajoutons aussi que cette situation est souvent aggravée par l'absence d'infrastructures de transport et de communication qui limite l'accès à l'information et donc à l'éducation et à la formation. Les postes à transistors constituent encore, pour la majorité des populations rurales, le seul lien possible avec le monde extérieur, mais, bien trop souvent, les programmes qu'ils diffusent véhiculent des messages à caractère commercial quand ils ne servent pas à la propagande politique.

Il est vrai que cette vision terne du monde rural contraste avec les réalisations que l'on peut déceler ici et là. Dans le domaine de l'approvisionnement en eau et en énergie, par exemple, les forages ont remplacé les puits, notamment au

---

[31] V.L. GRIFFITHS, *Les problèmes de l'enseignement en milieu rural*, UNESCO/IIPE, Paris, 1980, p. 13.

Sahel, les lampes à huile ou à pétrole ont été substituées par des lampes électriques. Des tracteurs apparaissent ici et là, mais l'agriculture, activité principale des populations, reste encore dominée par des pratiques culturales ancestrales.

Mais, dans l'ensemble, ces réalisations restent sporadiques et l'on ne saurait pour autant conclure que l'espace rural africain et les hommes et femmes qui l'occupent, jouissent de conditions de vie qui leur permettent de satisfaire leurs besoins les plus élémentaires. Les femmes courbées sur les champs, arrachant de leurs mains nues les plants de manioc ou, maniant la houe, est une caractéristique fréquente de ces pratiques. Selon un rapport de la FAO ,

> « l'agriculture africaine est peu mécanisée et la traction animale n'est pas traditionnelle dans de nombreux pays. La terre est donc défrichée et cultivée à la main selon des méthodes primitives. Or, bon nombre d'hommes jeunes qui pourraient se charger des travaux les plus durs, cherchent du travail en ville laissant aux femmes, aux enfants et à la famille, le soin de s'occuper des champs »[32].

Le faible niveau de mécanisation de l'agriculture africaine et les conditions de pauvreté du monde rural expliquent la persistances de pratiques culturales à faible rendement. Contrairement à un grand nombre de pays de l'Asie, l'Afrique n'a pas encore entamé sa « révolution verte ».

---

[32] FAO, *L'agriculture africaine: les 25 prochaines années*, Rome 1986.

## CHAPITRE V

# LA MARGINALISATION DU MONDE RURAL

> « Je suis né à Accra, capitale du Ghana, où j'ai grandi et étudié. A vrai dire, je trouvais normal que notre système d'enseignement soit pratiquement gratuit. Un jour, alors que j'étais à l'université, je me suis soudain posé la question suivante: « qui a donc, en réalité, subventionné mes études durant toutes ces années »? L'agriculteur. (...) Je me rends compte aujourd'hui que je dois beaucoup à l'agriculteur, comme doivent aussi toutes les personnes instruites, en particulier les diplômés. Cette gratitude, nous pouvons l'exprimer en appelant l'attention des autorités sur les problèmes du secteur agricole et en nous efforçant de rendre la vie plus facile dans les zones rurales »
>
> Ben Ephson [1]

> « Partout des troupeaux décimés, des dépouilles de bêtes que l'on ne dissimulait pas rapidement comme celles des hommes, et qui pourrissaient au soleil, chargeant l'air déjà suffocant d'une fétide odeur de mort. Et il avait même vu des boeufs se tuer, oui, en se jetant au fonds des puits secs, préférant, eux que l'on dit bêtes, la mort à la désespérante vie sans eau ».
>
> Cheick C. Sow [2]

---

[1] Ben EPHSON, journaliste ghanéen, Article paru dans « L'agriculteur africain », Publication trimestrielle du projet FAIM, n° 2, décembre 1989.

[2] Cheikh C. SOW, *Cycle de sécheresse*, Hatier, Paris, 1983.

« On admet communément aujourd'hui que les politiques de nombreux pays en développement ont pénalisé l'agriculture, d'où l'instauration d'un environnement négatif en termes de production agricole et d'occasions d'investir »[3]. Ce constat établi par la FAO, donne la pleine mesure des échecs des politiques agricoles ayant accentué la marginalisation du monde rural et sa faible participation au développement. La Banque mondiale, quant à elle, fait le constat suivant:

> « le développement agricole de la région est freiné par divers obstacles, et notamment la demande et les prix des produits africains d'exportation, la lenteur avec laquelle les agriculteurs adoptent des techniques améliorées, le manque de coordination des conseils prodigués par les bailleurs de fonds, et les problèmes institutionnels et autres qui expliquent les résultats médiocres obtenus par les projets d'investissement agricole ».[4]

Ces constats révèlent deux aspects aujourd'hui inquiétants du monde rural africain: d'une part, la dégradation du secteur vivrier traditionnel qui accentue la dépendance alimentaire des pays africains et d'autre part, la persistance d'une insécurité agricole qui fait que pour beaucoup d'entre eux, l'autosuffisance alimentaire reste encore une utopie.

À ces deux aspects, il faudrait en ajouter d'autres non moins importantes : la sécheresse récurrente dans certaines régions d'Afrique, le déboisement et l'utilisation irrationnelle des ressources forestières et l'exode rural, conséquences de politiques de développement ayant conduit à ce que Jacques Lombard appelait fort judicieusement « une autre fin des paysans: ceux d'Afrique Noire ».[5]

---

[3] *La situation mondiale de l'alimentation et de l'agriculture*, Publication FAO, Rome, 1990.

[4] Banque mondiale, *Rapport annuel* , 1993.

[5] Jacques LOMBARD, op. cit.

## 1. La dégradation du secteur vivrier traditionnel

Les experts en matière de développement rural considèrent en général que le monde rural africain n'a pas été jusqu'à présent, mis en condition réelle de jouer le rôle que tous les programmes de développement semblaient vouloir lui attribuer: celui de moteur du développement. Les analyses les plus optimistes révèlent même une dégradation persistante des conditions de vie des paysans et un recul net du secteur agricole dans la production nationale par rapport aux années 60 et 70. La crise de l'environnement international a certainement contribué a enfoncer de plus en plus les paysans africains dans la marginalité. Mais il faut admettre aussi que les politiques agricoles de ces trente dernières années ont eu tendance à privilégier l'exploitation de cultures de rente destinées à l'exportation, au détriment de cultures vivrières locales.

La politique d'exploitation des colonies avait mis en place des infrastructures routières, ferroviaires et maritimes avec l'appui des grandes compagnies commerciales afin de tirer profit des avantages comparatifs dérivant de la production des produits de base[6]. Au moment des indépendances, les pays africains avaient ainsi hérité d'un système de production monolithique, extraverti et dépendant des aléas du marché international.

Cette politique répondait à une logique de domination des puissances coloniales, conforme aux théories économiques en vigueur, en particulier celle de la spécialisation internationale et des avantages comparatifs des économistes classiques David Ricardo et Adam Smith. Malheureusement, ces économistes n'avaient pas prévu que les prix des produits de spécialisation ne seraient pas directement contrôlés par les

---

[6] A propos des compagnies commerciales ayant prospéré en Afrique durant la période coloniale, en particulier dans les colonies françaises, voir par exemple, Catherine COQUERY-VIDROVITCH, *Le Congo français au temps des grandes compagnies concessionnaires, 1898-1930*, Mouton, La Haye-Paris, 1972.

pays producteurs, mais que les pays industrialisés consommateurs allaient en fixer les valeurs, accentuant la dépendance et l'extraversion des économies africaines. Avec un secteur manufacturier très peu développé, les économies africaines sont demeurées mono-exportatrices de produits de base (plus de 89% de leurs exportations en 1990, dont la majorité est constituée de produits agricoles tropicaux), et dépendantes des cours mondiaux en constante fluctuation.

Les fluctuations continues des prix des produits de base tels le café et le cacao pénalisent en premier lieu les petits paysans. Ceux-ci sont chaque jour confrontés à la baisse de leurs revenus et sont, par ailleurs, victimes de ponctions et de prélèvements arbitraires opérés par les agents de l'Etat à travers les caisses de stabilisation et de péréquation des prix des produits agricoles. A ce propos, analysant l'expérience des pays du Sahel, Jean Marc Ela écrit:

> « les pays du Sahel devenus indépendants ont mis en place des organismes étatiques pour permettre aux paysans de vendre leurs produits agricoles au juste prix. Or l'un des plus grands scandales qui ait marqué l'évolution des pays sahéliens depuis l'indépendance, c'est que les organismes mis en place à cette époque pour arracher les paysans des griffes des commerçants et les protéger contre les fluctuations du marché international, sont en fait devenus entre les mains des nouveaux gouvernements, les instruments d'une ponction chaque année croissante sur les revenus des paysans ».[7]

Alors que dans les autres régions du Tiers monde, et en particulier en Asie du sud-est, le développement du secteur agricole a été rendu possible grâce à une politique judicieuse de libre concurrence, en Afrique, les interventions régulatrices de l'Etat ont contribué à bloquer son expansion, notamment par un système pervers et inique de régulation des prix des productions paysannes:

---

[7] Jean Marc ELA, *L'Afrique des villages*, Khartala, Paris, 1982, p.109.

« l'Etat fixe les prix , les garantit et est censé protéger ainsi les entreprises locales contre la concurrence extérieure. C'est ainsi que l'Etat a mis en place dans de nombreux pays africains des Offices de commercialisation ou des Caisses de stabilisation (pour l'arachide au Sénégal, pour le café et la cacao en Côte d'Ivoire). Ces caisses devaient engranger des bénéfices quand les cours étaient élevés et les utiliser pour financer le stockage quand l'offre devenait excédentaire par rapport à la demande, afin de soutenir les cours. Ces mécanismes devaient permettre de régulariser les ressources des agriculteurs. Mais les Offices et autres Caisses n'ont guère profité aux agriculteurs qu'ils étaient censés servir. Les excédents des bonnes années ont été détournés, en général au profit du budget de l'Etat, si bien que les mauvaises années, il n'y avait plus rien dans les Caisses »[8]

Dans le même ordre d'idées, Sylvie Brunel écrit :

« La Caisse de stabilisation ivoirienne, par exemple, censée assurer la péréquation entre bonnes et mauvaises années, a utilisé les bénéfices engrangés pendant la période faste des matières premières pour financer d'autres secteurs que l'agriculture et s'est trouvée incapable d'indemniser les paysans ivoiriens lorsque les cours du cacao ont commencé à baisser, à partir de 1988, parce que ses caisses étaient vides. De telles pratiques encouragent la contrebande, le marché noir, le paysan devenant de plus en plus réticent à passer par les organismes officiels. Découragée par un environnement peu favorable, l'agriculture africaine s'est effondrée. L'effondrement des cultures d'exportation a entraîné dans son sillage la baisse des cultures vivrières, rendant le continent de plus en plus dépendant de l'extérieur pour ses importations alimentaires. Les rendements ont stagné, voire baissé (...), tandis que l'Afrique perdait ses parts de marché au bénéfice de l'Asie et de l'Amérique latine, même sur des produits sur lesquels elle détenait traditionnellement une position dominante (café, cacao, huile de palme...) »[9].

---

[8] Micheline ROUSSELET, *L'agriculture, une priorité oubliée*, Les Tiers Mondes, Cahiers français, La Documentation française, n. 270, mars-avril 1995, p. 15.
[9] Sylvie BRUNEL, *La dégradation des « termes de l'échange », une réalité?* Les Tiers Mondes, Cahiers français, La Documentation française, n. 270, mars-avril 1995, p. 60.

La marginalisation du paysan africain, dans un environnement de plus en plus hostile et dégradé du point de vue écologique, remet en cause le choix des stratégies de développement ayant privilégié les seules productions de rente destinées à l'exportation et celles qui ont accordé à l'Etat un rôle exclusif de régulateur au détriment du marché.

René Dumont et Marie-France Mottin l'expliquent ainsi :

> « Les cultures d'exportation ne cessent de se développer, car elles procurent des devises exigées pour satisfaire les désirs de luxe - et de prestige - des puissants. En l'absence d'équipements adaptés, leur extension se réalise aux dépens des cultures vivrières. Les crédits sont plus volontiers accordés - ou tout simplement réservés - aux cultures rapportant des devises. Les conseils leur sont donnés de préférence et les engrais et insecticides mieux assurés, que ce soit pour l'arachide au Sénégal, le coton au Tchad ou en Tanzanie, ou le tabac en Zambie »[10].

Il existe en effet tout un segment de l'agriculture africaine qui, au cours de ces trente dernières années, s'est vu relégué au rang de simple pourvoyeur de produits pour l'alimentation des zones urbaines : c'est le secteur vivrier. Malgré l'importance des aliments dérivant de ce secteur, les politiques agricoles n'ont pas réussi à en assurer le développement, au point qu'aujourd'hui la crise alimentaire qui sévit en Afrique ne se mesure pas seulement en termes d'accroissement démesuré d'importations d'aliments en provenance de l'étranger, mais aussi et surtout, en termes d'insuffisance de la production vivrière locale. C'est là probablement l'échec le plus évident des politiques agricoles en Afrique.

La revitalisation de ce secteur s'inscrit d'ailleurs dans les priorités des stratégies d'autosuffisance et de sécurité alimentaire prônées notamment au Sahel par le CILSS[11], et

---

[10] René DUMONT et Marie-France MOTTIN, *L'Afrique étranglée*, Seuil, Paris, 1982, p.40.

[11] Comité Inter-Etats de Lutte contre la Sécheresse au Sahel.

par les organisations internationales telles que la FAO, la Banque Mondiale ou le Programme Alimentaire Mondial. Mais, malgré l'importance des résolutions et des engagements pris par ces institutions, le constat reste négatif. La famine continue de sévir, les populations continuent d'être démunies lorsque la sécheresse s'abat implacablement dans certaines régions d'Afrique, l'aide alimentaire continue d'affluer massivement sur le continent.

La dévaluation de la monnaie des pays de la zone franc, quoiqu'en disent les experts, n'a pas redynamisé ce secteur. Les bienfaits de cette opération que l'on a présentée comme un mal nécessaire restent encore un mystère pour les paysans africains. L'on en espérait plus. L'impréparation des dirigeants africains qui, jusqu'à la veille de l'entrée en vigueur de cette mesure économique, s'obstinaient à faire croire à leurs populations qu'elle n'aurait jamais lieu, n'a fait qu'ajouter au sentiment de frustration que subissent les populations rurales depuis trente ans.

L'absence d'un secteur traditionnel dynamique en mesure de garantir l'approvisionnement alimentaire des populations, est une des premières causes de la dépendance alimentaire accrue de l'Afrique. En dépit de l'abondance de ses ressources agricoles, l'Afrique importe plus d'aliments qu'elle n'en produit. Ses besoins alimentaires, fortement dépendants de l'augmentation excessive de sa population, ne sont satisfaits que par les importations commerciales ou par l'aide alimentaire. Celle-ci en particulier, constitue de nos jours une donnée structurelle des économies africaines[12].

---

[12] « L'aide alimentaire représente actuellement un transfert net à l'Afrique d'environ 1 milliard de dollars par an, soit un montant à peu près égal à celui des transferts nets de la Banque mondiale et de l'Association Internationale de Développement en faveur de la région. Elle représente environ 7% de l'aide publique au développement accordée à l'Afrique mais, dans certains pays, jusqu'à un quart de l'aide totale », *L'aide alimentaire en Afrique: Programme pour les années 90.*, Programme Alimentaire Mondial (PAM), Rapport annuel, Rome, 1993.

Au-delà des débats engagés, depuis quelques années, sur l'utilité et les méfaits de l'aide alimentaire, il faut reconnaître que celle-ci ne va pas sans poser de problèmes pour les pays récipiendaires. Il existe une abondante littérature à ce sujet et les arguments pour ou contre varient généralement, selon que l'on considère l'aide alimentaire comme une forme d'assistance accentuant la dépendance ou comme une ressource utile au développement[13].

Conçue à l'origine comme un outil d'intervention ponctuelle destiné à faire face à des problèmes de disponibilités alimentaires limitées dans le temps, l'aide alimentaire est devenue peu à peu une ressource faisant partie intégrante des stratégies de développement des pays africains. De nombreux spécialistes considèrent toutefois que l'Afrique subsaharienne est capable de se nourrir et que lorsqu'elle fait appel à l'aide alimentaire, c'est en général moins pour des raisons climatiques qu'à cause de l'incurie de ses dirigeants ou de la persistance de conflits internes.

En effet, lorsque l'on examine le flux et la destination de l'aide alimentaire vers l'Afrique, l'on se rend compte que les interventions d'urgence mobilisent la plus grande part des ressources des pays donateurs et que l'aide destinée à des projets de développement s'amenuise de plus en plus. Ainsi, le Programme Alimentaire Mondial a, en 1992, mobilisé plus de 50% du volume de ses ressources alimentaires au profit des pays de l'Afrique subsaharienne. Les opérations d'urgence ont absorbé 60% de cette aide, le restant étant réparti entre projets de développement et opérations de vente directe sur le marché[14].

La dépendance alimentaire de l'Afrique n'est pas seulement la conséquence de phénomènes contingents telles que la

---

[13] A propos des mécanismes et des effets pervers de l'aide alimentaire, voir en particulier : Pascal ERARD et Frédéric MOUNIER, *Les marchés de la faim. L'aide alimentaire en questions*, La Découverte, Paris, 1984; Sophie BESSIS, *L'arme alimentaire*, Maspéro, Paris, , 1979.

[14] Programme Alimentaire Mondial (PAM), *Rapport annuel*, Rome 1993.

sécheresse ou les aléas climatiques. Les politiques ayant conduit à la crise de l'agriculture traditionnelle, qu'elle soit d'exportation ou de subsistance, y ont contribué de beaucoup.

L'une des conséquences des stratégies agricoles fondées sur les productions d'exportation a été celle de développer la consommation et l'importation de produits étrangers contraires aux habitudes alimentaires locales. Les comportements alimentaires de la majorité de la population africaine, en particulier en milieu urbain, accordent une place prépondérante aux produits non africains, comme le démontrent les consommations excessives de pain ou de lait en poudre dans des pays qui, par essence, ne seront jamais en mesure de produire localement du blé (alors que le maïs, le manioc ou le riz peuvent y pousser en abondance).

Il y a là certes un problème d'ordre culturel, d'aliénation et d'assimilation qui favorise la consommation d'aliments étrangers au détriment des produits locaux. Mais il y a aussi les choix stratégiques liés aux exportations rapportant des devises et aux politiques commerciales qui ne favorisent guère le développement et l'écoulement des produits du secteur vivrier. Les produits traditionnels de grande consommation tels que le manioc ou le fonio coûtent plus cher que le pain. Pourquoi alors, s'interroge par exemple Sophie Bessis, « le Dakarois s'obligerait-il à consommer la boule de mil alors que le pain lui coûte moins cher? »[15].

## 2. Autosuffisance et insécurité alimentaire

Aujourd'hui, on maîtrise les techniques agricoles, on connaît la plupart des solutions techniques aux problèmes de la faim et de la malnutrition. Pourtant, le problème alimentaire reste toujours présent, malgré les innombrables mécanismes de

---

[15] Sophie BESSIS, *Le Sahel peut se passer de l'aide alimentaire*, Le Monde Dimanche, 9/11/1980.

prévention et d'alerte mis en place par les institutions internationales et les gouvernements. Comme l'écrivait déjà Pierre Gourou,

> « Il est scandaleux que trop de populations tropicales soient frappés d'insuffisances alimentaires, quantitatives et qualitatives. Des centaines de millions de personnes sont incontestablement sous-alimentées et mal alimentées sous des climats chauds et pluvieux où devrait régner l'abondance puisque des récoltes y sont possibles en toute saison »[16]

Depuis que les grandes vagues de sécheresse et de famine qui se sont abattues sur le continent africain au milieu des années 70 ont révélé au monde entier le spectacle insupportable et le drame de familles entières décimées par la faim, la problématique de l'autosuffisance alimentaire est devenue un sujet de préoccupation constante des experts des institutions internationales et des gouvernements. La sécheresse a en particulier, révélé toute la fragilité des systèmes de production agricole des pays africains mettant gravement en danger la sécurité alimentaire de millions de personnes. Cette situation s'est traduite par une malnutrition diffuse et une sous-alimentation quasi chronique dont sont en permanence victimes les groupes de populations les plus faibles.

Selon la FAO, 100 millions de personnes souffraient de sous-alimentation en Afrique en 1970; aujourd'hui, ce chiffre a presque doublé (170 millions) représentant plus d'un tiers de la population africaine. Les disponibilités énergétiques alimentaires des populations ont diminué au cours de la dernière décennie (de 2.148 kcal/habitant/jour en 1979-1981 à 2119 en 1986-1988). On estime en outre que près d'un africain sur trois était sous-alimenté en 1983-1985, soit à peu près la même proportion qu'au début de années 70 et que l'apport

[16] Pierre GOUROU, op. cit., p. 246.

calorique moyen a encore diminué au cours de la même période[17].

La recherche d'une base nationale assurant l'autosuffisance sur le plan alimentaire a été le leitmotiv des politiques agricoles des pays africains au début des années 80 et a entraîné la création d'une multitude d'organismes nationaux ou régionaux appuyés par les institutions internationales, avec pour mission d'élaborer des stratégies appropriées permettant d'atteindre cet objectif. Les stratégies adoptées par ces institutions divergent cependant, suivant les logiques économiques ou politiques qui les inspirent.

Le FMI encourage le développement de cultures d'exportation car elles assurent l'équilibre de la balance des paiements et procurent des devises aux pays producteurs. C'est la logique de l'ajustement structurel appliquée au monde rural. La FAO et un grand nombre d'organisations non gouvernementales sont plutôt en faveur de politiques dites d'autosubsistance visant l'accroissement des cultures vivrières qui assurent l'alimentation d'une grande partie des populations africaines et procurent des apports énergétiques stables.

Entre ces deux logiques, y-a-t-il un juste milieu? Jusqu'à présent, considérant les maigres résultats obtenus et la persistance de pénuries alimentaires, il semblerait que les experts n'aient pas encore réussi à trouver le juste équilibre entre les exigences d'une modernisation de l'agriculture et la recherche d'une autosuffisance.

L'autosuffisance alimentaire, note Sylvie Brunel, signifie pour un pays, être indépendant sur le plan alimentaire, c'est-à-dire produire lui-même tout ce qu'il consomme sans devoir recourir à des importations ou, être en mesure de les financer sans que cela ne constitue une contrainte insupportable pour son budget[18]. Plusieurs Etats africains ont tenté de concilier ces deux exigences. Les pays du Sahel notamment, durement

---

[17] Rapport FAO, op. cit.

[18] Sylvie Brunel, *Le Sud dans la nouvelle économie mondiale*, op. cit.

confrontés, plus que d'autres, à une sécheresse récurrente et à la dégradation inexorable de leurs sols, ont mis en oeuvre des politiques variées allant de la promotion des cultures locales traditionnelles à l'implantation d'unités locales de production et de transformation semi-industrielles.

Ces politiques ont connu des succès limités si l'on en juge par les besoins encore énormes d'importations et d'aide alimentaire affluant dans ces pays et par les bilans agricoles peu encourageants établis annuellement par la FAO. Peut-on expliquer autrement que par des politiques erronées les raisons de ces insuccès? Citons encore la FAO :

> « les stratégies de développement ont eu tendance à aggraver les problèmes de l'agriculture par des modes d'intervention erronés. La surcentralisation du développement agricole fait pendant à la distorsion des politiques en faveur des villes. Au lieu de s'appuyer sur des structures et organisations locales, l'Etat a cherché à imposer d'en haut des solutions toutes faites. Parmi les interventions inappropriées les plus courantes, on peut citer les programmes non viables de colonisation agraire, les essais infructueux de réforme foncière et les systèmes inadéquats de production et de formation »[19].

La problématique de l'autosuffisance et de la sécurité alimentaire en Afrique se résume en fin de compte à une question essentielle, trop souvent occultée par l'urgence des besoins à satisfaire et les errements des décideurs politiques: comment parvenir à satisfaire les besoins alimentaires d'une population en constante augmentation sans pour autant aliéner les méthodes de production et les modes d'organisation sociale traditionnelles qui caractérisent encore le monde rural africain?

---

[19] Rapport FAO, op. cit.

## 3. Sécheresse, pauvreté, environnement

La désertification et la sécheresse font désormais partie de l'environnement africain. Toujours selon la FAO, « plus d'un tiers de l'Afrique est actuellement menacé de désertification. A l'extrémité sud du Sahara, quelques 650 000 km² de terres jadis productives - soit une superficie égale à celle de la Somalie - se sont transformés en désert au cours des 50 dernières années. On estime que, chaque année, de 50 000 à 70 000 km² sont retirés de la production »[20]. Il s'agit de savoir si cette récurrence de la sécheresse est un phénomène inéluctable ou bien le résultat d'une absence de prise de conscience collective des pouvoirs publics et des populations face au danger d'une exploitation irrationnelle des ressources disponibles.

On indique souvent la sécheresse comme l'une des causes de la dégradation des sols et de l'environnement aggravant une situation déjà compromise par la pauvreté des populations. Les experts de la FAO soulignent cependant que cette situation n'est pas totalement imputable aux sécheresses: « c'est la mauvaise gestion des terres mêmes qui est responsable de la désertification »[21].

Les paysans eux-mêmes, en effet, ne sont pas exempts de toute responsabilité puisqu'ils sont les premiers utilisateurs des terres et de ses ressources. Le surpâturage a pour conséquence une modification de la composition de la végétation sur les parcours du cheptel, donnant lieu à la croissance de plantes inutiles et vénéneuses au détriment des graminées nutritives essentielles à l'alimentation humaine et animale. Le déboisement et le défrichement sont également des pratiques préjudiciables au renouvellement des terres et favorisent la désertification. Les techniques agricoles sur

---

[20] *La conservation et la restauration des terres en Afrique. Un programme international*, Publication FAO, Rome, 1990.
[21] FAO, op. cit.

brûlis, l'utilisation croissante des arbres et des broussailles comme combustible, sont le fait de l'homme et les principales causes de désertification.

On connaît l'importance du bois de feu dans la préparation des repas en Afrique. Dans le Sahel, le bois assure à lui seul plus de 90% de la consommation énergétique totale. Les Africains se placent au premier rang de consommateurs de bois dans le tiers-monde, ainsi que le rappelle Edgar Pisani :

> « l'essentiel de la consommation des pays les moins avancés est constitué par l'énergie domestique de cuisson des aliments. Du bois de feu, des déchets végétaux qu'ils utilisent dépendent de manière quasi exclusive deux milliards de personnes: 50% de la population de l'Amérique Latine, 70% de celle de l'Asie et de l'Indonésie, 85% de celle de l'Afrique »[22].

Malgré les efforts d'introduction des foyers améliorés, fourneaux traditionnels conçus de manière à permettre la conservation de la chaleur et d'économiser le bois grâce à une disposition judicieuse des supports et une réduction des espaces d'aération et d'évacuation des fumées, il semble que la situation n'ait guère évolué[23]. Ces pratiques qui conduisent inévitablement à la destruction du patrimoine forestier de l'Afrique posent le problème de la préservation de l'environnement car, au rythme actuel de déplétion, les réserves forestières d'Afrique risquent, selon les estimations de la FAO, d'être totalement épuisées en l'an 2030.

La Conférence des Nations Unies sur l'environnement et le développement organisée à Rio de Janeiro du 3 au 14 juin 1992 a mis en lumière les multiples dangers que constituaient pour l'avenir de la planète, l'utilisation abusive des ressources naturelles et la non prise en compte des phénomènes

---

[22] Edgar PISANI, *La main et l'outil. Le développement du Tiers-monde et l'Europe*, Laffont, Paris, 1984.

[23] L'UNICEF et de nombreuses ONG ont appuyé la diffusion de ces foyers auprès des communautés villageoises dans le double souci de faire l'économie du bois et de préserver la santé des femmes mise en danger par l'évacuation des fumées.

écologiques dans les politiques nationales de développement. Mais, elle a aussi souligné que le manque actuel de ressources financières des pays du tiers-monde et les contraintes quotidiennes de survie des populations pauvres constituaient autant d'obstacles à la mise en oeuvre de politiques mesurées intégrant la dimension environnementale.

La pauvreté constitue indiscutablement le plus grand danger de toute politique de développement en Afrique. En ce qui concerne l'environnement, elle aboutit à des comportements irrationnels de la part des populations obligées de subvenir à leurs besoins immédiats. A ce sujet, s'agissant des paysans du Sahel, Yves Hardy écrit :

> « la pauvreté des paysans sahéliens ne plaide pas en faveur de la préservation de l'environnement. Comment inciter des agriculteurs à se consacrer aux plantations d'arbres ou à la lutte anti-érosive, garantes pourtant de l'avenir, quand la plupart s'efforcent à la survie, voire à tromper la faim? Lors des soudures difficiles, on voit des paysans couper arbustes et acacias, vendre le bois sur les marchés, pour se procurer le mil qui manque dans les greniers »[24].

Dans ces conditions, il est difficilement pensable que des solutions à court terme puissent restaurer un environnement ayant subi des décennies de surexploitation de la part des premiers utilisateurs (les paysans) et d'inattention de la part des pouvoirs publics. Car, le problème n'est pas seulement d'ordre économique ou financier. Il renvoie à une multitude de facteurs dont les plus importants résident certainement dans des pratiques liées à l'ignorance des populations.

En effet, de nombreux experts estiment que les attitudes qui mènent à une utilisation irrationnelle des ressources naturelles, si elles sont dictées par des besoins de survie causés par la crise, n'en sont pas moins le résultat d'un manque d'éducation et d'information des populations. C'est ce qui a

---

[24] Yves Hardy, *Le Sahel, 20 ans après...*, Dossier, Croissance n° 360, mai 1993.

d'ailleurs motivé le lancement d'une multitude de programmes nationaux et internationaux liant les problèmes de l'environnement à l'éducation.

Le *Programme Action 21*, issu de la Conférence de Rio de Janeiro sur l'environnement et le développement, stipule ainsi que l'éducation, la formation ainsi que la sensibilisation du public sont d'un intérêt primordial et constituent l'une des conditions préalables à de bonnes pratiques de préservation du patrimoine écologique.

L'UNESCO met en oeuvre un *Programme international d'éducation et information en matière d'environnement et de population pour le développement humain*, dont la conception procède de la « nécessité de traiter les problèmes de population, de développement et d'environnement sur le mode intégré pour parvenir à un développement équitable et durable, qui soit centré sur l'individu »[25].

Les pays africains ont-ils les moyens de mettre en oeuvre des politiques dont les résultats ne se feront sentir qu'à long terme? Les paysans, quant à eux, ont-ils le temps d'attendre les effets de ces politiques lorsque leur survie est quotidiennement menacée par la sécheresse et la désertification? C'est là encore un des multiples dilemmes du développement, amplifiés par la crise économique et qui demande de la part des Etats africains une redistribution de leurs ressources au profit d'actions visant le développement durable tel que préconisé par la Conférence suscitée.

## 4. Le développement rural sans les paysans

Le paysan africain est-il réellement resté en marge du développement ? Plusieurs études le démontrent même si des

---

[25] *Education et information en matière d'environnement et de population pour le développement humain (EPD)*, Projet interdisciplinaire et de coopération interinstitutions de l'UNESCO, Document UNESCO, Paris, septembre 1994.

différences de situation peuvent exister entre les pays. Les politiques agricoles ont pris très peu en compte les aspirations des paysans et, les mesures d'intervention en milieu rural, ainsi que le souligne la FAO[26], ont plutôt eu tendance à imposer des modes d'organisation et de production que les paysans eux-mêmes ne comprenaient pas.

Après trente années d'interventionnisme, on se rend compte que le paysan africain ne s'est jamais vraiment senti conquis par les slogans proclamant l'agriculture « priorité des priorités », ce qui a eu comme résultat un repli du paysan et une attitude réfractaire aux innovations provenant de l'extérieur. À propos des paysans du Sahel, Jacques Giri écrit:

> « Le choix qui a été fait jusqu'à présent, consciemment ou non, a été de maintenir le paysan sahélien dans un état de survie. Les prélèvements effectués par le fisc et les organismes gouvernementaux sur les produits d'exportations, le maintien de bas prix céréaliers sur les marchés urbains ont porté la ponction faite sur le milieu paysan peut-être à sa limite maximum, mais, en tous cas, à un niveau tel que le réflexe des ruraux est de se replier sur eux-mêmes et que les investissements productifs sont impensables »[27].

Analysant les politiques de développement rural au Congo, Bernard N'Kaloulou en vient à la même conclusion :

> « La politique économique, rurale singulièrement, est restée inchangée : les populations en demeurent totalement exclues. Les Etats africains recourent aux mêmes procédés pour parvenir à la croissance : regroupement des villages ou villagisation ou village-centre, champ du commandant ou champs du parti unique au Zaïre, au Congo, en Afrique de l'Est, paysannats ou coopératives ou groupements pré-coopératifs »[28].

---

[26] Rapport sur la situation de l'alimentation et de l'agriculture dans le monde, FAO, op. cit.

[27] Jacques GIRI, *Le Sahel demain. Catastrophe ou renaissance?* , Khartala, Paris, 1983.

[28] Bernard N'KALOULOU, *Dynamique paysanne et développement rural au Congo*, L'Harmattan, Paris, 1984.

Les projets destinés au monde rural ont été nombreux au cours des années 70 et ont alimenté l'illusion d'un développement durable pour le monde rural. Après des décennie d'illusions et de foisonnement de théories visant le développement du monde rural, on se rend compte aujourd'hui que tous les progrès attendus n'ont pas eu lieu.

Dans le cas de projets visant par exemple l'introduction de technologies dites « intermédiaires » pouvant être assimilées sans difficulté par les populations rurales, les résultats n'ont pas toujours été satisfaisants, soit pour des raisons purement bureaucratiques, administratives ou politiques, soit pour des raisons liées à une planification approximative ou, tout simplement, parce que les groupes bénéficiaires n'avaient pas été suffisamment ou adéquatement sensibilisés aux bienfaits de ces nouvelles techniques.

Une étude de l'INSTRAW[29] conclut ainsi que de nombreux projets d'introduction des fourneaux améliorés n'ont pas obtenu les résultats espérés, aussi bien en ce qui concernait la diminution de la consommation du bois qu'en ce qui concernait l'acceptation de ces nouveaux instruments :

> « ces échecs peuvent être imputés au fait que les usagères - les femmes de ces pays - n'ont pas été intégrées pleinement à la planification ni à la mise en place de ces projets. Les femmes ont été tenues à l'écart du processus d'élaboration et de mise à l'essai des fourneaux, on ne leur a appris à se charger ni de l'entretien ni des réparations des fourneaux, et on ne leur a pas sensibilisées à l'importance que revêtent les économies de bois de chauffage »[30].

L'absence de coordination entre les organismes internationaux chargés du développement rural donne souvent lieu à une duplication de projets et d'activités servant les

---

[29] Institut International de Recherche et de Formation des Nations-Unies pour la Promotion de la Femme.

[30] INSTRAW Nouvelles, Revue Femmes et développement, n° 10, 1988.

mêmes objectifs. Le paysan africain est quotidiennement confronté à une multitude de modèles de modernisation qui, très souvent, ne tiennent pas compte de ses propres aspirations et de sa capacité à assimiler les changements d'attitude et de comportement qui lui sont exigés. Il n'est donc pas surprenant que de nombreux projets de développement rural n'aient pas atteint leurs objectifs comme le reconnaît un rapport de la Banque mondiale :

> « une évaluation de 1987 a révélé que la moitié des projets de développement rural achevés auxquels la Banque mondiale a apporté son concours en Afrique s'est soldé par un échec »[31].

Les réponses paysannes aux insuffisances des politiques de développement rural impulsées du haut ou de l'extérieur ont été cependant très nombreuses et variées. Elles sont l'expression d'une prise de conscience de la part des populations paysannes de leurs propres cacpacités et d'une volonté de sortir du schéma traditionnel de la dépendance envers les gouvernements locaux et l'aide étrangère. De nombreuses études ont illustré cette dynamique si souvent ignorée, consciemment ou non, des pouvoirs publics et de certains bailleurs de fonds internationaux englués dans une bureaucratie et des normes administratives alourdissant les procédures d'utilisation des fonds alloués aux projets. Nous le verrons plus loin.

Les institutions internationales et non gouvernementales qui oeuvrent en milieu rural africain l'ont compris, souvent à leurs dépens, et prônent désormais une plus grande autonomie des communautés locales par la mise en oeuvre de projets fondés sur la participation volontaire des populations et non sur une participation passive conduisant inévitablement à perpétuer l'assistance et à instaurer une mentalité d'assisté.

---

[31] Banque mondiale, Rapport annuel 1993.

## CHAPITRE VI

# LES ILLUSIONS DE LA «SANTÉ POUR TOUS»

> « Malgré les déclarations, toujours d'actualité, en faveur de la promotion et du développement des "soins de santé primaires" formulées au moment de la conférence d'Alma Ata en 1978 et confirmées en 1988 à Riga (URSS), les indicateurs sanitaires et socio-économiques restent accablants. Ils dénoncent le mal développement des pays soumis à de graves difficultés économiques et la misère de populations entières, impuissantes, aspirant à une vie meilleure et au respect de leur dignité. Si les intentions des discours sont conformes à l'espérance de tous, les résultats, les indices et les signes enregistrés chaque jour ne permettent pas, malgré une amélioration certaine, de conclure à la possibilité d'attendre l'objectif affiché de "la santé pour tous en l'an 2000" lancé en 1977 au cours de la 29ème Assemblée mondiale de la Santé »[1]

> « La grande déception des gouvernements africains devant l'échec de la stratégie des soins de santé primaire résulte en partie d'un malentendu initial: l'illusion que la mise en oeuvre des soins de santé primaire ne coûterait que très peu »[2]

Chaque année, des centaines d'Africains émigrent en Europe pour y suivre des traitements médicaux coûteux ou,

---

[1] *Priorité aux plus démunis*, Document OMS, 1990.

[2] Magali BARBIERI et Pierre CANTRELLE, *Politique de santé et population*, in Politique Africaine, n° 44, Khartala, Paris,.décembre 1991.

tout simplement, pour y subir des interventions chirurgicales banales? Est-ce une envie de changer de climat? Est-ce la démonstration d'appartenir à une couche sociale privilégiée? Pour certains peut-être, pour beaucoup d'autres, il s'agit malheureusement d'une nécessité qu'ils auraient volontiers éviter vu les coûts exorbitants des soins hospitaliers pratiqués dans ces pays. Cette « émigration sanitaire » est la conséquence des nombreux dysfonctionnements des structures hospitalières africaines, aussi bien en milieu rural qu'en milieu urbain.

En effet, que dire des hôpitaux où le simple thermomètre, la simple seringue ne sont point disponibles au moment des premiers soins? Que dire des conditions d'hygiène dans lesquelles se trouvent les dispensaires en milieu rural? Combien de patients, jeunes et adultes passent de longs séjours à l'hôpital sans cures adéquates? Combien de parents ne se sont-ils pas résignés à recourir à des pratiques fétichistes à cause de l'incapacité des hôpitaux à leur dispenser les premiers soins d'urgence, combien d'autres se trouvent obligés de se procurer eux-mêmes seringues, ouate, pansements, etc.? Combien de médecins jeunes, compétents et volontaristes ont perdu leurs illusions devant pareille situation ?

En dépit des slogans tels que « la santé pour tous », il y a plus de décès provoqués par l'inaptitude des centres de santé que par l'incapacité du corps médical. Aujourd'hui encore, des milliers de femmes souffrent chaque jour de complications de grossesse et d'enfantement, faute de ne pouvoir bénéficier à temps des premiers soins post-partum. Des milliers d'enfants meurent chaque jour faute de n'avoir pas reçu les premiers soins postnatals.

La situation sanitaire des pays africains se caractérise d'abord par une insuffisance de l'offre par rapport à la demande des populations. A cela, il faut ajouter aussi les mauvaises conditions d'accueil et de fonctionnement des institutions hospitalières et l'inégale répartition des infrastructures entre zones rurales et zones urbaines.

## 1. Quelques données pour comprendre

Lorsque l'on regarde les statistiques concernant l'état de santé général des populations africaines et l'évolution des indicateurs qui avaient été définis pour mesurer l'objectif de la « santé pour tous en l'an 2000 », l'espoir de voir cet objectif se réaliser en moins d'une décennie s'éloigne de plus en plus.

Le bilan global des politiques de santé en Afrique n'induit pas en effet à l'optimisme. La plupart des pays de l'Afrique subsaharienne ont un taux de mortalité maternelle supérieur à 500 pour 100 000 naissances vivantes. Chaque année, il y a environ 150 000 mères qui meurent en Afrique, et à peu près autant deviennent invalides à la suite de complications de grossesse et d'enfantement. Le taux de mortalité infantile est compris entre 100 et 170 pour mille naissances vivantes, les décès d'enfants de moins de cinq ans représentent près de la moitié de l'ensemble des décès. Dans les pays comme le Burkina Faso, l'Ethiopie, le Mali et le Niger où la pauvreté affecte la majorité de la population, 70 à 77% seulement des enfants vivent jusqu'à l'âge de cinq ans[3].

Ces chiffres résument bien la situation désespérante de la santé en Afrique. Malgré les bonnes intentions exprimées à travers les plans nationaux de « santé pour tous », les populations africaines, celles des campagnes notamment, continuent d'être quotidiennement confrontées aux insurmontables difficultés résultant de l'absence de structures sanitaires adéquates.

Point n'est besoin de souligner que ce sont surtout les femmes auxquelles incombe la lourde tâche d'élever les enfants qui sont les premières confrontées à ce drame, ainsi que le décrit amplement Mathieu Rewhera :

---

[3] *L'Afrique subsaharienne. De la crise à une croissance durable. Etude de prospective à long terme*, Banque mondiale, Washington D.C., 1993.

« Vous êtes une femme, vous habitez la campagne et vous avez un enfant en bas-âge; il tombe malade et se met à tousser très fort. Vous commencez à vous préparer pour l'emmener le lendemain au dispensaire ou au centre de santé le plus proche qui est situé à 15 km. Le matin venu, vous mettez votre enfant sur votre dos et vous marchez quelque trois heures jusqu'au dispensaire. Là vous vous retrouvez dans une queue d'environ 200 personnes alignées sous le soleil sans abri. Votre tour finit par arriver à force de patience. L'infirmier vous écoute sans trop de patience décrire la maladie de votre enfant. Sans prendre la peine de faire le moindre examen (il n'en a probablement pas les moyens), il crayonne vite fait une prescription sur un bout de papier qu'il vous dit d'emmener auprès du préposé aux médicaments. Il s'agit d'un sirop mais vous ne pouvez par le savoir puisque vous êtes probablement analphabète. Le préposé verse lui-même une cuillerée de sirop et le fait boire sans aménité à l'enfant. Il n'est évidemment pas question de vous donner le flacon pour que vous puissiez poursuivre le traitement chez vous, pour la simple raison qu'il n'aurait jamais assez de médicaments pour tout ce monde: il vous dit par conséquent de revenir le lendemain pour la prochaine cuillerée. Vous rentrez péniblement à la maison; vous couchez l'enfant mais il vous faut quand même encore préparer le repas de la famille et tout le reste. Le lendemain vous refaites le même parcours sous le même soleil, pour faire la même queue et recevoir la même petite cuillerée. Mais après trois jours, le soleil et la fatigue des voyages aidant, l'état de l'enfant s'aggrave. Découragée par ces voyages si fatiguants qui vous empêchent de vaquer à vos activités sans soulager votre enfant, vous finissez par penser que ça ne vaut pas la peine de les continuer pour une cuillerée de sirop et vous vous tournez vers le guérisseur du coin. Et le cercle vicieux de la maladie/misère des budgets de santé/insuffisance de soins continue; mais le dispensaire aura quant même gagné car les cuillerées de sirop que vous n'avez pas prises serviront à quelqu'un d'autre. Et voilà, vous avez quand même accès à un service de santé »[4].

Ce drame frappe aussi bien les populations rurales que les populations des villes. Nous l'avons souligné précédemment,

---

[4] Mathias REWHERA, *L'état de l'éducation dans les pays les moins avancés*, Documents et rapports sur les politiques éducatives, n° 2, UNESCO, 1991.

les centres hospitaliers urbains n'offrent pas des services à la hauteur des investissements qui ont permis leur construction. Lorsque l'on se rend aujourd'hui en urgence, dans un centre hospitalier urbain d'Afrique, il est désormais indispensable d'apporter avec soi sa petite pharmacie pour éviter le désagrément de ne pouvoir être soigné selon les règles de l'art. Cette situation se généralise de plus en plus, la seule alternative étant celle de se rendre dans une clinique privée où, à juste titre, il vous en coûtera pour votre portefeuille. Les plus pauvres et les populations démunies des bidonvilles n'ont évidemment pas la possibilité de ce recours.

Mais ce n'est là qu'un des aspects évidents du drame de la santé en Afrique. Lorsque l'on se penche sur les réalisations en matière de santé publique, et en particulier sur les actions de prévention qui sont à la base de toute politique judicieuse de « santé pour tous », l'on se rend compte que les couches de population par définition les plus vulnérables - les enfants, les femmes et les personnes âgées -, ne bénéficient d'aucun système de couverture sanitaire. L'absence de systèmes de prévoyance sociale et de services permettant de prévenir les maladies les plus courantes ne leur assurent aucune protection. A ce drame, s'ajoute celui de l'augmentation des coûts de santé, conséquence des politiques d'austérité ayant conduit un peu partout en Afrique, à la réduction des subventions publiques et à la suppression de la gratuité des soins.

Au Mali, la réduction des subventions de l'Etat provoque des situations de détresse parmi les populations et contribue à augmenter de manière dramatique le nombre des exclus des soins, comme le rapporte Anne-Marie Thomazeau:

> « En vingt ans la contribution de l'Etat au financement des dépenses de santé n'a cessé de diminuer: moins de 4% du budget national en 1992. Les structures sanitaires de proximité sont rarissimes, et les deux grands centres hospitaliers de Bamako, le Point G et Gabriel-Touré, fonctionnent avec les moyens du bord:

bâtiments insalubres, pénurie de médicaments, matériel chirurgical à la charge des parents »[5].

S'agissant de l'absence d'un système de protection sociale pour la majorité de la population et du coût prohibitif de la santé, l'auteur poursuit :

> « en dehors de la population salariée (10% des actifs), prise en charge par l'institut national de la prévoyance sociale, le coût de la santé est entièrement à la charge des particuliers. Le prix d'un accouchement peut atteindre 60 000 francs CFA, une visite prénatale 10 000 francs CFA, une simple consultation en médecine libérale près de 5 000 francs CFA, alors que le salaire moyen d'un fonctionnaire s'élève au mieux à 15 000 francs CFA ».

Cette situation n'est pas évidemment propre au Mali. Les dépenses publiques de santé ont subi partout des réductions importantes se reflétant négativement sur la qualité du personnel médical et sur la disponibilité des infrastructures sanitaires. Au Sénégal, écrit Maktar Diouf,

> « la situation sanitaire du pays s'est considérablement détériorée: de 1980 à 1988, pour 10 000 habitants, le nombre de lits d'hôpitaux est passé de 7,7 à 6,1 ; le nombre d'infirmiers publics de 3,2 à 1,7 »[6].

A Madagascar, la situation n'est guère meilleure :

> « en moyenne générale, il y a un médecin pour 17 000 personnes, mais ce ratio peut atteindre 1/35 000 dans certaines régions. Tandis que d'autres n'ont ni médecin, ni hôpitaux, ni centres de santé, ni points de vaccination. Il en est de même pour les centres de santé qui sont au nombre de 1 187 pour tout le

---

[5] Anne-Marie THOMAZEAU, *La voie de la mutualité au Mali*, Le Monde diplomatique, n. 476, 40ème année, Paris, novembre 1993.

[6] Maktar DIOUF, *La crise de l'ajustement*, in « Sénégal, la démocratie à l'épreuve », Politique Africaine, n. 45, Khartala, Paris, mars 1992.

pays et peuvent dans certains endroits desservir au mieux 5 000 habitants et au pire 15 000 »[7].

## 2. Les carences des structures hospitalières urbaines

Malgré la présence d'un réseau de santé urbain doté d'infrastructures modernes et d'un personnel médical compétent, dont la majorité a été formée dans les plus grandes universités occidentales, les centres hospitaliers urbains ne sont pas rassurants pour les milliers de citadins s'y rendant en consultation. C'est une des tristes réalités que vivent quotidiennement les populations des villes africaines, comme le rappelle le témoignage suivant :

> « Hôpital Le Dantec. Pour le malade infortuné, franchir le portail est source de multiples tracasseries, mais le riche avec sa merco le franchit allègrement sous le regard complexé des Asa de la place (Asa: gardiens privés). Si par malchance le patient est retenu pour une hospitalisation, sa seconde maladie sera la faim. Riz au poisson sans une trace de poisson, soupe à la viande sans aucun morceau, les mets qu'on sert aux malades sont désagréables à la vue et à l'odorat; au toucher n'en parlons pas »[8]

La situation déplorable des hôpitaux urbains se mesure en termes d'infrastructures physiques en constante dégradation et d'insuffisance de matériels adéquats. L'absence d'outils les plus élémentaires et de médicaments de base reflète les dysfonctionnements d'un système de santé publique conçu, non pas en fonction de la demande réelle ni de la capacité de gestion des structures publiques, mais en fonction de la politique de la ville « miroir du développement ». C'est le constat d'une politique dispendieuse et extravertie, ayant

---

[7] Brigitte IMPERIAL, *Madagascar, l'urgence silencieuse*, in La Lettre du Comité français pour l'UNICEF, Dossier du mois, , n. 36, Paris, décembre 1993.

[8] Sud Hebdo, Hebdomadaire sénégalais, n° 60, Dakar, 6 juillet 1989.

privilégié « l'urbanisation » de la santé, au détriment du monde rural, où tout de même réside plus de la moitié de la population africaine. La Banque mondiale dresse le bilan de cette politique en ces termes :

> « Les pauvres n'ont pas accès aux services de santé de base et les soins qu'ils reçoivent sont de piètre qualité. Une part disproportionnée des dépenses de santé de l'Etat va aux catégories aisées, que ce soit sous forme de soins gratuits ou à coût réduit dispensés dans des établissements de soins de santé tertiaires ultramodernes ou sous forme de subventions versées aux caisses d'assurance privées ou publiques »[9].

Les centres hospitaliers urbains qui font la fierté des grandes villes, occasionnent des frais d'entretien et de fonctionnement faramineux et disproportionnés par rapport aux services qu'ils rendent. Leurs dysfonctionnements sont connus de tous les usagers africains et leur crédibilité est de plus en plus mise en doute par ceux-là même pour lesquels ils ont été construits - la classe moyenne urbaine -. Ainsi, toujours selon la Banque Mondiale,

> « les dépenses de services hospitaliers sont sans commune mesure avec ce qui est dépensé en soins de santé primaire. Les budgets de fonctionnement des grands hôpitaux sont exorbitants. Par exemple, les frais de fonctionnement de l'hôpital principal de Brazzaville sont égaux à l'ensemble des dépenses du Congo en soins de santé primaire »[10].

Quant aux ressources hospitalières, elles sont inégalement réparties et profitent plus aux populations urbaines, et en particulier aux élites riches :

> « l'influence que les élites urbaines riches exercent sur la politique de l'Etat, conjuguée à l'absence de politique sanitaire visant à corriger les problèmes de distribution, a faussé la

---

[9] *Améliorer la santé en Afrique*, Rapport Banque mondiale, 1993.
[10] Rapport Banque mondiale, op. cit.

répartition des ressources au détriment des populations pauvres des zones rurales et de l'accroissement des services de médecine préventive. Par exemple, au Sénégal, la région Dakar - Cap-Vert (où vit moins de 30% de la population) a absorbé près de 60% du budget des médicaments en 1979-80 et occupé 70% des médecins du Sénégal, 60% des sages-femmes et plus de 40% du personnel infirmier »[11].

Du fait de cette répartition inégale des ressources, aggravée par l'absence d'une politique d'approvisionnement adéquate, dans la plupart des pays africains, la majorité de la population n'a pas un accès facile aux soins de santé primaire, et encore moins, aux médicaments dont elle a besoin. Les ruptures de stocks de médicaments étant fréquentes, en particulier dans les établissements publics, il ne reste plus, au malade, qu'à recourir à des expédients traditionnels pour se soigner.

Les progrès réalisés dans l'information du public ont certes réussi à éloigner, des pratiques traditionnelles douteuses, un grand nombre de personnes. Mais, on assiste de plus en plus, à l'émergence d'un système parallèle de distribution des produits pharmaceutiques qui échappe à toute réglementation et qui laisse les populations à la merci de tous les abus. La vente au détail de médicaments, dans les marchés et dans les rues des grandes villes africaines, est devenue pratique courante.

A ce stade de désagrégation, on ne peut s'empêcher de se demander ce que les politiques de « santé pour tous » ont réellement apporté aux populations. D'une part, leurs revenus modestes ne leur permettent pas de payer des médicaments qui coûtent encore cher sur le marché officiel, d'autre part, la plupart des médecins prescrivent souvent l'utilisation de médicaments de spécialité à dosage élevé[12].

La question de la difficulté d'accès aux médicaments par les populations constitue l'un des obstacles les plus importants pour la réussite des politiques de santé pour tous. Elle a été

---

[11] Rapport Banque mondiale, op. cit.
[12] Rapport Banque mondiale, op. cit.

l'objet d'expériences diverses dont la plus significative est celle de l'introduction de programmes d'utilisation de médicaments essentiels et de dénominations communes internationales ou noms génériques. Depuis le milieu des années 70, l'OMS s'est appliquée à mettre à la disposition des pays des listes universelles de médicaments essentiels dont la caractéristique principale est celle de pouvoir traiter toutes les maladies du monde. Or, comme le constatent C. Y. Klimek et G. Peters, les listes nationales établies à partir de celle de l'OMS contiennent en général plus de médicaments que la liste universelle, « parce qu'en les établissant, les autorités de santé doivent toujours tenir compte des habitudes de prescription des médecins»[13].

Les médicaments désignés sous un nom générique ont l'avantage de coûter moins cher que les médicaments désignés par un nom de marque et l'on peut facilement imaginer les avantages énormes qui peuvent en découler pour les pays africains. Malheureusement, comme le notent encore les deux auteurs précités,

> « la plupart des médecins sont habitués à prescrire un médicament en utilisant le nom de marque sous lequel il a été primitivement mis sur le marché. Même s'ils le veulent, il leur est parfois difficile de trouver le nom générique du médicament qu'ils désirent prescrire, et, souvent, ils ne réalisent pas que le même produit peut être disponible sous son nom de marque d'origine à un prix élevé et sous d'autres marques ou noms génériques à meilleur coût et sans différence de qualité »[14].

En plus des habitudes de prescription de médicaments à coût élevé acquises par les médecins au cours de leurs études ainsi qu'à l'information médicale et à la publicité des fabricants, il faut souligner aussi que le problème de l'accès au médicaments exige de la part des gouvernements l'élaboration

---

[13] Cassandra Y. KLIMEK et Georges PETERS, *Une politique du médicament pour l'Afrique. Contraintes et choix*, Khartala, Paris, 1995, p. 49.
[14] op. cit. , p. 51.

d'une véritable politique pharmaceutique sauvegardant les intérêts des pharmaciens locaux et ceux des usagers. Or, dans la plupart des pays africains, il n'existe pas de politique pharmaceutique cohérente conciliant ces deux exigences.

A l'exception d'un nombre restreint de pays où la réglementation internationale sur la commercialisation des produits pharmaceutiques et le contrôle de leur qualité est respectée, on assiste de plus en plus à la désagrégation des marchés, à l'accroissement résolu d'un secteur illégal de vente de médicaments et à l'émergence d'une pharmacopée traditionnelle aux origines pour le moins douteuses.

## 3. L'illusion de la « santé pour tous en l'an 2000 »

Malgré les difficultés évidentes de réaliser l'objectif de la santé pour tous d'ici l'an 2000 pour les Etats africains confrontés à une crise financière sans précédent, celui-ci reste encore l'une des priorités majeures des gouvernements et des bailleurs de fonds. Depuis peu, cependant, des divergences d'opinion apparaissent quant aux politiques à mettre en oeuvre pour l'atteindre[15].

La stratégie des soins de santé primaire adoptée par l'ensemble des pays du tiers-monde et la communauté des bailleurs de fonds, à la suite des recommandations de la Conférence d'Alma-Ata (1978) est celle qui recueille le plus d'opinions convergentes. Elle s'adresse directement à la majorité de la population et est censée assurer un accès aux soins au plus grand nombre sans discrimination d'ordre financier, géographique ou culturel. Elle répond à un souci d'équité et de participation des populations aux soins et à la gestion des unités sanitaires périphériques.

[15] Voir à ce propos Jean-Pierre UNGER, *Des solutions de rechange existent en Afrique*, Le Monde diplomatique, n. 476, 40ème année, Paris, novembre 1993.

Postulée en ces termes, cette politique paraissait facile à mettre en oeuvre. Pourtant, les bilans restent globalement négatifs, même si dans un certain nombre de pays, les efforts de dissémination des centres périphériques directement gérés par les communautés ont été importants. Les organisations non gouvernementales caritatives et les agences de coopération internationale tels l'UNICEF et l'OMS ont ainsi, au cours des années 80, déployé d'énormes moyens financiers pour doter les zones rurales de centres peu coûteux et pour former du personnel local. Mais cette stratégie s'est heurtée à plusieurs obstacles et n'a pas connu le succès que l'on en attendait, entraînant aussi bien de la part des gouvernements que des bailleurs de fonds, une redéfinition de leurs stratégies.

Magali Barbieri et Pierre Cantrelle apportent une contribution importante à l'analyse des insuccès des stratégies de santé primaire en Afrique[16]. L'échec des politiques de santé en Afrique, résulte d'un ensemble de contraintes matérielles et culturelles qui n'avaient pas été totalement prises en compte au moment de la conceptualisation des stratégies des soins de santé primaire.

Les contraintes matérielles se sont reflétées essentiellement en un manque de ressources des gouvernements. L'OMS avait en effet recommandé l'augmentation de la proportion des dépenses publiques de santé jusqu'à un niveau équivalent à 5% du Produit National Brut. Au début de la décennie 1980-1990, certains pays africains avaient réussi à maintenir le niveau de leurs dépenses de santé publique, mais la crise économique allait remettre en question, de manière brutale, cette politique et entraîner un peu partout des réductions énormes des budgets alloués à ce secteur. Cette situation était pourtant prévisible, puisque les Etats africains entraient de plain pied dans la crise au début des années 70 et, pour beaucoup d'entre eux, l'espoir de réaliser des transformations profondes de leurs politiques économiques et sociales reposait sur l'apport de

---

[16] op. cit.

financements extérieurs. Les engagements pris au lendemain de la Conférence d'Alma-Ata devenaient de plus en difficiles à tenir.

L'implantation de centres sanitaires jusque dans les villages les plus reculés exigeait des ressources financières dont les gouvernements africains ne disposaient pas. La dispersion de l'habitat rural exigeait une politique d'implantation de centres ayant pour fonction d'assurer aux populations les premiers soins d'urgence. C'est ce que les spécialistes ont appelé « la politique de soins de santé primaire ». Le succès d'une telle politique dépendait de la capacité des relais de santé « secondaire » ou « tertiaire » - les dispensaires ou les hôpitaux - à assurer de manière adéquate cette fonction. D'après le constat établi par plusieurs organismes internationaux, ce relais n'a vraiment jamais fonctionné. Les dispensaires situés dans les localités centrales (par exemple dans les chefs-lieux de districts) et les hôpitaux des villes n'ont jamais pu compléter avec efficacité les activités des centres de santé primaire.

Dans la plupart des pays, le rayon théorique de couverture sanitaire se situe entre dix et vingt kilomètres, ce qui contraint les populations à des « marches forcées » en cas d'urgence. On ne peut donc s'étonner aujourd'hui que l'africain des villages, abandonné à son propre sort, ne continue d'avoir recours aux pratiques traditionnelles pour assurer sa propre couverture sanitaire, courant souvent le risque d'être la proie de faux guérisseurs et charlatans. D'ailleurs, le recours à ces pratiques devient de plus en plus courant même en milieu urbain, comme l'atteste la prolifération de guérisseurs et de sectes religieuses où vont se réfugier tous les « déçus de la médecine moderne », toutes couches confondues, intellectuels, paysans, chômeurs, fonctionnaires et dirigeants politiques.

Les obstacles d'ordre culturel se situaient à trois niveaux: l'absence ou la faiblesse de réseaux communautaires autonomes, la rigidité du système de santé formel et celle des structures de pouvoir traditionnelles. Les communautés constituaient la pierre angulaire du succès des stratégies des soins de santé primaire et, à ce titre, elles devaient se doter d'une autonomie propre afin d'être capables d'administrer, au mieux de leurs intérêts, les nouveaux pouvoirs de gestion et de décision qui leur étaient conférés, en assurant « leur propre bien-être collectif de façon égalitaire ».

Pour qu'une telle politique soit suivie d'effet, il aurait fallu que les réseaux communautaires soient organisés à l'avance (ce qui n'était pas toujours le cas) et que ceux-ci n'entrent point en conflit avec les structures de pouvoir existants. Or, comme le soulignent les deux auteurs précités,

> « cette stratégie s'est presque partout heurtée à des résistances prévisibles de la part des élites villageoises traditionnelles d'une part, et du corps médical qui voyait son pouvoir menacé du fait de la valorisation du personnel paramédical (infirmiers et sages-femmes), voire extra-médical (guérisseurs), d'autre part ».

Quant aux résistances des administrations publiques, la tradition hyper-centralisatrice des bureaucraties nationales ne pouvaient que difficilement accepter cette « autre rationalité ».

Le coût élevé et l'échec relatif des stratégies globales des soins de santé primaire reposant sur l'illusion d'un Etat capable de mettre en oeuvre les réformes nécessaires, ont conduit de nombreuses organisations internationales à « changer leur fusil d'épaule », en bref, à imaginer des stratégies nouvelles accordant la priorité aux bénéficiaires des soins.

Ces stratégies élaborées au milieu de la décennie 80 partaient d'un double constat, encore valable aujourd'hui: d'une part, pour combattre de manière efficace les grandes maladies endémiques et éviter leur propagation et leur récurrence, rien ne valait mieux qu'une politique de prévention à grande échelle. D'autre part, face à un Etat de plus en plus incapable d'assumer ses fonctions, l'unique moyen de mettre en oeuvre une politique de santé pour tous était de responsabiliser les populations elles-mêmes.

Le premier constat a donné lieu à une approche sélective fondée sur un ensemble d'interventions considérées comme prioritaires en faveur des groupes de populations les plus vulnérables, c'est-à-dire, les enfants de moins de cinq ans et les femmes en âge de procréer. Cette démarche dite « verticale » consistait à établir les priorités en fonction des risques de mortalité liés à la prévalence et à la sévérité des maladies, ainsi que de l'efficacité et du coût de leur contrôle. L'UNICEF a ainsi conçu et mis en oeuvre dès 1982 un programme de grande envergure dirigé vers les enfants de moins cinq ans[17]. Ses résultats ont été certes remarquables dans certaines parties du continent mais, dans l'ensemble, il n'a pas été suivi de grands effets, essentiellement à cause de la faiblesse des systèmes de santé publiques existants et de leur incapacité à en assurer la durabilité.

Le deuxième constat a donné naissance à ce que l'on appelle communément « l'initiative de Bamako » dont le principe de base consistait à créer, au niveau des structures communautaires locales, un cadre d'autofinancement des soins de santé. Dans la pratique, cette initiative proposait la création de fonds autorenouvelables pour les médicaments essentiels qui seraient fournis par les gouvernements aux prix les plus bas[18]. À l'aide des bénéfices ainsi réalisés, on pouvait améliorer les soins de santé primaires, et en particulier promouvoir la médecine préventive pour les mères et les enfants.

---

[17] Ce programme a été dénommé GOBBI-FF d'après les initiales en langue anglaise de ses éléments : surveillance de la croissance (Growth monitoring); thérapie de réhydratation par voie orale (Oral rehydration therapy); allaitement prolongé (Breast feeding); vaccination contre les principales maladies de l'enfance (Immunization); apport de suppléments alimentaires (Food); planification familiale (Family planning).

[18] Cette initiative, organisée esentiellement avec l'appui de l'UNICEF, fut adoptée en septembre 1987 à Bamako (Mali) au cours d'une rencontre des ministres de la Santé des pays africains.

Au lendemain de son adoption, l'initiative de Bamako suscitait déjà de nombreuses objections[19]. Sa mise en oeuvre rencontre encore de nombreuses difficultés, aggravées par la détérioration des conditions de vie des populations et par la démission des pouvoirs publics. Néanmoins, elle a connu des succès indéniables là où les populations ont pu s'organiser sur la base d'une solidarité communautaire fortement établie et dans les pays ayant osé une politique rigoureuse de réglementation de l'achat et de la vente des médicaments essentiels. Car, l'une des clés de voûte de l'initiative de Bamako, outre qu'elle préconisait la participation financière des communautés aux dépenses de santé, consistait à faciliter l'accès aux médicaments essentiels à des prix abordables pour les populations les plus démunies.

Les politiques de santé publique doivent répondre à deux objectifs principaux: assurer une offre convenable qui puisse garantir l'accès aux soins de santé au plus grand nombre, et sécuriser les populations lorsqu'elles se rendent dans les hôpitaux, c'est-à-dire, établir une confiance entre les usagers et les services. Mais de manière générale, elles doivent s'intégrer et s'articuler avec l'ensemble des actions de développement qui leur sont complémentaires telles que la formation et l'éducation, et la mise en place des services parallèles permettant d'améliorer les conditions de vie quotidienne des populations.

En effet, la santé publique ne s'améliore pas seulement en édifiant des hôpitaux et des dispensaires, elle est aussi et peut-être d'abord le résultat d'une bonne alimentation, d'un accès à des logements propres et sains, d'une éducation dans les domaines de la santé et de l'hygiène.

Le défi de la santé pour tous en Afrique est énorme au regard des calamités qui sévissent partout : résurgence du

---

[19] Pour plus de détails sur les nombreuses objections qui ont été soulevées à propos de l'initiative de Bamako, on peut livre l'excellent ouvrage de Cassandra Y. KLIMEK et Georges PETERS, *Une politique du médicament pour l'Afrique. Contraintes et choix*, Khartala, Paris, 1995.

paludisme et du choléra, propagation de l'épidémie du Sida, etc. Si des actions soutenues ne sont pas effectuées afin d'endiguer ces fléaux, les stratégies consistant à agir en faveur de certaines couches de population seulement ou celles visant à éliminer certains types de maladies ne feront qu'éloigner un peu plus le mal sans pour autant garantir à long terme la sécurité des populations.

CHAPITRE VII

# L' ÉCOLE AFRICAINE EN CRISE

> « Notre système éducatif a été conçu au départ pour former des agents de l'administration coloniale. Dans son essence, il n'a pas varié ces trois dernières décennies. Aussi, cette école est-elle au pis une immense fabrique de chômeurs, au mieux une fabrique de cadres qui n'ont aucune prise sur la réalité(...). Cette école est une école d'exclusion »
>
> Alpha Oumar Konaré[1]

> « L'école africaine doit désormais former des futurs créateurs d'entreprises et donc d'emplois, et non simplement, des diplômés qui attendent qu'à la sortie des facultés et des écoles, l'Etat leur offre des sinécures »
>
> Daniel Etounga-Manguelle[2]

De toutes les crises qui affectent l'Afrique en cette fin de siècle, la plus grave est certainement celle de l'éducation, ainsi que le remarque Joseph Ki-Zerbo :

---

[1] Alpha Oumar KONARE, Président du Mali, Interview, Le Monde, Paris, 2-2-1993.

[2] Daniel ETOUNGA-MANGUELLE, *L'Afrique a-t-elle besoin d'un programme d'ajustement culturel*, Nouvelles du Sud, Ivry-sur Seine, 1991, p. 99.

> « en réalité, presque tous les interfaces entre l'Afrique et le monde extérieur sont douloureux et présentent un solde négatif du moins quand on tient compte de tous les coûts: l'agriculture, l'alimentation, le commerce, le tourisme, les technologies, le secteur sanitaire, la communication etc. Mais de tous ces interfaces où se forge le visage africain de demain, celui de l'éducation scolaire et même non-scolaire, est aujourd'hui le plus douloureusement absurde. L'Afrique est le seul continent qui ne dispose pas d'un système contrôlé d'auto-reproduction collective »[3].

La crise de l'éducation en Afrique est d'autant plus grave que l'école qui, jusqu'à présent, représentait le symbole de la réussite sociale, n'est même plus en mesure d'assurer cette fonction. Car, au-delà des considérations philosophiques sur le rôle de l'éducation et sur les valeurs traditionnelles qu'elle devrait transmettre ou préserver, il y a bien une crise qui s'exprime d'abord par de nombreuses déperditions, des infrastructures inadaptées ou insuffisantes pour satisfaire la demande, des programmes scolaires qui, bien que sans cesse rénovés, ne réussissent pas à garantir une juste adéquation entre la formation et l'emploi et, par-dessus tout, une école qui perd inexorablement le capital de confiance dont elle bénéficiait, il y a encore quelques années, auprès des familles.

## 1. De la scolarisation à la déscolarisation

Au cours des deux premières décennies 1960-1970/1970-1980, les effectifs de l'enseignement primaire en Afrique sub-saharienne ont plus que doublé à un rythme de croissance moyenne annuelle de l'ordre de 7,2%, bien au-dessus de la moyenne des taux d'accroissement de la population.

---

[3] Joseph KI-ZERBO, *Sociétés en crise et éducation: perspectives*, (sous la direction de), Publication du Bureau Régional d'Education pour l'Afrique, UNESCO, 1989.

Il est incontestable que les politiques volontaristes des pouvoirs publics, relayées par les initiatives des populations, ont conduit à une généralisation massive de l'enseignement primaire ainsi que le montrent les statistiques suivantes: 30,8% de taux brut de scolarisation en 1960, 69,2% vingt ans plus tard en 1980 pour l'ensemble du continent. Malheureusement, on constate aussi que ce formidable élan s'est perdu au cours de ces dix dernières années et que les effectifs ont commencé à décroître ici et là au point que le taux de scolarisation global pour l'ensemble de l'Afrique en 1990 était estimé à moins de 65%[4].

La diminution des effectifs scolarisés au niveau de l'enseignement fondamental est particulièrement marquée dans les pays les plus pauvres. Elle s'accompagne d'un phénomène de « déscolarisation » touchant de plus en plus un nombre croissant d'enfants provenant de familles à faible revenu, déjà durement frappées par la crise économique. Mais au-delà des quantités, la déscolarisation cache des phénomènes beaucoup plus inquiétants de rejet et de méfiance envers l'école publique telle qu'elle est proposée aujourd'hui.

La situation de l'enseignement secondaire n'est guère meilleure. Elle dénote les contradictions des politiques appliquées jusqu'ici pour cet ordre d'enseignement: inarticulation des programmes entre le primaire et le secondaire, faibles taux de transition d'un niveau à l'autre, répartition inégale des ressources au profit de l'enseignement général et au détriment des filières techniques ou scientifiques. En raison des faibles taux de transition de l'enseignement primaire à l'enseignement secondaire, un nombre important d'élèves abandonnent très tôt le cycle scolaire. N'ayant aucune chance de réintégrer le système éducatif formel, ceux-ci se trouvent exposés au phénomène de l'analphabétisme de retour et sont inévitablement voués au chômage. Pour la plupart, ils s'en vont grossir les rangs des jeunes chômeurs, déambulant

---

[4] UNESCO, *Rapport mondial sur l'éducation*, Paris, 1992.

dans les villes, victimes d'un système qui n'a pas su leur offrir des opportunités d'insertion dans la vie active.

L'enseignement supérieur souffre des mêmes causes de déperdition et d'inefficacité que les cycles inférieurs : insuffisance d'infrastructures, de personnel enseignant et d'équipements appropriés, inadaptation des contenus éducatifs, importance excessive des filières humanistes, réduisant de ce fait à néant les effets bénéfiques des politiques de subventions adoptées par certains Etats (bourses, allocations, services divers..)[5].

Globalement, les difficultés de l'enseignement supérieur en Afrique découlent de facteurs liées à la gestion approximative des structures existantes et à une planification des ressources inadaptées aux besoins futurs des pays. La pénurie de cadres supérieurs dans les domaines scientifiques et techniques de recherche illustre bien cette réalité : avec un taux d'environ 20 ingénieurs pour 100 000 habitants, l'Afrique a un énorme retard à combler et ne saurait dans ces conditions, espérer relever les défis à venir dans les secteurs de la haute technologie[6]. En dépit du fait que l'Afrique manque de cadres supérieurs, le nombre d'Africains diplômés émigrant dans les pays industrialisés ne cesse de croître. Le PNUD estime ainsi que, entre 1985 et 1990, près de 60 000 cadres africains ont émigré vers les pays de l'Europe et de l'Amérique du Nord[7].

Les politiques de l'enseignement supérieur ont surtout eu pour objectif l'amélioration de la gestion économique et financière des institutions universitaires au détriment des méthodes d'enseignement, et en accordant une importance excessive à sa fonction sociale telle qu'elle est perçue par la plupart des jeunes et leurs familles. Ainsi, les méthodes

---

[5] En Côte d'Ivoire, de 1982 à 1985, l'effort financier pour les bourses et les aides (33,9 milliards CFA) équivaut à un peu plus de 50% du budget global de fonctionnement de l'ensignement supérieur durant la même période (63 milliards CFA). Joseph KI-ZERBO, op. cit.

[6] On estime à 400 le taux minimum fonctionnel d'ingénieurs pour 100 000 habitants.

[7] PNUD, *Rapport mondial sur le développement humain*, 1992.

d'enseignement dans les universités africaines restent encore dominées par la pratique des « cours magistraux » dispensés par un corps professoral pour lesquels les étudiants vouent une admiration quasi aveugle, moins à cause de leurs qualités pédagogiques que parce qu'ils détiennent des titres universitaires « ronflants » acquis dans les universités européennes. D'où il en découle un effet d'imitation de la part des jeunes étudiants qui les conduit à considérer que l'université, c'est d'abord le lieu d'obtention d'un titre rehaussant le prestige de celui qui le détient.

Cette course effrénée vers les diplômes a conduit à oublier les niveaux intermédiaires pouvant fournir des cadres moyens qualifiés. On pourrait dire que l'enseignement supérieur a produit des généraux sans se soucier de former les troupes de telle sorte que l'abondance de diplômés universitaires (le plus souvent provenant des disciplines générales) ne correspond pas aux capacités d'absorption des économies, ni à ses besoins.

## 2. L'inefficacité de l'enseignement fondamental

Les politiques d'éducation qui ont été menées au début des années 70 ont surtout permis d'accroître les effectifs scolaires en accordant une importance relativement secondaire aux problèmes d'inefficacité pouvant découler de la qualité moyenne ou médiocre de l'enseignement.

Les problèmes d'inefficacité des systèmes éducatifs africains sont la résultante essentielle de deux facteurs: la dégradation des infrastructures scolaires d'une part et celle des conditions de travail des enseignants, d'autre part. Ces deux facteurs se traduisent par une qualité médiocre de l'enseignement, un faible rendement scolaire, et de multiples abandons en cours de cycle[8].

---

[8] De multiples autres facteurs influent négativement sur la qualité et le rendement des systèmes éducatifs africains. Nous nous limitons à ces deux facteurs sur

***La dégradation des infrastructures scolaires***

L'un des phénomènes les plus visibles de la situation dramatique de l'enseignement primaire en Afrique est, sans nul doute, celui de l'état de délabrement dans lequel se trouvent les infrastructures scolaires.

Une étude réalisée par l'UNESCO dans les écoles urbaines de douze pays d'Afrique subsaharienne a montré, par exemple, que près de la moitié d'entre elles avait un effectif dépassant largement les capacités d'accueil des salles de classe. Des classes prévues pour trente élèves en avaient le double ou plus. Il ressortait du même rapport que les équipements de base tels que bancs et tableaux étaient presque partout en état de dégradation voire absents et que les instituteurs eux-mêmes ne disposaient pas du matériel nécessaire à l'enseignement[9].

En ligne générale, bien que des efforts de construction et de réhabilitation des locaux aient été accomplis ces dernières années, notamment grâce à des projets financés de l'extérieur, la plupart des établissements ne remplissent pas les conditions optimales d'apprentissage: absence de luminosité ou d'éclairage adéquat, absence d'espaces pour la conservation du matériel d'enseignement, insuffisance de bancs et de tables contraignant les élèves à s'entasser, fenêtres et portes manquantes, toits en état de précarité laissant filtrer les eaux de pluies, etc.

Même si l'on admet que l'éducation peut être dispensé sous un arbre comme aux temps anciens, il est néanmoins probable que de telles situations portent préjudice à la bonne santé des élèves et altèrent leurs capacités d'apprentissage. Les maladies fréquemment répertoriées auprès des élèves (diarrhées, maux

---

lesquels les pouvoirs publics ont la faculté d'agir dans l'immédiat. L'UNESCO a publié de nombreuses études sur les problèmes de qualité et de rendement des systèmes éducatifs africains.

[9] Ian DE BOSH KEMPER et Marc HUGH, *Les installations scolaires en Afrique francophone*, Bureau Régional d'Education pour l'Afrique, BREDA-UNESCO, Dakar, 1985.

de tête, maladies de la peau, somnolence et fatigue, etc.) ont souvent pour origine l'état déplorable de l'environnement scolaire aggravé par l'absence de services telles que les latrines ou les points d'eau.

### *Le drame des enseignants*

Les enseignants ont été affectés, de manière singulière, par les mesures d'ajustement structurel ayant conduit à la réduction des effectifs de la fonction publique. La baisse des revenus des enseignants a eu pour conséquence, notamment en milieu rural, une démotivation progressive entraînant un absentéisme fréquent et un abandon de la profession au profit d'emplois plus rémunérateurs.

De nombreuses études soulignent avec inquiétude l'ampleur de la baisse des revenus des enseignants et ses conséquences sur la qualité de l'enseignement. Le résultat de certaines études effectuées en Afrique subsaharienne ont ainsi révélé que les salaires des enseignants étaient inférieurs à ceux des sténo-dactylographes et que leurs traitements ont diminué en moyenne de 17% en termes réels entre 1980 et 1985. Dans certains pays, cette diminution a été encore plus rapide : au Congo et au Togo, les maîtres du primaire et du secondaire gagnaient 30% de moins en termes réels en 1985 qu'en 1980[10].

On ne peut attribuer uniquement aux programmes d'ajustement structurel, la seule responsabilité des mauvaises performances des systèmes éducatifs africains. Le problème des enseignants en Afrique et de la qualité de l'enseignement en général va bien au-delà de la crise économique et des ajustements imposés par les bailleurs de fonds. En amont, il y a la remise en question de tout un système de planification et d'administration des ressources humaines qui ne s'adapte pas

[10] Jacques HALLAK, *Investir dans l'avenir. Définir les priorités de l'éducation dans le monde en développement*, UNESCO-L'Harmattan, Paris, 1990, p. 40.

aux objectifs des politiques d'éducation et qui se traduit par des distorsions dans l'utilisation et la répartition des compétences disponibles.

Il y a d'abord ce que nous appellerons la « bureaucratie éducative » se traduisant par une mauvaise répartition et une sous-utilisation des compétences disponibles. En effet, alors que l'on dénonce la pénurie d'enseignants, il n'est pas rare de trouver dans les services administratifs, des instituteurs qualifiés transformés en simples bureaucrates tandis que dans de nombreuses écoles rurales, un seul instituteur dirige à lui seul une école à six classes et un effectif à la démesure de ses capacités physiques et intellectuelles. Il est à la fois directeur, surveillant, chargé de cours, etc.

On n'imagine jamais le poids des tâches administratives qui lui incombent au détriment des activités pédagogiques, ainsi que le surcroît de travail que lui occasionne l'établissement de rapports et fiches de suivi de projets d'aide extérieure. Sans dotation budgétaire adéquate, avec un salaire très irrégulier, celui-ci se voit contraint d'acheminer dans les délais toutes ces informations à l'administration centrale.

Il y a ensuite la question du recrutement et de la formation des enseignants. Le système d'éducation formelle paie aujourd'hui, dans de nombreux pays africains, le lourd tribut de réformes engagées tambour battant sans vision à long terme. Les recrutements massifs de jeunes enseignants « volontaires » sans expérience, dont on ne peut que louer le courage et l'abnégation, affectés le plus souvent dans les écoles rurales déjà défavorisées par un environnement scolaire dégradé, n'ont fait qu'aggraver la qualité de l'éducation.

On estime aujourd'hui que dans la majorité des pays africains, 30 à 40% des instituteurs de l'enseignement fondamental n'ont pas la qualification requise. Ceux qui en sont pourvus n'ont pas souvent la possibilité de se recycler, se perdent dans la routine et sont confrontés aux multiples problèmes quotidiens qu'exige la gestion rigoureuse d'un établissement scolaire.

### 3. L'école, fabrique à chômeurs

La voie la plus sûre menant à un emploi dans la fonction publique a été pour beaucoup de jeunes africains la poursuite des études universitaires et l'obtention d'un diplôme supérieur à l'étranger ou dans leur pays d'origine. L'université a été le creuset naturel dans lequel l'Etat a toujours puisé sa force de travail.

Aujourd'hui que la crise économique impose une redistribution des ressources publiques et une compression de la masse salariale, on se rend compte que les orientations et les formations proposées dans les universités ne correspondent pas aux besoins des économies africaines. La reconversion des anciens fonctionnaires mis au chômage à la suite des mesures de licenciement imposées par les programmes d'ajustement structurel, s'avère difficile dans un contexte où l'imagination, l'esprit d'entreprise associé au risque sont indispensables à la survie. L'école africaine a produit des chercheurs d'emploi sans inculquer aux jeunes les attitudes indispensables à devenir employeurs.

Notre analyse ne serait que partielle si nous nous limitions exclusivement au chômage des jeunes diplômés de l'enseignement supérieur. La problématique du désoeuvrement collectif d'une grande partie de la jeunesse africaine ayant pour résultat un exode rural massif et l'essor d'activités économiques non-formelles en milieu urbain, est beaucoup plus vaste.

C'est l'école africaine dans son intégralité qui, aujourd'hui, secrète à tous les niveaux des chômeurs. La grande masse de jeunes sortant du système (diplômés ou non, déserteurs précoces ou exclus) ne trouve plus dans le système de production actuel les créneaux que semblait leur promettre la formation reçue au sein de l'institution scolaire[11]. L'école

---

[11] En Côte d'Ivoire, le taux d'abandon de l'enseignement primaire se situe autour de 20% et dans les pays les plus pauvres, les abandons ou exclusions scolaires

africaine ne paraît pas en mesure de répondre adéquatement aux mutations de la société actuelle.

L'expérience des autres pays du tiers-monde - Amérique Latine et Asie - sans être nécessairement transposable à l'Afrique, nous conduit à penser que l'école n'est pas une institution uniquement vouée à la production d'agents économiques mais, bien au contraire, celle-ci doit être le lieu d'apprentissage, d'éducation et de transmission de systèmes de valeurs transcendant la sphère économico-productiviste[12].

Il est indéniable que, réduite au binôme Ecole-Travail, l'institution scolaire se trouve aujourd'hui déconnectée du milieu et les tentatives de réformes entreprises dans certains pays africains n'ont apporté aucun changement profond dans les rapports entre système de production, formation des individus et évolution culturelle de la société. Les systèmes éducatifs africains ont ainsi évolué sans une quelconque cohérence avec les mutations politiques, économiques, et culturelles qui, inévitablement, se sont produites au cours de ces trente dernières années.

En termes d'efficacité externe, l'école africaine subit avec impuissance les renversements d'options politiques et financières qui jusqu'à présent en avaient fait l'une des priorités absolues des politiques de développement[13]. Mais, la

---

comptent jusqu'à 50% des effectifs scolaires du primaire. Bulletin de la Fédération Internationale des Associations d'Instituteurs, n° 49, décembre 1992.

[12] A propos des pays de l'Amérique Latine, Ettore GELPI écrit ceci : « Aujourd'hui, une productivité accrue et la substitution du travail, non seulement manuel mais aussi intellectuel, de l'homme par des machines ont freiné l'expansion des emplois industriels, et le trop plein des administrations a bloqué ou limité l'embauche des jeunes formés par l'école. D'où une baisse d'intérêt de la part des familles et des jeunes pour une école et une université qui, tout en restant des instruments précieux augmentant les chances d'accès à la vie sociale et productive, ne sont pas nécessairement la garantie d'un emploi futur ». On pourrait tout aussi bien transposer cette analyse aux pays africains. Ettore GELPI, *Conscience terrienne, Recherche et formation*, McColl Publisher, Florence, 1992, p. 41.

[13] L'éducation, au sens large du terme, continue d'être une priorité des gouvernements, en particulier depuis la Conférence Mondiale sur l'Education pour tous organisée à Jomtien (Thaïlande, mars 1990) à l'initiative de l'UNESCO, le PNUD, l'UNICEF et la Banque mondiale. Mais, le pragmatisme des analyses

diminution des investissements publics consacrés à ce secteur suite aux politiques d'ajustement structurel est sans conteste, un signe évident que celui-ci tend à devenir un fardeau plutôt qu'une source d'inspiration pour l'avenir de la société africaine. Ce phénomène est inquiétant à plus d'un titre. D'abord parce qu'il exprime une impuissance des Etats à satisfaire les besoins des populations et ensuite parce qu'il provoque un désarroi social voire culturel qui ne peut rester sans conséquence pour le développement du continent.

## 4. Le désespoir des parents

Le « contrat social » établi au début des années 60 entre les pouvoirs publics, les communautés locales et les parents se heurte aujourd'hui à la crise financière des premiers et à la désaffection des seconds envers un système éducatif pour lequel ils ont consenti tant d'efforts et, pour beaucoup d'entre eux, sans en retirer un bénéfice tangible en terme d'emploi pour leurs enfants.

La réticence des parents, notamment en milieu rural, à vouloir scolariser leurs enfants soit pour des raisons économiques soit par refus culturel d'une école étrangère a été souvent invoquée comme l'une des causes des faibles taux de scolarisation des pays africains. C'est ignorer que ceux-ci ont été à la base du développement des infrastructures scolaires dans la plupart des pays africains.

Sollicités par les pouvoirs publics sous prétexte que l'éducation était l'affaire de tous et en particulier des parents d'abord, l'on a assisté à la création d'écoles même dans les plus petits villages avec pour conséquence une carte scolaire difficilement maîtrisée par les services de la planification des ministères de l'éducation. On estime aujourd'hui que plus de la

---

économiques et l'exigence d'équilibres budgétaires ne garantissent pas dans les faits que cette priorité soit traduite en termes financiers.

moitié des dépenses de fonctionnement des établissements scolaires notamment au niveau de l'enseignement primaire en milieu rural, sont à la charge des communautés ou des parents eux-mêmes souvent organisés en associations encouragées et reconnues par les autorités.

Les écoles dites « spontanées » en opposition à celles programmées et implantées par l'état et le recrutement des enseignants peuvent être considérés comme une des plus importantes innovations de la participation populaire dans le domaine de l'éducation en Afrique. Mais, la création d'écoles par les communautés n'est pas une entreprise de récente date. Déjà, au début des années 60, les gouvernements eux-mêmes encourageaient les parents et les communautés villageoises à prendre part à la gestion des établissements scolaires en stimulant la création d'associations de parents d'élèves ou en concevant des programmes scolaires requérant la participation des membres de la communauté.

Cette politique répondait à un besoin d'éducation des pays africains nouvellement indépendants, besoin exprimé au cours de conférences régionales sur l'Education en Afrique et soutenues par diverses organisations internationales oeuvrant dans ce secteur. Il s'agissait de mettre à la portée de tous un enseignement élémentaire de base quel qu'en fut le prix. C'est ce que l'on a appelé dans le jargon technique des ministères de l'éducation et des instances internationales, « la politique de généralisation de l'enseignement primaire ».

La motivation était légitime au regard des faibles taux de scolarisation et des objectifs de développement économique et social proclamés au lendemain des indépendances. Dans un souci légitime d'éviter toute anarchie, les pouvoirs publics avaient délimité le champ d'intervention de chacun des partenaires de l'éducation : aux parents et aux communautés la liberté de créer, construire de nouvelles écoles là où l'Etat ne le pouvait pas, et à ce dernier, le devoir de fournir l'appui pédagogique nécessaire ( enseignants, matériel didactique, fournitures scolaires, bourses d'études, cantines scolaires...).

C'est ainsi par exemple, que sur 1868 écoles primaires recensées au Tchad en 1990, environ 400 ont été construites par les communautés elles-mêmes. Ces écoles ne répondent pas toujours, au Tchad comme partout ailleurs en Afrique, à des normes de construction précises et aux exigences d'un enseignement dispensé dans de bonnes conditions (sur 7202 salles de classes recensées par le Ministère de l'Education en 1989/90, 3852 - soit 54 pour cent - étaient construites en matériaux de fortune dont la précarité et la fragilité sont mises à dure épreuve dès l'apparition des premières pluies)[14].

Dans la plupart des pays africains, chaque nouvelle année scolaire voit naître des dizaines de nouvelles écoles qui n'attendent qu'une reconnaissance officielle de la part des autorités éducatives pour pouvoir bénéficier d'un soutien des pouvoirs publics. Les gouvernements se trouvent ainsi confrontés d'une part, au problème du contrôle du processus éducatif et d'autre part, à celui de répondre à la demande massive d'éducation exprimée par les populations. Les communautés elles-mêmes, conscientes de ne pouvoir assurer la couverture totale des frais de fonctionnement des écoles qu'elles créent, attendent toujours une reconnaissance officielle et un soutien financier de l'Etat.

Si jusqu'au milieu des années 70, lorsque les premiers signes d'essoufflement de l'intervention des pouvoirs publics se faisaient déjà sentir, les communautés se limitaient encore à la création d'écoles nouvelles en ayant l'assurance d'y voir affectés des maîtres qualifiés, aujourd'hui devant l'incapacité des pouvoirs publics à garantir cette fonction, elles recourent elles-mêmes au recrutement des enseignants. Car, sans enseignants l'école ne fonctionne pas et les garanties de se voir attribuer des maîtres par les pouvoirs publics s'amenuisent de plus en plus.

[14] Rapport de mission d'évaluation UNESCO/PAM/FAO, Document de travail non publié, Rome, 1990.

Ici, on les appelle « maîtres suppléants », là « instituteurs bénévoles ». Quelque soit le titre qui leur est attribué, ces instituteurs improvisés constituent une véritable armée de volontaires de l'éducation dont les rémunérations représentent bien souvent moins d'un tiers du salaire mensuel d'un instituteur fonctionnaire. Et pourtant, ils remplissent la lourde tâche d'ouvrir le chemin du savoir et de la connaissance à des milliers d'enfants qui, autrement, seraient restés dans l'ignorance, allant constituer le lot déjà impressionnant d'analphabètes recensés en Afrique.

A l'évidence, la spontanéité des populations est le signe d'une prise de conscience des responsabilités des familles dans l'éducation des enfants. Cependant, dans la pratique, elle répond à la même dynamique de survie et de précarité que nous évoquions à propos du secteur informel. Il s'agit pour l'Etat de faire en sorte que ces initiatives ne restent pas isolées des orientations fondamentales de la politique éducative. C'est là un problème auquel les autorités chargées de l'éducation doivent faire face si les objectifs de l'éducation pour tous doivent aller de pair avec ceux d'un enseignement de qualité approprié aux besoins du pays.

# CHAPITRE VIII

## L'INTERMINABLE AIDE EXTÉRIEURE

«L'aide extérieure est inévitablement éphémère si elle ne sert pas à développer les capacités endogènes. Au soutien pour survivre doit se substituer un soutien permettant à chacun, non de tenir tout juste debout grâce à des béquilles étrangères, mais de vivre, de suivre son propre chemin».

Federico Mayor [1]

« En aucune époque, même lors du Plan Marshall, les relations économiques n'ont été des modèles de vertu et d'altruisme... »

Alfred Sauvy [2]

Dans un ouvrage au titre fort évocateur, Sylvie Brunel nous apprend, à propos de l'aide publique française au développement, que

> « 700 francs par Français, 2000 francs par contribuable et par an, près de 40 milliards de francs sont donnés chaque année au tiers-monde au titre de l'aide publique au développement. Pour plus des deux tiers, ces sommes se dirigent vers l'Afrique, faisant de la France le premier bailleur de fonds du continent. Depuis 1960, près de 400 milliards de francs ont été affectés aux pays

---

[1] Federico MAYOR, Directeur Général de l'UNESCO, Allocution prononcée devant le Conseil Economique et Social des Nations-Unies, New York, 6 juillet 1992.

[2] Alfred SAUVY, Notes de lecture, Le Monde, Paris, 11-7-1989.

> africains. Et pourtant, l'Afrique est plus pauvre aujourd'hui qu'il y a trente ans »[3].

En dépit du volume impressionnant de l'aide internationale qui afflue en Afrique, la misère du continent ne fait que s'accroître. L'aide au développement de l'Afrique s'est accrue autant que la pauvreté et elle n'apparaît pas en mesure de combler les lacunes du continent. Ce paradoxe n'est plus à démontrer. Prenons un exemple: l'Afrique souffre encore d'un déficit énorme de compétences humaines malgré toute l'assistance technique qui lui est fournie pour former des cadres qualifiés. Le PNUD note ainsi que « l'Afrique reçoit au titre de l'assistance technique, 6 milliards de dollars par an, et ce chiffre ne cesse d'augmenter. Or c'est dans les pays africains que l'on enregistre le niveau de développement humain le plus bas du monde »[4].

Sans revenir sur les débats interminables, autour de la question de savoir si celle-ci est « pour ou contre le développement », il nous paraît utile de dresser, non pas un bilan de trente années d'aide, mais de présenter quelques-uns des aspects tant controversés de celle-ci.

## 1. Experts internationaux, fonctionnaires et populations locales : l'éternel quiproquo

Que se passe-t-il, en réalité, dans la tête des fonctionnaires africains, assis derrière leurs bureaux, sous une chaleur torride, recevant tour à tour les experts venus de l'étranger, représentant des organisations de toute nature, aux idéologies souvent opposées. Aux uns et aux autres, ils sont tenus d'expliquer la situation du pays, de fournir moult détails sur tel ou tel secteur. C'est parfois un jeu de cache-cache, les uns ne voulant pas livrer les informations qui leur sont demandées, les autres se contentant d'expliquer à moitié ou à demi-mot le but

---

[3] Sylvie BRUNEL, *Le gaspillage de l'aide publique*, Seuil, Paris, 1993.
[4] PNUD, *Rapport sur le développement humain*, 1991.

de leur mission. Il y a de la méfiance, méfiance envers l'étranger qui vient grappiller des informations dont on ne sait pas toujours l'usage final qui en sera fait, posant des questions souvent anodines qui sentent le piège; méfiance envers le fonctionnaire national dont on met en doute l'intégrité voire la compétence intellectuelle. Heureusement, toutes les situations ne se présentent pas ainsi.

Cette meute d'experts, usant d'un langage technique souvent opaque, impressionne le fonctionnaire national : c'est encore le mythe de l'étranger, de l'expert international, avec souvent pour résultat une incompréhension du rôle de chacun. C'est malheureusement aussi, depuis quelques années, l'image de certains experts des institutions financières internationales débarquant en hordes, ordinateurs au poing, modèles économétriques sur disquettes, tels des Rambo du développement. Ceux-ci ne font que renforcer l'idée selon laquelle les concepts aujourd'hui appliqués en Afrique sont élaborés loin des préoccupations réelles des populations.

Obnubilés par les chiffres, pressés d'équilibrer leurs modèles, ils en oublient même que ces nations sont faites d'hommes, de femmes et d'enfants dont les comportements ne peuvent être mis en équation. Ces économistes du monde moderne, Jean Marchal en avait déjà décrit les traits essentiels en ces termes :

> « La théorie pure, telle que la conçoivent certains économistes qui, pour reprendre une expression de Gunnar Myrdal, s'attardent un peu trop à leur gymnastique du matin, cette théorie pure, si impressionnante par sa logique sans défaut, cette théorie ne contient pas tout. Elle s'attache à la raison qui est de l'homme. Pour ce faire, elle néglige des facteurs tout aussi humains, des facteurs que l'on n'aperçoit que de près et qui ne se laissent point commodément mettre en équation. Mais chez l'homme, ce qui ne se mesure pas est plus important que ce qui se mesure. La théorie pure d'aujourd'hui, fille de la science du XIXème siècle et petite fille du rationalisme de la Renaissance, l'oublie peut-être trop ».

L'aide extérieure, on l'oublie trop souvent, draine un ensemble de contraintes dont l'aspect financier n'en est que la partie la plus visible. Les projets entraînent dans les pays de destination des experts avec leur culture, leur psychologie et une vision du développement ne s'accordant pas toujours avec les habitudes et aspirations des populations locales. Elles apportent de nouvelles techniques et, par-dessus tout, une « culture technologique » inconnue des populations et souvent inadaptée au contexte culturel local. L'adoption de cette nouvelle culture, dans une situation de dépendance, se traduit inévitablement par une assimilation inappropriée de la part des populations. Question de langage ou résultat d'attitudes culturelles opposées?

Ces situations peuvent être conciliables lorsqu'il s'agit du fonctionnaire africain parce qu'il est censé posséder une logique proche de l'expert international - de par sa formation souvent acquise dans les mêmes universités européennes -. Mais, que dire des populations rurales analphabètes confrontées à des experts étrangers dont le plus grand mérite n'est certes pas celui de maîtriser la langue locale. Leur a-t-on jamais demandé, avant de leur proposer un quelconque projet, ce que c'est que le développement, ce qu'elles en attendent? Les échecs de nombreux projets de développement résident souvent dans l'incapacité de ceux qui les conçoivent à intégrer certaines variables sociales ou à accepter certaines logiques culturelles propres aux populations et aux modes d'organisation traditionnelle de leur société[5].

Les variables socioculturelles sont tout aussi importantes, et peut-être même plus, que la simple exigence d'introduire de nouvelles pratiques culturales au nom d'une certaine conception de la modernisation et d'une frénésie à l'innovation. Les experts se préoccupent davantage d'égaliser les équations de rentabilité financière des projets sans se soucier d'une

---

[5] Précisons tout de même qu'il ne s'agit pas seulement de l'expert étranger non africain, mais que ces contradictions naissent aussi entre les experts internationaux africains et les populations locales.

quelconque analyse exhaustive des modèles socioculturels qui gouvernent les comportements de leurs bénéficiaires réels et potentiels.

Nous touchons là un point fondamental de l'aide extérieure. Certes, des améliorations sont de plus en plus apportées dans la conception et l'analyse des projets. Une place de plus en plus importante est accordée aux variables socioculturelles et aux études s'y rapportant. Les populations sont de plus en plus fréquemment consultées. Mais, la diminution des ressources disponibles pour le financement des projets de développement, conséquence de la crise financière qui affecte aussi les bailleurs de fonds, font que les projets sont analysés en très de peu de temps et que l'élément « rentabilité à court terme » reprend le pas sur les considérations d'ordre culturel ou social qui, elles, se situent dans le long terme.

## 2. Rationalité et irrationalité de l'aide

Face à une aide qui se pérennise, la tendance est de plus en plus forte de diriger l'assistance vers des secteurs dits productifs dont les résultats sont tangibles à court terme. Ainsi, lorsque l'on définit les priorités en matière d'assistance internationale, bon nombre d'experts s'orientent vers les secteurs productifs au détriment des secteurs sociaux tels que la santé ou l'éducation qui, comme on le sait, mobilisent des ressources importantes chaque fois renouvelables.

La rationalité du discours dominant en la matière se fonde sur une conception de l'aide perçue non pas comme un instrument de dépendance, mais comme un moyen permettant aux populations de « s'auto-suffire » et donc, à plus ou moins long terme, de ne plus dépendre d'une quelconque aide extérieure. Dans la pratique, cela signifie que l'aide doit profiter prioritairement aux secteurs directement productifs et que les dépenses sociales pourraient être prises en charge par les gouvernements locaux ou par les populations elles-mêmes.

Mais, cette rationalité tend d'une part, à assimiler l'aide à un investissement dont on en attend une rentabilité immédiate et d'autre part, elle accrédite l'idée, désormais caduque, selon laquelle les secteurs sociaux - santé et éducation principalement - ne produisent pas des effets immédiats sur le développement.

Contre cette logique implacable qui domine de plus en plus les instances de décision des organisations d'aide, de nombreuses recherches ont désormais montré qu'en ce qui concerne l'éducation par exemple, plus le niveau d'alphabétisation d'une population s'élevait, plus leur participation au développement était effective et les bénéfices pour la société s'en trouvaient multipliés. En effet, que serait le développement sans éducation et formation d'hommes, de femmes et d'enfants jouissant d'une bonne santé et ayant accès à une alimentation saine et équilibrée? Si le manque de ressources permet de justifier que des priorités soient établies dans l'octroi de l'aide, il n'est point établi que les secteurs sociaux doivent en pâtir les premiers. Car ce faisant, l'on crée les conditions d'une plus grande dépendance et l'on ne résout pas pour autant le problème fondamental de la pauvreté de la grande masse des populations africaines.

Le PNUD nous fournit une grille d'analyse intéressante qu'il n'est pas inutile de rappeler ici. Sans entrer dans le détail des analyses effectuées par le PNUD au moyen des indicateurs suivants (taux de l'aide, taux de l'aide aux secteurs sociaux, taux de l'aide aux secteurs sociaux prioritaires, taux de l'aide au développement humain prioritaire[6]), rappelons quelques-unes de ses observations les plus significatives :

---

[6] Ces taux sont ainsi définis par le PNUD :
- Taux de l'aide : pourcentage du PNB qu'un donateur consacre à l'aide
- Taux de l'aide aux secteurs sociaux : pourcentage de l'aide fournie par chaque donateur allouée au secteur social
- Taux de l'aide aux secteurs sociaux prioritaires : pourcentage de l'aide allouée au secteur social consacré aux domaines prioritaires en matière de développement humain

- de manière globale, la plupart des pays donateurs n'ont pas atteint l'objectif fixé, à savoir consacrer 0,7% de leur PNB à l'aide publique au développement. Si les pourcentages varient considérablement d'un pays à l'autre - plus de 1% pour la Norvège, 0,94% pour le Danemark et 0,15% seulement pour les Etats-Unis -, la tendance générale, dans les années 80, a été à la baisse;
- le taux de l'aide aux secteurs sociaux à également diminué dans le cadre de l'aide bilatérale. La part de l'aide bilatérale consacrée aux secteurs conjugués de la santé et de l'éducation est passée de 24,5% en 1979 à 17,4% en 1989. La régression a été encore plus sensible pour ce qui est de l'aide multilatérale;
- la proportion de l'aide destinée aux domaines prioritaires du secteur social (soins de santé primaires, éducation de base, planning familial, approvisionnement en eau en milieu rural, etc.) demeure faible. Le rapport aide/priorités ne se situe qu'aux environs de 36,6%, bien que la communauté internationale ait souligné à plusieurs reprises l'importance de l'éducation de base, des soins de santé primaire et des services ruraux. L'aide fournie au secteur social souffre aussi d'une mauvaise répartition (résultat de la tendance évoquée plus haut), notamment lorsque les donateurs préfèrent que leur contribution serve à réaliser des objectifs visibles - par exemple un hôpital urbain plutôt qu'un dispensaire rural, un complexe scolaire moderne utilisant des matériaux coûteux et importés plutôt qu'une école rurale construite avec l'apport des communautés et de matériaux locaux, etc. -.

Ces observations illustrent la tendance de plus en plus diffuse consistant à délaisser les secteurs sociaux au profit d'activités qui rentabilisent l'aide sur la seule base de considérations financières. On ne saurait être cependant catégorique dans ce domaine et prétendre que toute l'aide soit consacrée aux dépenses sociales, car ce serait ignorer le

---

- Taux de l'aide au développement humain prioritaire : produit des trois taux ci-dessus, correspondant au pourcentage du PNB du pays donateur, consacré aux domaines prioritaires pour le développement des pays béénficiaires. *Rapport sur le développement humain*, 1991.

principe fondamental de l'interaction entre les différents secteurs participant au développement.

Ainsi, par exemple, si l'on admet que l'un des obstacles majeurs à l'accès aux services éducatifs et aux structures sanitaires est dû à l'absence d'infrastructures routières, une aide octroyée pour la construction de dessertes rurales ou de routes secondaires pour désenclaver les villages pourrait avoir des effets positifs sur la scolarisation des enfants ou sur l'état de santé des populations.

La tendance à accorder moins d'importance aux investissements dans les secteurs sociaux a donné naissance, au cours de ces dernières années, à une nouvelle conception du développement fondée sur la participation communautaire. Elle consiste à mettre en commun les ressources des populations pour stimuler une activité productive (par exemple, les groupements coopératifs de femmes) ou pour soutenir des initiatives dans le domaine sanitaire et scolaire (par exemple, la mise à disposition de terrains pour la production scolaire ou la construction de dispensaires locaux).

La théorie de la participation communautaire est certainement celle qui domine actuellement, en milieu international, tous les discours sur le développement. Les projets soumis à l'attention des bailleurs de fonds, bilatéraux ou multilatéraux, ont beaucoup plus de chances de trouver un financement s'ils intègrent la dimension communautaire. Lorsque l'on se pose sur le plan de la théorie, aucun argument ne semble pouvoir s'opposer à cette conception. Mais il y a un danger réel, lorsqu'une théorie est admise par tous et qu'elle devient l'évidence même, au point de constituer un quasi-dogme voire une condition sine qua non de l'approbation des projets, de la voir transposée partout, sans critique préalable, suivant un modèle qui n'est pas nécessairement valable dans tous les contextes. On en revient à répéter les mêmes erreurs que l'on a tant dénoncées à propos du concept de développement.

Une analyse des contextes locaux et, en particulier, des déterminants culturels de ce que l'on appelle désormais « communauté », permettrait de dissiper plusieurs malentendus et, en même temps, éviterait les échecs de certains projets. Car, en définitive, pour utiliser le jargon des experts, qu'entend-on par communauté locale? Un ensemble de personnes regroupées dans un village au hasard de leur destin? Un groupement de tribus nomades qui, occasionnellement, se retrouvent à partager un territoire autour d'un point d'eau? Un ensemble d'hommes et de femmes, de tribus ou de groupes ethniques qui ne partagent aucunement un destin originel commun et dont le seul point de communion réside dans le fait que leurs enfants fréquentent les mêmes écoles, que les femmes se retrouvent chaque matin à puiser l'eau au même forage, que les hommes se retrouvent à « palabrer » le soir dans la même « case du parti »?

Il est difficile de cerner aujourd'hui, en Afrique, le sens réel de la communauté. Nous essaierons d'aller, au risque de paraître iconoclaste, à contresens du courant actuel (largement répandu parmi les experts internationaux et même parmi certains africanistes les plus endurcis) qui tend à identifier en une communauté tout village ou groupe de populations vivant en milieu rural africain.

La construction d'un puits ou d'un forage est souvent l'occasion de brandir la théorie de la participation communautaire et d'en faire partager les coûts aux populations. Il en est de même lorsqu'il s'agit de construire des dispensaires ruraux ou de d'aménager l'environnement local. L'expérience africaine dans ce domaine est riche d'exemples édifiants montrant la volonté des populations à s'organiser et à accepter le partage des charges initiales liées à ces entreprises. La construction d'écoles, nous l'avons vu, est un domaine où la volonté des populations a été manifeste au cours de ces dernières années. Elle se traduit d'abord par la mise à disposition de terres pour l'édification des bâtiments scolaires et par la mise en place d'associations de parents d'élèves.

A n'en point douter, cet effort commun résulte d'une prise de conscience des bienfaits de l'éducation. Mais, à y bien penser, s'agit-il là, dans un cas comme dans l'autre, d'un effort motivé par la conviction d'appartenir à une communauté fondée sur un ensemble de valeurs et d'idéaux communs ou s'agit-il tout simplement d'une entreprise factuelle liée à un besoin immédiat de résoudre en commun un problème de survie?

L'importance de ces questions n'est pas à négliger, lorsque l'on use de l'idée de la participation communautaire pour définir la faisabilité des projets de développement. Si les exemples d'une participation spontanée des populations aux charges initiales que comporte un projet de développement sont réels, l'échec de certaines activités provient sans nul doute aussi du fait que les experts se font de la communauté une idée reposant sur une conception économico-financière - directement liée à la rentabilité du projet -. Les projets ne prennent pas suffisamment en compte certains facteurs d'ordre culturel tout aussi importants que le simple fait de participer, en nature ou en espèces, à la construction d'un forage commun ou d'un dispensaire communautaire.

En effet, si les populations acceptent plus facilement de partager les coûts initiaux des projets, elles sont plus réfractaires à en assumer en commun les charges récurrentes ou les responsabilités de leur gestion.. La pauvreté des populations n'explique pas tout. La difficulté à assumer la continuité des projets sans assistance extérieure est en partie le résultat de la surestimation de la cohésion communautaire.

Un exemple parmi tant d'autres : l'introduction d'activités productives dans les écoles. Celle-ci part du principe que les communautés mettent à la disposition de l'école des lopins de terres destinées à la production. De nombreux projets ont misé sur cette disponibilité suivant un raisonnement simple: puisque l'éducation est une entreprise commune et l'école est un bien commun qui profite à tous les enfants, les populations devraient logiquement comprendre la nécessité d'une telle action. Dans certains cas, en effet, les terres ont été mises à la disposition de l'école, les populations ont participé au défrichage des sols, bref, aux travaux les plus ardus que les enfants ne pouvaient accomplir. Mais dans l'ensemble, comme nous le montrent les échecs des expériences d'introduction du travail productif à l'école, la théorie de la participation communautaire n'a pas produit les effets attendus.

Tentons d'en cerner les raisons essentielles. Il y a d'abord, le problème foncier : en Afrique, la terre est un bien qui ne se partage pas sans que n'entrent en ligne de compte des questions d'ordre tribal, ethnique ou familial. C'est une question d'une telle complexité que même les réformes agraires les plus hardies n'ont jamais pu réellement imposer, au-delà d'un manque de volonté politique, une restructuration des propriétés foncières.

Il y a ensuite, l'idée de la communauté qui peut paraître évidente pour les experts mais qui n'a certainement pas la même connotation auprès des populations. La vulgarisation de modèles sociaux individualistes, l'exode rural et les migrations internes n'épargnent pas aussi les populations rurales. La communauté n'est plus ce qu'elle est. Tout comme en milieu urbain, l'organisation des populations rurales sur la base de la communauté traditionnelle subit les influences de la modernité et de l'individualisme.

Qu'est-ce qu'une communauté aujourd'hui en Afrique ? Il ne peut y avoir une conception uniforme de la communauté en Afrique. Celle-ci répond à lois sociales qui ne se retrouvent pas sur tout le continent et l'on ne peut que se garder de transposer des modèles communautaires qui, ayant fonctionné ailleurs, ne sont pas nécessairement susceptibles d'apporter les résultats voulus dans d'autres pays.

### 3. L'aide, nécessité ou alibi?

Une grande partie de la classe dirigeante africaine semble s'être désormais installée dans une espèce de fatalisme de l'aide internationale. Les économies africaines, étranglées par une dette extérieure de plus en plus lourde et se trouvant à la merci de rééchelonnements continuels, l'aide internationale, apparaît incontournable et, dans bien des cas, elle est même considérée comme « l'arme absolue » du développement.

Le financement des plans nationaux de développement et des programmes de redressement misent avant tout sur la recherche de financements extérieurs pour leur réalisation. Les déficits budgétaires qui paralysent la machine bureaucratique des Etats et conduisent au non-paiement des salaires des fonctionnaires sont eux aussi de plus en plus couverts par l'aide publique internationale. Pour de nombreux pays, note le PNUD, l'aide extérieure constitue une part si importante du budget de développement que les priorités de l'aide déterminent les priorités du développement. Les gouvernants africains n'ont cesse de brandir l'alibi de l'aide extérieure pour expliquer les échecs de leurs politiques et de leurs plans de développement.

Que l'aide soit nécessaire au développement de l'Afrique, nul ne semble le contester aujourd'hui. Cependant, plusieurs voix s'élèvent depuis quelques années pour dénoncer l'aide qui perpétue la dépendance des populations africaines, l'aide qui les endette toujours un peu plus, l'aide qui entretient des bureaucraties macrocéphaliques et enrichit aussi bien les dirigeants locaux que leur pourvoyeurs étrangers, servant d'alibi à toutes sortes de pratiques d'enrichissement illégal.

Les aberrations de cette « aide qui tue » ne sont plus à démontrer. Si l'on admet que l'aide est nécessaire, il importe tout de même que les africains s'interrogent aussi sur le type d'aide dont l'Afrique a besoin, sur sa destination et son utilisation finale ? L'aide extérieure est nécessaire si elle participe de l'idée du partage du développement et si elle est octroyée en tenant compte des éléments essentiels de la culture de ceux qui la reçoivent, de leur niveau d'éducation et du degré de liberté dont ils jouissent pour pouvoir en tirer le maximum de profit. Une aide octroyée au mépris des aspirations des populations ou de l'organisation sociale et économique de la société tendra inévitablement à aggraver les inégalités quand elle ne perpétuera tout simplement la dépendance:

> « les stratégies et les projets nationaux et internationaux de développement qui privilégient systématiquement les critères financiers et économiques se heurtent souvent à l'indifférence des populations concernées, et suscitent de plus en plus, de leur part, une réaction de rejet. Aucune stratégie de développement ne peut, sous peine d'échouer, faire litière des caractéristiques essentielles de l'environnement naturel et culturel, ni des besoins, aspirations et valeurs des intéressés. La participation active de la population est considérée non plus comme simplement souhaitable mais comme une condition nécessaire de la réussite des stratégies de développement »[7].

Sans oser conclure, comme le font avec force conviction, René Dumont et Marie-France Mottin, que « l'aide enferme ceux qui acceptent ses chaînes dorées dans le cycle infernal d'une dépendance croissante »[8], il nous semble tout de même opportun de nous interroger sur la nécessité d'une aide qui paraît ne pas apporter des solutions à la pauvreté des populations africaines. Mais, on pourrait aussi s'interroger sur la capacité des pays africains à se développer sans elle ou se demander tout simplement si le développement de l'Afrique aurait pu être différent sans l'aide internationale.

---

[7] UNESCO, *Plan à moyen terme 1990-1995.*
[8] op. cit.

TROISIÈME PARTIE

# L'AFRIQUE PAR LES AFRICAINS : LES DÉFIS DU TROISIÈME MILLÉNAIRE

> « Pour la première fois, nous nous posons une question fondamentale: de quel type de développement l'Afrique a-t-elle besoin et comment peut-elle y parvenir? L'hypothèse sous-jacente à cette question est que nous ne voulons plus imiter d'autres pays ou d'autres systèmes économiques; nous nous sommes rendu compte que les pays africains ne peuvent continuer à poursuivre des politiques et des stratégies en donnant l'impression de vouloir être une pâle imitation de l'Amérique, de la France, de l'Angleterre ou de la Chine; pour nous le temps est venu de réfléchir sérieusement à l'émergence d'une stratégie typiquement africaine de développement non tournée vers l'extérieur, non fondée sur une simple copie des autres sociétés et ne menant pas à une modernisation acculturée. En d'autres termes, le temps est venu pour les gouvernements et les peuples africains de promouvoir l'émergence d'un mode de développement et de modes de vie propres à l'Afrique et reposant sur leur riche patrimoine culturel, leur structure sociale, leurs institutions économiques et leurs richesses naturelles considérables, un mode de développement et un mode de vie qui, tout en puisant à d'autres sociétés et d'autres cultures, n'est ni imitatif ni n'aliène le patrimoine culturel des Africains ».[1]

Plus de trente années se sont écoulées depuis les indépendances acquises par les pays de l'Afrique subsaharienne, indépendances qui, après la « longue nuit de la colonisation », avaient donné l'illusion d'une ère nouvelle de progrès, de croissance et de développement. Trois décennies qui ont abouti à la faillite des économies africaines, à la crise des structures sociales, à l'implosion des systèmes de gouvernement et à ce qu'il convient d'appeler aujourd'hui le non-développement de l'Afrique. Les « îlots de pauvreté » que

---

[1] *Quel développement à l'horizon 2000?* , O.U.A., Addis-Abeba 1979.

l'économiste William Arthur Lewis décrivait à propos des pays en développement sont devenus, en Afrique, des immensités à la mesure de la misère du continent. Mais, l'Afrique n'est pas seulement pauvre, elle est surtout dépendante; dépendante d'un grand nombre de facteurs endogènes et exogènes que nul aujourd'hui, ne paraît en mesure de contrôler.

Le développement ne signifie pas seulement acquisition d'une reconnaissance officielle dans le concert des nations modernes ou affirmation d'une certaine souveraineté (ce que les indépendances semblaient devoir apporter aux jeunes nations africaines), il implique un ensemble de devoirs, de droits et de besoins fondamentaux à satisfaire. C'est aussi un ensemble de comportements, dont l'un des plus importants est sans nul doute l'attitude positive des autorités envers les citoyens et les biens publics dont ils ont la charge.

L'incurie des dirigeants africains et des pouvoirs qui ont eu la charge de conduire les états africains nouvellement indépendants vers un développement possible n'explique pas entièrement la déroute économique actuelle du continent. Les responsabilités se situent aussi bien ailleurs et notamment, au niveau des relations, souvent ambiguës, que les puissances coloniales d'hier ont continué d'entretenir avec ces pouvoirs, en garantissant leur pérennité selon les besoins et les nécessités géopolitiques ou économiques du moment.

Nous ne nous attarderons pas outre mesure sur les aspects tant controversés des relations entre les anciennes puissances coloniales et les Etats africains, de nombreux éminents spécialistes ayant déjà exploré et mis à jour les mécanismes obscurs qui régissent ces relations en Afrique. Mais au delà des influences extérieures qu'il ne faut tout de même pas ignorer ou occulter, il nous semble que la question fondamentale à l'heure actuelle est bien celle de savoir si, face aux mutations actuelles, les Africains sont encore capables de prendre en main leur propre destin et d'aborder ce troisième millénaire, avec « une stratégie typiquement africaine de développement ».

Les mutations en cours, au niveau mondial, comportent des défis qui exigent de la part des Africains, plus qu'une simple prise de conscience souvent proclamée lors des conférences internationales et jamais suivie d'effets dans la pratique. Elles posent avant tout la question du type de développement approprié à l'Afrique et de celui des systèmes politiques et économiques adaptés au contexte africain.

Au moment où la notion de développement est remise en cause pour plusieurs raisons dont l'une des plus décriées par les intellectuels du Nord comme du Sud est qu'elle véhicule et traduit un concept fondé sur l'ethnocentrisme occidental, la question de savoir quel type de développement conviendrait à l'Afrique est, assurément, d'une importance primordiale. A n'en point douter, s'il ne s'agissait que de reproduire les schémas de développement qui ont permis la croissance des nations industrialisées occidentales, les exemples ne manqueraient pas à l'Afrique. D'ailleurs, des tentatives de reproduire ces modèles ont bien eu lieu et les résultats, à la lumière de ce qui paraît aujourd'hui, suscitent plus d'interrogations que de motifs de satisfaction de la part de ceux-là même qui les avait prônées.

Les politiques libérales autant que celles d'inspiration socialiste n'ont pas permis d'obtenir des résultats tangibles et durables ni de sortir les pays africains de leur sous-développement. Faut-il donc inventer d'autres modèles ou plutôt, existe-t-il un autre modèle qui s'accommoderait de toutes les diversités sociologiques, politiques, démographiques et culturelles qui caractérisent ce continent? Inventer lorsque l'on dépend totalement de l'extérieur, lorsque toute l'économie est extravertie, lorsque les mentalités sont aliénées des modèles de consommation importés ou lorsque tout simplement le désespoir et une certaine fatalité ont désormais gagné toutes les couches de la population, c'est une entreprise qui demanderait une « refondation » de la société toute entière.

L'Afrique a-t-elle le temps de s'arrêter pour refonder sa société ? A-t-elle encore le temps de la réflexion lorsque la pression de la pauvreté et de la misère se fait chaque jour plus violente ? Peut-elle se permettre d'accumuler du retard dans la course vers le progrès que lui impose sa nécessaire (et inévitable ?) intégration dans la nouvelle économie mondiale[2]? Il semble que non et, d'ailleurs, d'autres se chargent de le faire pour elle avec les résultats que l'on sait[3]. Cela semble être, malheureusement, la réalité aujourd'hui, réalité qui conforte l'opinion « auto-lésionniste » de nombreux intellectuels et dirigeants africains renforçant ainsi le message séculaire véhiculé par les colonisateurs pour qui, l'Africain serait ataviquement incapable de déterminer son propre devenir. Le réveil de l'Afrique paraît être dans ces conditions une utopie et une entreprise encore loin d'être réalisée.

La recherche d'un modèle de développement propre à l'Afrique, comme le préconisaient les dirigeants africains suscités, dans un contexte économique international d'extrême interdépendance, est une entreprise ardue. La solution ne réside ni dans l'adoption de stratégies à court terme dictées par l'exigence d'équilibres financiers, ni dans la mise en oeuvre de politiques de « type économiciste » dont les conséquences sur le plan social et culturel sont désastreuses. Les récentes

---

[2] L'effondrement des sytèmes économiques de l'Est européen qui avaient inspiré les politiques nationales d'un garnd nombre de pays du tiers-monde posent pour les pays d'Afrique un problème d'une dimension toute nouvelle et néanmoins inéluctable: l'intégration de leurs économies dans ce que Samir Amin appelle « la nouvelle mondialisation capitaliste ». Samir Amin, *L'empire du chaos*, Paris, L'Harmattan, 1991.

[3] On peut déplorer à cet égard, le fait que très peu d'économistes africains aient osé produire une théorie économique alternative prenant en compte, par exemple, les spécificités de la culture africaine. La pensée économique du développement reste encore l'apanage des intellectuels du Nord, les économistes africains (en particulier ceux de l'Afrique subsaharienne) se contentant de professer les théories élaborées en d'autres lieux. Le développement n'étant pas un concept neutre, a-culturel et a-politique, on est tenté de penser que là réside aussi l'une des clés du paradigme du développement, concept défini ailleurs et qui, de ce fait, devient ainsi que le suggérait S. Latouche, « déculturation ». Serge Latouche, *Faut-il refuser le développement?*, PUF, Paris, 1986.

recherches en la matière induites par la persistance de la pauvreté d'une grande partie de la population mondiale remettent en question cette vision.

Au-delà de la richesse matérielle que peut produire une nation, il y a des hommes. On l'a souvent oublié. Le développement se fait avec et par l'homme comme l'indique aujourd'hui la notion de *développement humain* et comme l'indiquait déjà il y a quelques années celle de *développement endogène*[4]. C'est là où certainement, l'on pourrait de nouveau situer le point de départ d'une réflexion africaine sur le développement, en recherchant ailleurs que dans l'économique, les fondements d'un autre développement possible pour l'Afrique.

Aujourd'hui, entre l'ajustement structurel et la démocratie, entre la mondialisation et la montée de pulsions identitaires génératrices de conflits, quel développement peut-on envisager pour l'Afrique ? Il est évident que l'on ne peut envisager pour l'Afrique un modèle de développement uniforme. Après plus de trente années d'indépendance caractérisées par des évolutions politiques et économiques différentes, il serait naïf de considérer encore ce continent comme un tout singulier.

En effet, des pays tels que la Côte d'Ivoire ou le Botswana ont atteint un niveau de croissance qui n'est certes pas comparable à celui des pays tels que le Mali ou le Niger.

---

[4] La notion de développement endogène a fait l'objet de nombreuses recherches réalisées à l'initiative de l'UNESCO. Voir notamment, Pham Nhu Ho, *Le développement endogène comme alternative. Potentialités et obstacles à son déploiement*, Rapports/Etudes UNESCO 1987; *Actions concrètes de développement endogène dans les domaines de compétence de l'UNESCO*, Institut Panafricain pour le développement (IPD), Douala, Rapports/Etudes UNESCO 1987. Il est d'ailleurs singulier de noter que la définition du développement endogène élaborée par l'UNESCO à la fin des années 60, n'est pas éloignée de celle du développement humain. En 1962 déjà, La Conférence générale de l'UNESCO assignait au développement des fins humanistes, et c'est en 1968 qu'elle proclamait le principe selon lequel « si l'homme se trouve à la source du développement, s'il en est l'agent et le bénéficiaire, il doit en être considéré comme la justification et la fin ». UNESCO, Plan à moyen terme (1977-1982).

L'Afrique centrale regorge de ressources forestières, halieutiques et minières que les pays du Sahel n'ont pas. Les structures tribales, religieuses ou politiques des pays de la zone sahélienne diffèrent de beaucoup de celles des pays de l'Afrique forestière.

A l'exception d'une pauvreté qui accable indifféremment tous les pays d'Afrique et qui se traduit essentiellement par le non accès à des services de base, les pays africains recèlent de particularismes (ethniques, culturels ou religieux) qui, malgré trente années de tentatives de conciliation, s'affrontent encore - de manière sanglante, comme au Burundi, au Rwanda, en Somalie ou au Liberia - et ne se réduisent pas à unité. Comment dans ce cas concilier au nom du développement des exigences de progrès et de bien-être découlant d'attitudes culturelles si différentes? Le dilemme du développement en Afrique, c'est aussi et certainement cela.

*Développement*, *culture*, *démocratie*, *mondialisation*, semblent être des concepts clairs tant leur usage est aujourd'hui répandu. En fait ils cachent de profonds malentendus au niveau des idées, des stratégies et des politiques, en particulier lorsqu'il s'agit des pays africains. Qu'est-ce que le développement ? Qu'est-ce que la culture ? Qu'est-ce la démocratie ? Que signifie la mondialisation pour l'Afrique ? Quelle relation existe-t-il entre ces notions ? Que serait le développement s'il ne prenait en compte le contexte culturel ? Est-il possible de le concevoir sans démocratie ?

Une première tentative de réponse serait celle de repenser le développement tel qu'il a été admis jusqu'à présent, c'est-à-dire, sortir des schémas classiques dominés par les logiques financières et économiques et, surtout, à la lumière des expériences de ces trente dernières années, reconsidérer le développement en tenant compte des énergies humaines et des valeurs culturelles positives dont regorge l'Afrique. Il s'agit de libérer les africains de l'emprise d'un Etat omnipotent et promouvoir une approche participative des communautés locales et des individus. Il s'agit surtout, face à un processus de mondialisation qui tend à l’homogénéisation des valeurs, d’imaginer une Afrique par les Africains eux-mêmes.

Comment y parvenir ? En considérant avant tout que le développement repose sur trois piliers fondamentaux: l'éducation, c'est-à-dire, la formation des hommes, des femmes et des enfants qui, à un degré ou à un autre, ont le droit et la liberté d'apporter en toute connaissance, leur pierre à la construction de cet édifice; la culture, c'est-à-dire, l'aptitude innée ou acquise de se transformer et de s'adapter aux exigences et aux rythmes du progrès qui est l'aboutissement de tout processus d'évolution humaine; enfin, la démocratie, c'est-à-dire, l'ensemble de libertés qui donnent à tous les citoyens, quel que soit l'échelon qu'ils occupent dans la société, le droit de participer et d'exprimer les choix qu'ils retiennent utiles pour leur propre développement et celui de la société à laquelle ils appartiennent.

# CHAPITRE IX

## LE DÉFI DE L'ÉDUCATION POUR TOUS

> « Aujourd'hui plus que jamais, il faut voir dans l'éducation, une dimension fondamentale de tout projet social, culturel et économique »[1]

Nous n'aurions pu commencer cette partie autrement que par l'éducation car c'est à elle que revient le lourd tribut de former les femmes et les hommes à une culture de progrès, à la démocratie; c'est elle qui rend les citoyens capables de comprendre et d'assumer les fonctions qui leur incombent dans la société. C'est à travers l'éducation que l'on « apprend à être »[2].

A l'heure actuelle, plusieurs défis se présentent à l'Afrique: défi de la dette extérieure, du chômage croissant des jeunes, de la famine, de la pauvreté et de la misère urbaine, de la croissance démographique et de l'exode rural, de la propagation de maladies endémiques et de la recrudescence de guerres civiles etc. C'est un ensemble de défis tous aussi importants les uns que les autres. Mais celui de l'éducation constitue le véritable défi pour l'Afrique car c'est avec des hommes et des femmes formés que l'on construit durablement le développement et que l'on en relève les multiples défis présents et à venir.

---

[1] *Déclaration mondiale sur l'éducation pour tous*, Art. IX, Jomtien, Thaïlande, 5-9 mars 1990, Publication UNESCO, Paris, 1990.

[2] Edgar Faure, *Apprendre à être*, UNESCO/Fayard, Paris, 1974.

Il est désormais largement reconnu que l'éducation est une des conditions fondamentales permettant d'assurer le développement d'une nation. De nombreuses études l'ont démontré. Une mère ayant un niveau d'instruction équivalent à l'école primaire a ainsi plus de chances d'élever ses enfants dans de bonnes conditions d'hygiène et de santé qu'une mère qui n'en a pas. Des parents éduqués seront beaucoup plus motivés pour envoyer leurs enfants à l'école que ceux qui ne le sont point. Les programmes de développement auront plus de chances de succès auprès de populations si celles-ci ont été formées. L'expansion démographique qui constitue un frein au développement ne peut être jugulée que si les populations comprennent le bien-fondé des actions de planification familiale qui leur sont proposées.

Mais, en dépit du fait que tous les gouvernements africains reconnaissent l'éducation comme la clé du développement, de millions d'enfants n'ont pas toujours accès à une quelconque forme d'éducation formelle. Pour ceux qui y ont accès, le type d'enseignement dispensé n'est pas toujours adapté à leurs besoins et ne leur permettent pas de s'insérer dans la société. A cette inadaptation de l'éducation, s'ajoutent les conditions déplorables des infrastructures, l'absence de matériels didactiques, la dégradation de l'environnement scolaire. Quant aux populations adultes, leur exclusion de toute structure d'encadrement et de formation se traduit par une faible participation au processus de développement en cours dans leurs pays.

En cette fin de siècle marquée par de nombreuses tragédies et injustices sociales et économiques dont la plus criante est celle de l'extrême pauvreté d'une partie croissante du monde, l'éducation se trouve confrontée à de problèmes multiples: problèmes d'accès et d'iniquité, problèmes de qualité et d'inefficacité, problèmes de ressources limitées pour réaliser les politiques d'éducation pour tous. Face à l'urgence de trouver des solutions immédiates à la crise de l'éducation sans pour autant que les solutions adoptées n'ajoutent au drame des populations déjà privées de tant d'autres services essentiels, la marge de manoeuvre des gouvernements africains est très réduite.

## 1. Éducation pour tous : le mythe de Sisyphe ?

Que peut-on réellement espérer réaliser en moins d'une décennie lorsqu'en trente années d'investissements massifs et d'engagement des populations, la réalité aujourd'hui reste loin d'être encourageante? L'Afrique subsaharienne considérée dans son ensemble, faut-il encore le rappeler, réalise un taux de scolarisation net à peine au-dessus de 50%, c'est-à-dire que moins d'un enfant sur deux n'a accès au système d'éducation formel.

Si l'on prend en compte le nombre de garçons et filles abandonnant précocement l'école, la misère des systèmes éducatifs n'en est que plus criante. Ajoutons à cela que c'est aussi en Afrique subsaharienne que l'on enregistre, proportionnellement à la population totale, le plus grand nombre d'analphabètes, avec un écart important entre les hommes et les femmes[3]. Les obligations de remboursement de la dette et les politiques d'ajustement structurel ont réduit à une peau de chagrin les budgets nationaux consacrés à l'enseignement. Les dépenses publiques par élève qui sont estimés à environ 2 000 dollars par an dans les pays industrialisés, ne sont que de 58 dollars en Afrique[4].

Si l'on considère donc les maigres performances réalisées jusqu'ici pour généraliser l'enseignement fondamental, l'objectif de l'éducation pour tous adopté par l'ensemble des pays africains ayant participé à la Conférence mondiale sur

---

[3] Selon les estimations de l'UNESCO (1990), le taux d'analphabétisme des femmes en Afrique subsaharienne serait de l'ordre de 64% avec des pointes allant de 76% en Guinée, 79% en Sierra Leone, 77% au Bénin et en Ethiopie, 82% au Burkina Faso.

[4] *Rapport mondial sur l'éducation*, UNESCO, Paris, 1993.

l'éducation pour tous[5], pourrait être assimilé à un voeu pieux eu égard à l'énormité des investissements requis, ainsi que le souligne Jacques Hallak :

> « En pratique, toutefois, chacun s'accorde à reconnaître que l'objectif de l'éducation pour tous ne peut être atteint partout dans un délai précis, dix ans par exemple. Dans les pays pauvres, le processus sera long, exigera un effort tenace, une volonté politique forte et soutenue et, peut-être, de meilleures perspectives économiques. Dans les pays les plus riches, où il s'agit seulement de donner une éducation aux 10 à 20% des enfants d'âge scolaire qui n'en bénéficient pas encore, ou d'alphabétiser les adultes les plus pauvres qui représentent 5% de la population, les perspectives sont certainement beaucoup plus encourageantes, même si l'objectif de l'éducation pour tous n'est pas si facile à réaliser »[6].

A l'issue de cette conférence, les gouvernements des pays les plus riches et les bailleurs de fonds ont pris des engagements visant soit à accroître leurs concours financiers soit à redistribuer l'aide extérieure au profit de l'éducation de base. Des obstacles de diverses natures empêchent actuellement la mise en oeuvre des recommandations de la Conférence. Ces obstacles (sur lesquels d'ailleurs les autorités éducatives n'ont aucune prise et qui ne peuvent être surmontés que par la seule augmentation des ressources ) ont été ainsi identifiés par les participants africains à un atelier régional sur l'éducation pour tous dans les pays du Sahel :[7]

---

[5] En mars 1990 s'est tenue à Jomtien (Thaïlande), la Conférence mondiale sur l'éducation pour tous, organisée conjointement par l'UNESCO, le PNUD, l'UNICEF et la Banque mondiale. Ce forum ayant réuni les hauts responsables des pays les plus riches et ceux des pays les plus pauvres a donné lieu à une série de recommandations qui inspirent aujourd'hui la plupart des programmes nationaux de développement de l'éducation en Afrique.

[6] Jacques HALLAK, *Investir dans l'avenir. Définir les priorités de l'éducation dans le monde en développement*, PNUD/UNESCO, L'Harmattan, Paris, 1990.

[7] *Jomtien, trois ans après. L'éducation pour tous dans les pays du Sahel*, Rapport du séminaire sur «les politiques de développement de l'éducation pour tous dans les pays du Sahel», Ouagadougou, Burkina Faso 6-8 avril 1993", Isabelle DEBLE et Gabriel CARRON, UNESCO/IIPE, Paris, 1993.

- la situation de précarité extrême dans laquelle se trouvent les économies africaines;
- la détérioration des conditions de travail des enseignants caractérisée essentiellement dans plusieurs pays par l'Etat de cessation des salaires des fonctionnaires[8];
- l'instabilité politique qui règne dans de nombreux pays africains : « depuis 1990, note ce rapport, l'espérance de vie des ministres de l'éducation nationale a été de six à dix mois dans au moins deux pays (parmi ceux participant à l'atelier); dans les capitales, les événements politiques, parfois fortement médiatisés, mobilisent l'énergie de nombreuses élites et réduisent considérablement les efforts de continuité pour la préparation des plans et travaux. Ils sont accompagnés de grèves des lycéens, des universitaires et des enseignants de tous niveaux ».

Faut-il pour autant se résigner à croire que les pays africains seraient condamnés à aborder le prochain millénaire avec une masse croissante d'enfants non scolarisés et d'adultes sachant à peine « lire et écrire, en le comprenant, un exposé bref et simple des faits en rapport avec la vie quotidienne »[9]? L'école d'aujourd'hui est-elle la mieux adaptée pour répondre aux besoins de la société africaine ?

L'école est une institution vouée au changement et à l'adaptation et l'éducation n'est point uniquement ce moule dans lequel viennent se forger les esprits, mais au contraire, c'est le lien entre tradition et modernité, dans un contexte social, culturel et économique sans cesse en mouvement. C'est parce que l'on a trop souvent considéré l'école africaine comme une institution figée que les mutations qui ont eu lieu autour d'elle ne l'ont point touchée. Le problème est encore plus vaste et concerne l'éducation dans son ensemble.

---

[8] Nous avons amplement analysé dans les paragraphes précédents les conséquences de cette situation sur la qualité de l'éducation.

[9] Définition de l'analphabète selon l'UNESCO. Ali HAMADACHE et Daniel MARTIN, *Théorie et pratique de l'alaphabétisation. Politiques, stratégies et illustrations*, UNESCO/OCDE, Paris, 1988.

Au niveau de la théorie en général, le cloisonnement des analyses visant le développement de l'éducation ont souvent donné lieu à des stratégies principalement axées vers la conception et la rénovation de programmes dont les termes de la mise en oeuvre dépassaient les capacités d'assimilation de la société et des élèves eux-mêmes. De nombreux enseignants ont été contraints à assimiler de nouvelles méthodes d'enseignement ou à exercer dans de contextes éducatifs pour lesquels ils n'étaient pas préparés.

Mesurer le développement de l'éducation en termes de croissance des effectifs ou du nombre d'étudiants diplômés, a conduit à oublier des aspects aussi importants que le contenu du savoir transmis, sa signification et son impact en dehors du cadre scolaire, l'interaction dynamique entre éducation traditionnelle et éducation moderne, entre apprentissage formel et non formel. Aujourd'hui encore,

> « trop nombreux sont les éducateurs qui mesurent encore le développement de l'éducation au nombre d'élèves inscrits, de bâtiments scolaires construits et ouverts, et d'enseignants formés et recrutés... L'objectif ultime, du moins au niveau de l'éducation fondamentale, a consisté à offrir une place à l'école à tous les enfants en âge d'être inscrits. Il n'a pas toujours été tenu compte que toutes ces mesures ne constituaient que des moyens visant une fin qui, pour un trop grand nombre de pays en développement, restait lointaine et inaccessible. Le simple fait d'inscrire les enfants à l'école n'a jamais été une garantie qu'ils apprendraient réellement. Les taux de redoublement et d'abandon sont restés extraordinairement élevés. Le rôle véritable du système éducatif consiste souvent à sélectionner, en procédant par élimination, et à remettre des diplômes qui donnent accès à un certain statut dans la société - fonction qui, le plus souvent, constitue pour les autorités éducatives une préoccupation plus importante que de s'assurer que les enfants maîtrisent véritablement les connaissances de base, savent lire et écrire, et ont appris à penser »[10].

[10] Dieter BERSTECHER, *Jomtien: un an après*, Colloque international de l'AFEC, Sèvres, 23-25 mai 1991

La nouvelle vision de l'éducation fondamentale qui a émergé au cours de la Conférence de Jomtien, poursuit l'auteur, est celle d'une éducation qui ne se réduit pas seulement à la scolarisation formelle:

> « tous les programmes - tant formels que non-formels, tant destinés aux enfants qu'aux adultes -, tous les moyens et toutes les institutions éducatives sont maintenant envisagés comme partie intégrante de l'éducation fondamentale(...). Désormais, peu importe où, combien de temps, suivant quelles méthodes et avec quels matériels, un élève, enfant ou adulte, a acquis les connaissances et aptitudes fondamentales, dans la mesure où il est capable de faire preuve d'une acquisition effective des connaissances »[11].

## 2. Faut-il ré-inventer l'école africaine ?

> « Si l'école africaine n'existait pas, il faudrait l'inventer »[12]

La crise du système scolaire et les échecs des politiques d'éducation soulèvent de nombreuses interrogations qui nécessitent des réponses non seulement en termes de moyens financiers indispensables pour redresser une situation de crise qui apparaît aujourd'hui irréversible, mais aussi des moyens humains et surtout des idées, des idées nouvelles porteuses d'espoir et d'espérance pour la masse croissante de jeunes scolarisés et de leurs parents qui croient encore que l'école constitue le moyen le plus sûr d'assurer à leurs enfants un avenir meilleur et un emploi répondant à leurs besoins réels.

L'inadaptation de l'école africaine est un des plus grands défis de cette fin de siècle auquel doivent répondre les gouvernements africains. Face à la multiplication des priorités et aux mutations politiques qui éloignent de plus en plus l'Etat

---

[11] op. cit.
[12] Joseph KI-ZERBO, *Eduquer ou périr*, UNESCO-UNICEF, Dakar, 1990.

de ses responsabilités, la question est de savoir si les structures éducatives actuelles sont en mesure de répondre à ces besoins. Ainsi que s'interroge S.A. Banjo:

> « Pourquoi former des maçons si le village n'est fait que de huttes, pourquoi former des mécaniciens-autos quand il n'y a pas de voitures, pourquoi apprendre à des menuisiers à se servir de machines électriques si le village n'a pas encore l'électricité; pourquoi former des imprimeurs et des relieurs quand les villageois ne savent même pas lire? »[13].

En effet, pourquoi former des maçons si le village n'est fait que de huttes ? Question qui peut paraître anachronique mais qui révèle tout le drame de l'école africaine. S'agit-il de repenser l'école comme institution ayant pour vocation de former l'individu à la vie ou comme structure ayant pour seul but de transmettre les connaissances nécessaires à l'insertion professionnelle ? S'agit-il de reconcevoir l'éducation en tant que concept transcendant le simple fait scolaire pour embrasser toutes les formes de transmission des savoirs formels et non formels, traditionnels et modernes ?

Faut-il donc ré-inventer l'école africaine? Le simple fait de poser cette question implique déjà en soi une négation de l'école telle qu'elle est conçue aujourd'hui. Cette démarche tend cependant à ignorer que si l'école occupe une place centrale dans l'éducation, d'autres influences n'y sont pas étrangères: la famille, les moyens de communication modernes qui envahissent de plus en plus l'environnement culturel des enfants, leur entourage formé d'adultes qui ne les comprennent pas toujours. On ne peut ignorer toutes ses influences sur les enfants lorsqu'ils quittent l'institution scolaire.

Les réformes des systèmes ont été nombreuses depuis le début des années soixante. Tous les pays de l'Afrique au sud

---

[13] BANJO S.A., *A West African Teacher's Handbook*, Londres, 1953, cité par Melville J. Herskovits in « L'Afrique et les Africains. Entre hier et demain », Payot, Paris, 1965.

du Sahara ont entrepris à un moment donné au moins une réforme de leurs systèmes d'éducation[14]. Nécessité d'affranchir d'abord l'enseignement des avatars du système éducatif hérité de la colonisation, les réformes sont vite apparues aussi comme des instruments de contrôle idéologique et de drainage de ressources extérieures.

L'école africaine a ainsi connu au cours de ces trente dernières années des révolutions fréquentes, parfois douces, souvent violentes selon les idéologies dominantes, qui ont conduit à des transformations radicales au niveau des programmes et de l'approche pédagogique. Les résultats n'ont, semble-t-il, pas été à la hauteur des investissements consentis à cette fin. Quelques exemples nous permettront de mettre en lumière ces échecs.

Les institutions scolaires en Afrique ont été partout calquées sur le modèle des pays industrialisés et les programmes d'enseignement ont été développés autour des rythmes scolaires de ces pays perpétuant de ce fait l'héritage colonial. On trouve même des pays, écrit Gaston Mialaret[15],

> « où la répartition des matières s'accompagne d'indicateurs sur l'ordre à respecter et le calendrier (en général par semaine). Comme si, lors de la 12ème semaine de l'année scolaire, tous les enfants d'un même pays devaient étudier, quelles que soient les circonstances locales, le même phénomène géographique ou scientifique, apprendre la même leçon de grammaire et faire les mêmes problèmes ».

Cette inadaptation des rythmes scolaires aux conditions de vie des populations locales peut être considérée comme l'une des causes de la non-scolarisation de nombreux enfants en milieu rural. Ainsi par exemple, les absences fréquentes des

---

[14] A propos des réformes éducatives en Afrique, voir par exemple: *Réformes et innovations éducatives en Afrique. Etudes préparées pour la Conférence des ministres de l'éducation des Etats membres d'Afrique*, UNESCO, Paris, 1977.

[15] *Le droit de l'enfant à l'éducation*, Gaston MIALARET (sous la direction de), UNESCO, Paris, 1979.

élèves coïncident le plus souvent avec les périodes de récolte car les parents font recours à eux pour les aider à ce travail. Les filles ont tendance à être sacrifiées parce qu'elles servent à assurer le travail domestique ou la garde des plus petits. Les grandes vacances scolaires dans la majorité des pays africains ont lieu pendant les saisons les moins chaudes, période au cours de laquelle les pluies sont moins abondantes et donc les risques de maladies liées à un usage inapproprié de ces eaux sont moindres (elles sont souvent cause d'absentéisme). On sait aussi qu'en période de haute chaleur correspondant dans plusieurs pays au deuxième trimestre de l'année scolaire, les enfants sont moins alertes.

Pourquoi, par exemple, ne pas concevoir des périodes scolaires compatibles avec les saisons et les rythmes de production des populations ? Quant aux méthodes d'enseignement, elles reproduisent en général le modèle pédagogique des anciennes colonies caractérisé par un enseignement de type académique (notamment au niveau des universités) et une absence d'inter-activité entre l'enseignant et l'apprenant.

Il est certain que l'on ne peut réduire à ces quelques exemples la crise de l'école africaine tout comme l'on ne peut ignorer les aspects positifs des réformes ayant eu lieu à travers le continent. Parmi les innovations les plus significatives mais aussi les plus controversées ayant produit autant d'échecs, il faut surtout noter l'introduction des langues africaines au niveau de l'école fondamentale et l'insertion des activités productives dans les programmes d'enseignement.

L'introduction du travail productif à l'école a sans nul doute été l'innovation majeure des années 70 et celle qui a mobilisé le plus de ressources de la part des gouvernements et de la communauté internationale. Mais, tout comme pour les langues nationales, cette innovation n'a pas produit les résultats escomptés. Sans nous attarder sur le bien-fondé ou non de cette innovation, rappelons quelques-uns des facteurs qui ont contribué à son échec.

Prenant appui sur l'expérience de l'École nouvelle au Bénin[16], Irène Zevounou identifie les facteurs suivants: la non-détermination d'objectifs précis, l'inadaptation de la formation des maîtres, la manque d'adhésion des populations et du monde du travail, le défaut de planification, le manque de ressources, le manque d'appui politique, la faible adaptabilité des systèmes scolaires[17].

Tous les pays africains ayant engagé des réformes dans ce domaine ont été confrontés aux mêmes difficultés. Dans certains cas, l'expérience s'est avérée même globalement positive en termes de productivité pour les écoles mais, sur le plan de son impact sur l'insertion professionnelle des élèves, les résultats n'ont pas toujours suivi les intentions[18]. Analysant diverses expériences réalisées dans ce domaine à travers le monde, une étude de l'UNESCO conclut ainsi :

> « le problème le plus grave est celui de la persistance d'une dualité de la structure économique et de l'abîme qui sépare la rémunération des professions dites modernes de celles des métiers traditionnels. On continue d'associer le prestige, le statut social et des revenus relativement élevés à l'éducation formelle qui mène aux professions «intellectuelles». Il est encore trop rare

---

[16] La réforme éducative ayant introduit l'Ecole nouvelle au Bénin (1975) reste l'une des plus significatives qu'un pays africain n'ait jamais tenté. S'inspirant pourtant de principes tels que « école=unité de production, école polyvalente, école vers la vie, dans la vie, pour la vie, etc », celle-ci a connu un échec retentissant, malgré les moyens financiers et humains mis en oeuvre pour la réaliser (avec le concours de bailleurs de fonds internationaux et d'experts nationaux ou étrangers). L'échec de cette réforme (comme bien tant d'autres en Afrique) est édifiant à plusieurs égards. Il serait instructif de l'analyser non pas en fonction de ce que les autorités éducatives ou politiques attendaient d'elle, mais en fonction de la perception qu'en ont eue les populations et en premier lieu, les parents et les élèves.

[17] Irénée B.D. ZEVOUNOU, *L'éducation et le travail productif dans l'enseignement de base comme stratégie de formation pour l'auto-emploi*, in « L'éducation, l'emploi et la planification des ressources humaines. Rapport d'un cours intensif de formation sous-régional, Cotonou 26 octobre-6 novembre 1992 », IIPE/UNESCO, Paris, juillet 1993.

[18] L'UNESCO a publié de nombreux documents à ce sujet. Voir notamment: *Education et travail productif. Une étude régionale*, Bureau régional de l'UNESCO pour l'éducation en Afrique, Dakar, décembre 1983.

qu'on atteigne, dans les métiers ruraux, le niveau de rémunération applicable aux emplois de bureau, ou même qu'on s'en approche. Or, tant que ces écarts de rémunération entre les différentes catégories d'emplois persisteront et que l'éducation sera considérée comme le moyen d'échapper au travail manuel et d'accéder au travail intellectuel, la cloison qui sépare le monde du travail du système éducatif ne pourra être abattue. Une certaine inégalité des rémunérations selon la profession est incontestablement inévitable. Mais il y a une antinomie entre le travail manuel et l'éducation lorsque les écarts de rémunération sont essentiellement fonction du degré d'instruction acquis dans le système éducatif traditionnel, et que les travailleurs manuels constatent que ce qu'ils gagnent ne leur donne même pas droit au niveau de vie minimal admissible »[19].

La promotion des langues nationales a été le leitmotiv des nombreuses réformes éducatives opérées dans les années soixante-dix. Le but avoué était d'enraciner l'enfant dès son plus jeune âge, à sa culture et aux valeurs familiales dont l'éducation en langue étrangère et l'école le détachaient inévitablement.

Que les enfants africains apprennent les rudiments de l'arithmétique et à reconnaître les objets et animaux qui peuplent leur entourage dans la langue d'origine qui est la leur, rien de plus légitime. Cela relève même du bon sens et, l'on ne peut contester aujourd'hui l'importance de la langue maternelle pour le développement intégral de l'enfant[20]. Mais alors, on peut, à juste titre, se demander pourquoi les réformes visant à introduire les langues nationales dont nul ne conteste plus la nécessité, ont connu peu de succès dans la réalité et que l'on note même que :

---

[19] *Apprendre et travailler*, UNESCO, Paris 1979

[20] « on sait maintenant, écrit Joseph Poth, que les premiers apprentissages se font normalement à travers l'outil linguistique maternel jusqu'au stade de l'opératoire et qu'il faut chercher dans l'oubli de cette vérité l'une des causes des retards et des échecs scolaires actuellement enregistrés dans nombre de systèmes éducatifs africains », Joseph POTH, *L'enseignement des langues maternelles africaines à l'école... Comment?*, UNESCO/BREDA, Dakar, 1988.

> « le mouvement vers les langues nationales comme outil pédagogique est plutôt lent et que, il accuse un certain recul si l'on prend en considération le fait que la Guinée, qui était le grand pionnier ouest-africain francophone, y a renoncé depuis la fin de la révolution de Sékou Touré en 1984, et que certains pays, comme le Burkina Faso, qui avaient expérimenté des réformes en ce sens entre 1979 et 1984, y ont mis un terme à peu près à la même période? »[21]

La question de la langue d'enseignement est d'ordre autant politique, économique que pédagogique. Les implications d'ordre politique sont évidents: dans un continent où l'on dénombre pas moins de 2 000 supports linguistiques (langues nationales et dialectes) et, dans certains pays jusqu'à 200 langues (comme c'est le cas au Nigeria), la première question qui se pose est celle du choix de *la* ou *des* langues à enseigner.

Sur le plan économique et financier, la transcription de ces langues plus parlées qu'écrites ainsi que la production de manuels didactiques adaptés à leur enseignement entraînent inévitablement la mobilisation de ressources importantes. Plusieurs tentatives d'introduction des langues nationales dans l'enseignement, ont connu des échecs ou des succès très limités à cause de l'incapacité des gouvernements africains à faire face aux coûts exorbitants qui en découlaient.

Sur le plan pédagogique, la question est de savoir si les langues choisies doivent être utilisées comme véhicule d'enseignement ou comme matière, au même titre que les mathématiques ou les sciences naturelles, par exemple. Mais au delà, il y a tout le problème de l'avenir des enfants inscrits dans les écoles où, à titre expérimental, ont été introduites les langues communautaires comme véhicules d'enseignement.

Voici, à titre d'exemple, quelques réflexions rapportées par Joseph Poth, à propos des inquiétudes exprimées par les populations, au moment de mettre en pratique les réformes

---

[21] Fernand SANOU, *Qui a peur des langues nationales comme véhicules d'enseignement?* in « Propos africains sur l'éducation pour tous », UNESCO-UNICEF, Dakar, 1990.

portant sur l'introduction des langues maternelles[22]. Elles s'adressent aux responsables nationaux et sont édifiantes à plusieurs égards :

> - Les enfants des classes expérimentales ne seront-ils pas des otages ? Avez-vous tout prévu pour qu'ils n'endossent pas les conséquences d'un échec du système ?
> - Ne pensez-vous pas que les enfants qui apprendront en même temps deux langues seront sacrifiés ? Leur niveau en français leur permettra-t-il de continuer des études supérieures ?
> - Pensez-vous que les hauts cadres et les responsables politiques inscriront leurs enfants dans les écoles choisies pour l'expérimentation ?
> - Pensez-vous que vos diplômes seront reconnus par d'autres pays pour permettre à nos élèves de partir étudier à l'étranger ?

Ces réflexions ne signifient pas nécessairement que les populations ne voient que des inconvénients à l'introduction des langues communautaires dans les écoles. Elles traduisent néanmoins de fortes inquiétudes qu'il ne faut pas ignorer et qui peuvent même, en dépit de toute volonté politique affichée par les autorités éducatives, porter à l'échec de ces réformes ou à leur abandon total. Les responsables nationaux africains réunis au cours d'un atelier régional organisé par l'UNESCO sur les problèmes suscités par l'utilisation des langues africaines dans l'enseignement, notaient eux-mêmes ceci[23] :

> « les attitudes (défavorables des populations à l'égard des langues nationales) sont difficiles à supprimer, si bien que le soutien des masses à l'utilisation des langues africaines ne peut pas toujours être garanti même s'il y a une volonté politique réelle. De même les communautés sont pleinement conscientes du statut et des avantages économiques que l'éducation en langues européennes peut apporter à l'individu, et elles

---

[22] Joseph POTH, op. cit.

[23] *L'utilisation des langues africaines dans l'enseignement*, Rapport final de l'Atelier régional du NEIDA sur le curriculum et les méthodes d'utilisation des langues africaines comme véhicules d'enseignement, Monrovia, Libéria, 16-21 octobre 1983. UNESCO/BREDA, Dakar, mars 1985.

considèrent l'éducation en langues africaines non seulement comme inutile, mais comme préjudiciable à cette éducation en langues européennes ».

Faut-il uniquement attribuer aux attitudes défavorables des populations les échecs de ces réformes ? Non. Poursuivons les conclusions émises par ces mêmes responsables :

> « on constate que certains pays africains ne se sont toujours pas déclarés nettement en faveur de l'utilisation de leurs principales langues; que dans d'autres, les projets pilotes relatifs à l'utilisation de ces langues dans l'éducation sont des projets privés auxquels l'Etat n'apporte aucun soutien sinon très peu et lorsque l'enseignement des langues africaines comme véhicule est effectif, on déplore l'insuffisance du financement du gouvernement, l'absence d'une formation des maîtres et une pénurie de matériels appropriés; le laxisme des institutions de formation dans la mise en application des réglementations concernant la formation ou l'enseignement de langues africaines comme véhicule; le manque d'enthousiasme des enseignants vis-à-vis de ce type d'enseignement et leur perplexité parce qu'ils estiment qu'il est inférieur à celui dispensé en anglais, en français ou en portugais. On constate également que de nombreux pays africains ont été incapables d'imposer les langues africaines comme véhicule, au milieu ou au plus tard en fin du cycle primaire, en partie par crainte de compromettre la maîtrise de la langue étrangère adoptée au niveau supérieur. Les attitudes défavorables de la communauté dont il est question ne sont naturellement pas les seuls facteurs responsables de ces résultats ».

Ces deux innovations ont profondément marqué les réformes éducatives en Afrique. Mais, à la lumière des résultats peu encourageants qui les ont accompagné et, au delà de ce que chacune d'elles pouvait contenir comme substrat idéologique, politique, économique ou culturel, il est intéressant de noter que l'une de leurs faiblesses communes a été celle de n'avoir point suffisamment suscité la conviction des populations et de n'avoir pas produit, en termes d'emploi ou d'insertion professionnelle, les effets multiplicateurs que l'on attendait d'elles[24]. On pourrait se demander aussi, entre autres, pourquoi celles-ci sont restées éternellement au stade de l'expérimentation « pilote » et ont été, pour la plupart, cantonnées aux écoles rurales, provoquant au sein des populations, les réflexions reportées ci-dessus.

## 2. Rétablir la confiance des parents

En général, lorsque l'on parle de la crise de l'éducation en Afrique et des solutions pour en sortir, on a tendance à identifier trois facteurs déterminants : l'inadaptation de l'offre par rapport à la demande, la qualité médiocre de l'enseignement et l'insuffisance des ressources financières. De tous ces facteurs, le manque de ressources est certainement celui qui constitue à l'heure actuelle le plus grand obstacle à la mise en oeuvre des politiques d'éducation. Nous aborderons ce problème en évitant les sentiers battus par la littérature abondamment courante dans ce domaine, notre propos étant tout simplement de mettre en exergue la valeur inestimable de l'apport des communautés et des parents au financement de l'éducation - et accessoirement -, l'irrationalité de certaines propositions consistant à recourir systématiquement aux ressources des familles, déjà accablées par la pauvreté, pour financer l'éducation -.

Toute politique d'éducation repose sur un ensemble de moyens humains, matériels et surtout financiers qui en garantissent le succès. La crise de l'école africaine dérive tout aussi bien d'une perte d'identité que d'un manque de ressources

[24] Pour le travail productif agricole, par exemple, il s'agissait essentiellement de faire en sorte que l'enfant, une fois sorti de l'école, s'en retourne travailler auprès de sa famille. Ce qui aurait freiné l'exode rural et la tendance des jeunes à délaisser les travaux de la terre. Sur le plan culturel, les langues africaines devaient contribuer au développement des cultures africaines dont elles sont un élément indispensable, tandis que sur le plan politique, elles répondaient à une volonté d'affranchir les pays africains de la tutelle des anciennes puissances coloniales.

financières pour mettre en oeuvre les nombreuses bonnes intentions contenues dans les plans de développement de l'éducation. Mais, le manque de moyens financiers pour réaliser les politiques d'éducation n'explique pas tout car, les budgets consacrés aux dépenses d'éducation continuent de représenter en moyenne dans toute l'Afrique subsaharienne environ un tiers des dépenses publiques. La répartition inéquitable de ces ressources et la pléthore des fonctionnaires sont aussi la cause des résultats médiocres de l'enseignement (le volume des dépenses courantes d'éducation est absorbé à plus de 90% par les traitements salariaux).

S'il ne s'agissait que d'accroître les ressources pour l'éducation, le problème pourrait être résolu soit en augmentant les crédits publics (mais où les trouver?), soit en suscitant une plus grande participation financière des parents (l'effort des parents est déjà considérable), soit en accroissant la part des apports extérieurs (ce qui entraînerait un accroissement de la dette publique déjà lourde). Le transfert des charges financières aux familles, tel que préconisé par de nombreux bailleurs de fonds, suivant ainsi la logique des programmes d'ajustement structurel, ne rencontre pas toujours l'adhésion des parents. Ainsi, par exemple, l'instauration, dans de nombreux pays, d'un taux d'inscription, notamment au niveau de l'enseignement primaire, n'a pas donné les résultats escomptés. Elle a eu pour seul résultat de créer davantage d'exclus parmi les familles les plus pauvres, en particulier en milieu rural.

Parmi les familles urbaines les plus aisées, elle n'a servi qu'à augmenter un peu plus le crédit des écoles privées, engendrant des processus ségrégatifs ayant pour conséquence « l'exclusion de l'école d'une partie des jeunes, tandis qu'une minorité bénéficie d'un surinvestissement familial (écoles privées ou scolarisation en Europe), car l'éducation scolaire est devenue un bien qui se raréfie et se monnaie de plus en plus souvent »[25].

La gratuité de l'école fondamentale a permis d'atteindre, tant bien que mal, les niveaux de scolarisation que l'on connaît aujourd'hui. Remettre en question ce principe tout simplement au nom de la rentabilité de l'investissement public revient à sous-estimer les énormes sacrifices que les parents ont souvent consenti par le passé pour construire les écoles ou les logements des enseignants.

On ne peut aujourd'hui ignorer le fait que les pouvoirs publics ne peuvent assumer la totalité du financement de l'éducation et qu'une participation des parents aux coûts de la scolarité de leurs enfants serait souhaitable. Encore faut-il que ceux-ci n'aient d'autres contraintes que celle des frais d'inscription et éviter que toutes les autres dépenses de fonctionnement des établissements ne leur reviennent. Or, dans de nombreuses situations, les parents, notamment en milieu rural, se retrouvent à devoir assurer le fonctionnement des établissements scolaires (prise en charge des instituteurs, entretien et réfection des locaux et du mobilier, etc.), sans que l'Etat ne leur garantisse, en contrepartie, un service de qualité.

C'est donc une crise du financement public qui, aujourd'hui, contraint les communautés à élargir leurs domaines d'intervention. Mais, c'est aussi, associée à cette crise, le signe d'une prise de conscience collective de la part des parents, de l'importance de l'éducation pour l'avenir de leurs enfants. L'enjeu est de taille : c'est la relation entre l'école, la société, l'Etat et les citoyens qui est en cause. Les spécialistes devraient étudier avec attention, les effets à long terme de cette intervention sur la qualité de l'enseignement d'une part, et sur la structure du financement public de l'éducation en Afrique. Car, la démission « forcée » des pouvoirs publics pourrait

[25] Marie-France LANGE et Jean Yves MARTIN, *La socialisation par l'éducation et le travail : l'itinéraire incertain*, Actes du colloque « Jeunesse, ville, emploi. Quel avenir pour la jeunesse africaine? » Ministère de la coopération et du développement, Paris, 26-29 octobre 1992.

entraîner une crise du système et, une « libéralisation » sans contrôle donnerait le jour à des initiatives privées dont les besoins de rentabilité ne feraient qu'accroître les coûts de l'éducation pour les parents.

En tout état de cause, c'est là que le tout-Etat se voit progressivement retirée la prérogative de contrôler directement un secteur du développement du pays pourtant considéré sensible par les gouvernements. C'est peut-être là que la démocratie prendra vraiment son envol lorsque, comme il peut être à prévoir, les communautés elles-mêmes prendront la charge de confectionner leurs propres programmes d'enseignement, échappant ainsi aux canevas unitaires imposés par la centralisation excessive des ministères de l'éducation souvent subjugues des financements extérieurs et des idéologies locales dominantes. Mais c'est là aussi un danger auquel il faut faire face pour éviter la résurgence de particularismes régionaux qui viendraient compromettre le processus démocratique engagé avec beaucoup de peine à travers le continent.

Cette brève incursion dans l'immensité des problèmes de l'école africaine et de la crise de l'éducation en général, nous suggère en conclusion quelques pistes de réflexion:

- Même si l'éducation nous paraît être l'instrument naturel de conciliation entre la tradition et la modernité car, celle-ci, entendue au sens le plus large du terme, confère à chaque citoyen les moyens de son épanouissement (à condition qu'elle soit ancrée dans les valeurs positives de la culture et serve à éradiquer les croyances et pratiques incompatibles avec toute idée de progrès), il n'en reste pas moins vrai qu'aujourd'hui, son rôle véritable est occultée par l'immensité et l'urgence des problèmes sociaux, politiques et économiques qui affectent les sociétés africaines.

En effet, lorsque l'on parle de la crise de l'éducation en Afrique, et en particulier des problèmes d'inadaptation entre la formation et l'emploi ou des causes de l'exode rural des jeunes, on a tendance à adopter une démarche donnant à penser que l'enseignement et la formation sont le sésame de l'emploi ou que, pour sortir l'Afrique de la crise actuelle, une refonte des programmes serait suffisante.

Or, à propos de l'exode rural notamment, il devient de plus en plus évident que « ce n'est pas l'école en tant que telle qui provoque l'exode rural, mais essentiellement les conditions de vie défavorables et l'insuffisance dramatique des services sociaux prévalant dans les zones rurales. Aussi importe-t-il de s'attaquer à ces causes premières en apportant les améliorations nécessaires aux conditions de vie des populations rurales, faute de quoi, les changements introduits dans l'éducation s'avéreraient inopérants à l'égard du phénomène que l'on veut réduire »[26].

Quant à l'emploi, il est aussi de plus en plus évident que si certaines conditions politiques et économiques ne sont pas réunies (une base industrielle, une agriculture offrant des opportunités aux jeunes désirant s'installer à la campagne, des libertés économiques, etc.) quel que soit le type de formation (adapté ou non), les systèmes éducatifs resteront toujours en déphasage par rapport à l'évolution des sociétés.

- L'école africaine d'hier que l'on qualifie bien souvent de produit du colonialisme et que pendant des années l'on a essayé de mettre à bas au nom d'une authenticité africaine ou d'un nationalisme plus ou moins justifié semble aujourd'hui reprendre ses droits devant les échecs des politiques ayant prôné la transformation de l'école coloniale. Le retour à une école s'inspirant du modèle occidental remet en cause les modèles éducatifs construits à force de réformes dans le souci de doter l'Afrique d'un système éducatif tenant compte de ses spécificités culturelles

[26] *L'éducation et le développement endogène en Afrique: évolution, problèmes, perspectives*, Document MINEDAF, UNESCO, Dakar, 1987.

Ce sont là les véritables problèmes aujourd'hui pour les systèmes éducatifs africains et l'inévitable interrogation qui demande une réponse urgente de la part des experts et des autorités. Car quoi de plus noble pour une nation indépendante et souveraine que de vouloir ériger une Ecole nouvelle conforme aux valeurs culturelles et aux besoins d'émancipation économique et sociale de ses populations et surtout désireuse d'en faire profiter le plus grand nombre de ses enfants ?

- Ce ne sont pas les bonnes intentions qui ont manqué. La plupart des pays africains ont entrepris depuis les années 60 et 70, des réformes profondes de leurs systèmes éducatifs, réformes ayant porté, comme on l'a vu, sur des sujets aussi délicats et sensibles comme l'enseignement en langues nationales et le travail productif. Malgré tout, le nombre de jeunes chômeurs diplômés reste impressionnant. Ceci pose en préalable la question fondamentale de savoir pourquoi ces réformes (élaborées avec le concours de la communauté internationale et d'experts qualifiés) n'ont pas produit les effets attendus? Faute des éducateurs, réticence des bénéficiaires (parents, élèves), résistance des institutions politiques et administratives, erreurs des experts, etc.? Car, si l'éducation scolaire apparaît aujourd'hui en Afrique comme « un kyste exogène, une tumeur maligne dans le corps social »[27], c'est bien aussi parce que certaines réformes dispendieuses ont échoué en ne prenant pas en compte les influences extérieures dépendantes de l'environnement économique, politique voire culturel dans lequel opèrent les systèmes éducatifs.

- Il n'y a pas de réformes miracles qui par elles seules, comme d'un seul coup de baguette magique, résoudraient tous les problèmes de l'éducation. Cependant, des ajustements graduels, suivant l'évolution concomitante des autres secteurs, peuvent permettre d'adapter l'éducation aux besoins de la société: décentralisation, diversité des programmes, autonomie

---

[27] Joseph KI-ZERBO, op. cit.

locale, participation consciente des populations, flexibilité et souplesse dans l'organisation pédagogique, etc. Les réformes ne peuvent avoir de chance de réussite que si elles se fondent sur un processus de participation de tous les acteurs. Comme le fait remarquer le Rapport de la *Commission internationale sur l'éducation pour le vingt et unième siècle*,[28]

> « trois acteurs principaux contribuent au succès des réformes éducatives: en tout premier lieu la communauté locale, notamment les parents, les chefs d'établissements et les enseignants; en deuxième lieu, les autorités publiques; en troisième lieu la communauté internationale. Bien des exclusions ont été dues, dans le passé, à l'engagement insuffisant de l'un ou l'autre de ces partenaires. Les tentatives d'imposer du sommet, ou de l'extérieur, des réformes éducatives n'ont eu, de toute évidence, aucun succès. »

L'enjeu est de taille. Des millions d'enfants et de jeunes attendent des réponses précises à leurs préoccupations; des millions de parents attendent que leurs sacrifices soient récompensés. Les réformes, menées tambour battant, les recommandations et les voeux pieux émis ici et là à l'occasion de conférences et réunions d'experts et responsables politiques, n'ont, semble-t-il, pas encore apporté des réponses à leurs inquiétudes et à leurs espoirs.

---

[28] *L'éducation, un trésor est caché dedans*, Rapport à l'UNESCO de la Commission internationale sur l'éducation pour le vingt et unième siècle présidée par Jacques DELORS, UNESCO/Odile Jacob, Paris, 1996, p. 25

# CHAPITRE X

## LE DÉFI DE L'AJUSTEMENT CULTUREL

> « Quand j'entends le mot culture, je sors mon revolver» disait un chef nazi tristement célèbre. C'est qu'en effet, la culture, ce «correctif qualitatif du développement » est ce qui empêche un peuple de devenir un ensemble de robots mécanisés prêts à participer aveuglément à l'aventure totalitaire. Je ne chercherai pas à en donner une définition; je dirai simplement qu'elle fait partie de notre vécu quotidien; qu'elle est aussi bien le geste de la potière qui confectionne un vase que le texte d'une pièce de théâtre, qu'une comptine d'enfant ou la forme élégante d'un grenier à mil »[1].

La question du rôle de la culture africaine comme moteur ou frein au développement, a été posée antérieurement par plusieurs auteurs. Il ne nous revient pas ici de prolonger un débat qui reste encore tout entier, mais de participer à une réflexion qui mérite aujourd'hui beaucoup plus d'attention de la part des Africains eux-mêmes. Car, face à la mondialisation dont l'un des traits essentiels est celui d'homogénéiser les cultures au détriment des identités nationales et locales, les Africains ne peuvent se permettre de faire l'économie d'une réflexion qui apparaît fondamentale : celle de leur culture et de

[1] Félix HOUPHOUET-BOIGNY, Extrait du Rapport de Politique Générale présenté au VIIème Congrès du PDCI-RDA, Abidjan, 1980.

son adaptation inévitable aux nouvelles données de l'économie mondiale.

En effet, alors que dans les pays industrialisés, la question de la préservation des identités culturelles ne cesse de susciter émotions et débats, tant parmi les intellectuels qu'au sein des classes dirigeantes[2], en Afrique, elle semble de plus en plus reléguée au niveau des questions secondaires. Et pourtant, en ces temps de bouleversements majeurs, il serait utile que les Africains s'interrogent avec vigueur et passion, si nécessaire, sur l'essence de la culture africaine et, en particulier, « sur la portée et le sens de l'idéal démocratique et les difficultés de la conciliation de cet idéal avec les valeurs culturelles traditionnelles »[3]. C'est donc avec mérite que l'on doit mentionner l'ouvrage de Daniel Etounga Manguelle[4], lequel a osé, sans détour, remettre cette question à l'ordre du jour.

Au cours de ce chapitre, nous allons analyser quelques aspects de la culture traditionnelle africaine, cette culture qui semble figée et réfractaire à tout changement[5]. Etant non spécialiste, nous nous limiterons à certaines manifestations quotidiennes sans oser prétendre entrer dans le champ de l'investigation scientifique.

Le terme de culture, comme l'évoque Dominique Desjeux, « renvoie à des centaines de définitions » qui rappellent les différents contextes dans lesquels elles sont élaborées. L'auteur retient deux sens principaux du terme auxquels nous nous référerons. Il s'agit en premier lieu des « comportements acquis dont le fonctionnement est orienté par des valeurs et

---

[2] On se souvient des débats suscités en Europe par la question de «l'exception culturelle» au cours des négociations sur les accords du GATT.

[3] Jean POIRIER, *La démocratie contre le développement*, in Démocratie et développement. Mirage ou espoir raisonnable, op. cit., p. 383.

[4] Daniel ETOUNGA MANGELE, *L'Afrique a-t-elle besoin d'un programme d'ajustement culturel?*, Ed. Nouvelles du Sud, Ivry-sur-seine, 1991.

[5] L'incapacité de la culture africaine à s'auto-transformer fait dire à Daniel ETOUNGA MANGUELLE que « c'est une culture à l'image de l'huile de palme froide. Elle est figée par définition et ne peut redevenir fluide que si on la réchauffe ». op. cit., p. 81.

des modèles de résolution des problèmes ». Le deuxième sens est celui de la rationalité. Selon l'auteur, « cela signifie que derrière des comportements qui peuvent sembler irrationnels, non seulement on peut expliquer comment ils sont structurés et fonctionnent, mais on peut en dégager une logique ». A partir de ces deux sens, nous pouvons en déduire, sans pour autant être dogmatique, que la culture n'est pas seulement la somme de comportements extérieurs qui peuvent paraître irrationnels. Elle est un ensemble d'acquits transcendant largement la matérialité de la vie quotidienne et s'enracinant dans des croyances et pratiques séculaires répondant à une logique.

La culture, dans la mesure où elle se réclame de la tradition, a souvent été considérée comme un obstacle à la modernité. Il en est ainsi des populations qui refusent d'abandonner des pratiques ancestrales qui ne s'accommodent pas des impératifs de la modernisation. Ainsi posé, le problème paraît simple dans sa conception et dans sa résolution. Il suffit de mettre à l'écart ce que la tradition a d'incompatible avec le progrès pour que celui-ci s'installe définitivement. Encore faut-il savoir qu'est-ce qui est compatible avec le progrès et qu'est-ce qui ne l'est pas? Ou, comme le dit si bien Henri Bartoli, « Avant toute définition du progrès, l'on pose en guise de préalable « qu'est-ce qui est capable de progrès? »[6].

Or, un grand nombre de recherches ont été effectuées dans ce sens, mais il semble bien que la relation entre culture et développement en Afrique reste encore à définir. En particulier, les mécanismes culturels qui président au clivage entre tradition et modernité ne semblent pas avoir encore été totalement décryptés[7].

---

[6] Henri BARTOLI, *Progrès et pauvreté: les concepts et leur dialectique selon les civilisations et les cultures*, in « Pauvreté, progrès et développement », UNESCO/L'Harmattan, Paris, 1990.

[7] Selon A.S. MALANDA, « il convient d'opérer une suspension (...) ou une mise entre parenthèses de bon nombre de faux problèmes et de fausses antithèses propagées par l'Africanisme. La plus aberrante de ces pseudo-oppositions concerne le clivage qu'il y aurait, en Afrique, entre la tradition et la modernité », *Les longs*

Les thèses qui opposaient tradition et modernité ont été à la base de la justification de l'oeuvre coloniale. La colonisation n'a donc pas été seulement une oeuvre de domination politique ou économique. Elle a été aussi oeuvre de domination culturelle s'appuyant sur la transformation ou la destruction des traditions africaines. La « mission civilisatrice » de la colonisation a rejeté les valeurs traditionnelles africaines non pas parce qu'elles étaient contre le progrès, mais parce qu'elles pouvaient empêcher la domination politique et économique des puissances coloniales. C'est ce que nous rappelle Balisidya Matteru:

> « Trois phénomènes se sont produits au cours de la période coloniale. Le premier a été l'étouffement de la culture traditionnelle. L'église, l'école et l'hôpital furent les instruments de cette opération, dont le but était d'évincer la culture autochtone, jugée primitive. La population fut donc contrainte d'observer la tradition en secret ou bien de l'abandonner. Ceux qui fréquentaient l'école apprirent à cuire de la pâtisserie et à faire du pain, à danser à l'européenne, et on leur enseigna le christianisme en même temps qu'on leur faisait lire Shakespeare (...). Le deuxième phénomène fut un affaiblissement de la vitalité nécessaire à l'expansion et à la continuité de la culture. La tradition culturelle subsistait, mais sa vigueur déclinait là où s'exerçaient les pressions les plus fortes et dans les nouveaux environnements: zones urbaines, centres missionnaires, armée, plantations, camps, etc. Le salut ne pouvait venir que des liens familiaux des gens avec des membres de leur tribu se trouvant dans le même environnement qu'eux ou restés dans leur village(...). L'ultime phénomène fut le rejet de la pression étrangère et la perpétuation délibérée de la culture traditionnelle »[8].

---

*hoquets de la démocratie en Afrique*, Article paru dans Libération, quotidien français, Paris, 16/8/1989.

[8] M.L. Balisidya MATTERU, *La spécificité des cultures négro-africaines: l'exemple tanzanien*, in « Spécificité et dynamique des cultures négro-africaines », UNESCO, Paris, 1986.

Si certaines traditions s'opposent au développement, le simple fait de les rejeter ne résout en rien la question. Car la tradition n'est pas seulement l'ensemble des pratiques et croyances qui paraissent aujourd'hui rationnellement incompatibles avec l'idée de progrès ou de modernité, notamment celle qui dérive de la société de consommation.

Les aspects de la culture traditionnelle africaine contrastant avec cette conception de la modernité sont certainement la conséquence d'un choc de civilisations commencé durant la période coloniale et qui ne finit pas de produire des effets délétères sur le développement des pays africains. Examinons les brièvement:

## 1. La famille africaine élargie

Que n'a-t-on dit et écrit à propos de la famille africaine, cette entité « élastique à volonté et démesure », qui ne paraît pas s'adapter aux exigences du progrès ? La famille africaine, ce ne sont pas seulement le père et la mère, les frères et soeurs; ce sont aussi les innombrables tantes et oncles (chacun investi d'une autorité selon une hiérarchie établie depuis des générations), les cousines et cousins (de rang infini), les nièces et neveux, les amis du père, les enfants des amis, les voisins originaires du même village, etc. Bref, c'est tout le contraire de la famille européenne « nucléaire ». Elle pourrait s'apparenter au mythique tonneau des Danaïdes : on y naît, on y grandit, on y évolue sans jamais se lasser de découvrir de nouveaux membres jusque là inconnus. Le coefficient de dépendance y est fort élevé et détermine, à bien des égards, l'avenir de chacun des membres de la famille.

Les systèmes familiaux africains subissent des transformations qui perturbent les fondements traditionnels de leur existence et de leur cohésion. Certaines traditions résistent au vent du changement et génèrent des conflits profonds, notamment entre les générations. Ces aspects ( la taille et la composition des familles, les rapports entre ses membres, la fonction traditionnelle qu'exerce la famille africaine élargie dans l'éducation des enfants, etc.) ont une influence certaine sur l'évolution de la société africaine. Les pressions auxquelles sont soumises les familles africaines conduisent à des comportements au niveau de la collectivité et des individus qui reflètent les incertitudes actuelles de toute la société africaine.

Nous essaierons de les analyser brièvement et d'en dénoter les traits essentiels ainsi que les tendances dominantes.

La famille africaine change. Elle est devenue un espace où s'entrecroisent les pratiques de la tradition et l'ouverture vers le monde moderne. C'est une révolution sociale qui conduit à la multiplication de modèles familiaux reflétant les contradictions du développement. On distingue de plus en plus deux types de familles: la famille moderne se localisant principalement en milieu urbain et tendant à la « nucléarisation », la famille traditionnelle, survivant de manière prépondérante en milieu rural et périurbain. Ces frontières s'estompent de plus en plus, au fur et à mesure que le développement des villes et les activités informelles qui s'y exercent drainent une population rurale encore fortement ancrée dans les pratiques de la socialisation traditionnelles.

Les familles modernes en Afrique se caractérisent par une progéniture réduite, elles tendent à se « nucléariser ». Elles adoptent des modes de vie reflétant leur statut économique dans la société : vacances à l'étranger, soins spécialisés dans les cliniques privées, éducation des enfants assurée dans les meilleures écoles du pays ou à l'étranger, habitudes de consommation alimentaire à base de produits importés. On ne peut certes leur en vouloir d'adopter des modes de vie que leur permettent leurs revenus. Là n'est point le problème. Le véritable problème, c'est que malgré tout, ces familles ne réussissent pas à s'affranchir des pratiques de groupe qui caractérisent la famille traditionnelle.

Un exemple nous permettra d'illustrer notre propos. Dans les années 70, la plupart des villes africaines ont été dotées de structures habitatives destinées à résoudre les problèmes de logement qui commençaient déjà à se poser avec acuité pour les nombreux fonctionnaires des administrations publiques - logements HLM[9] à Dakar, OCH[10] à Brazzaville, pour ne citer que ceux-là -. Ces habitations étaient censées servir une population aux revenus confortables, ayant des modes de vie conformes à la morphologie habitative de type occidental adoptée lors de leur construction : immeubles à étages comportant des appartements à deux, trois ou quatre pièces, cours-jardins, etc. Certains critères dérivant d'une certaine modernité entraient ainsi dans la vie habitative des gens: quiétude, intimité familiale, etc.

La réalité s'est avérée toute autre. Les appartements ont abrité des familles étendues dans des espaces exigus, les cours-jardins se sont transformés en lavoirs, en cuisines communes ou en espaces de veillée nocturne, reléguant les enfants aux jeux de la rue. La famille que l'on a voulu moderne s'est finalement retrouvée impréparée à affronter la solitude de la modernité, tiraillée entre le souvenir d'une solidarité perdue et les exigences de s'adapter à des structures modernes et à un ensemble d'impératifs sociaux qu'elle ne contrôle pas.

Les pratiques sociales et culturelles qui caractérisent la famille élargie, survit en milieu péri-urbain. Dans les bidonvilles et les quartiers périphériques où les impératifs de la survie quotidienne imposent une certaine solidarité, la famille élargie s'y recompose et chacun s'y découvre des liens de parenté. Ainsi renaît le village, la tribu, le clan familial avec son ensemble de coutumes, de croyances, de traditions et de tabous flirtant avec les modèles de consommation du monde moderne. Il n'est pas rare en effet de voir à l'intérieur des modestes habitations qui abritent ce prolétariat urbain des équipements ménagers cadrant mal avec l'environnement extérieur. Ces habitations aux cours communes où se côtoient

---

[9] Habitation à loyer modéré.
[10] Office congolais de l'habitat.

avec nonchalance enfants, animaux, parents proches ou lointains reproduisent tout compte fait le modèle de société encore présent dans les villages: promiscuité aiguë, communauté de biens, regroupements familiaux dans des espaces à la limite de la congestion physique, appartenance à la même ethnie... La famille africaine résiste aux changements de mentalité que lui imposent les modèles de consommation urbains et préserve, tant bien que mal, son identité fondée sur la solidarité, l'entraide et le partage des responsabilités.

Cette solidarité est d'ailleurs l'un des éléments de la survie du secteur informel. Les jeunes, en particulier, qui exercent avec succès les petits métiers en ville en tirent profit. Venus des villages, ils sont souvent accueillis par des oncles, des tantes qui leur fournissent logis moyennant peu ou presque rien. Au nom de la solidarité villageoise, ces jeunes se regroupent entre eux pour partager les frais du gîte quand ils n'ont pas de parents déjà installés en ville. Ces exclus survivent en réactivant les réseaux de solidarité et en réinventant une socialité perdue. Mais pour beaucoup d'entre eux, c'est en effet le monde des bidonvilles qui les attend, avec sa misère, son « système D » pour survivre car, les lois du marché qui président à l'économie urbaine moderne ignorent la solidarité.

Face aux pressions de l'économie moderne, on assiste ainsi à la disparition progressive de la famille élargie. Mais, ce n'est point tant dans le sens d'une moindre progéniture que dans celui de la composition des couples et des fonctions essentielles qu'ils doivent exercer. De plus en plus, du fait de la misère et de la pauvreté, la famille élargie laisse la place à la famille « monoparentale », ce qui constitue un drame pour les enfants et pour les mères qui assument les fonctions de chef de famille. Soit à cause de l'exode des hommes vers les villes ou à l'étranger, soit du fait de la désintégration de l'union conjugale, de nombreuses femmes se retrouvent seules à devoir ainsi assurer l'éducation de leurs enfants.

A la famille est étroitement associée la question de l'accroissement démographique de l'Afrique. Les motifs d'inquiétude sont nombreux lorsque l'on considère qu'avec un taux de croissance démographique annuel moyen de 3,01%, l'Afrique abritera, en 2025, plus de 1,5 milliards d'habitants soit un peu plus d'un cinquième de la population mondiale. Autrement dit, dans un peu moins d'une trentaine d'années, un être humain sur cinq sera africain. Atout ou handicap ?

Avec une population fortement constituée de jeunes, l'avenir de l'Afrique devrait être plus rose qu'il ne l'est aujourd'hui. Le vieillissement de la population européenne fait sonner l'alarme aux gouvernants des pays occidentaux et les incitations à la natalité paraissent anachroniques quand on sillonne les villes ou les campagnes européennes. Point d'espace inoccupé si ce n'est par volonté de préservation d'un environnement ou par besoin de conservation des surfaces exploitables. A contrario, l'on ne s'étonne pas de découvrir des horizons perdus et déserts lorsque l'on traverse le continent africain. Les immensités désertiques et forestières où l'on ne voit trace de vie humaine semblent démentir l'évidence d'une Afrique surpeuplée.

Et pourtant, au-delà de ce que l'oeil du voyageur anonyme peut distinguer, les statistiques paraissent démontrer le contraire: aujourd'hui, l'Afrique connaît un taux de croissance démographique inquiétant caractérisé par un taux de croissance urbaine extraordinairement élevé (6 à 7% par an en moyenne). Le taux de population urbaine qui était en Afrique subsaharienne de 21% en 1975 atteindra vraisemblablement 38% d'ici l'an 2000; 59% de l'accroissement de la population totale concernera les zones urbaines qui connaîtront une croissance 2,6 fois plus rapide que les zones rurales[11].

Les politiques de limitation des naissances n'ont jamais eu de véritable emprise sur le comportement des parents, même lorsqu'elles s'appuyaient sur des incitations de nature économique. Comment expliquer cet acharnement des familles

---

[11] *Planification socio-urbaine et participation des plus pauvres*, in Les carnets de l'Enfance, n° 57/58, UNICEF, 1982.

africaines à s'élargir malgré les difficultés de la crise? De nombreuses études ont tenté d'y apporter des réponses. Certaine considèrent que le rôle attendu des enfants est un des facteurs essentiels d'accélération de la population. La pauvreté accentue cette tendance car c'est dans les familles les plus démunies que l'on trouve le plus grand nombre d'enfants.

Face à un présent qui ne leur est pas favorable et un avenir qui ne leur réserve aucune chance d'améliorer leur sort, les parents considèrent qu'une nombreuse progéniture augmentera leurs chances de vivre une vieillesse heureuse. Les enfants sont donc un gage pour l'avenir :

> « ils ont le devoir d'assurer, dans les meilleures conditions possibles, une vieillesse heureuse à leurs parents. Dans un système sans sécurité sociale, les enfants doivent jouer le rôle de l'assurance retraite. Cette fonction devant être assumée par la descendance explique en partie l'attitude des parents face à la fécondité »[12].

L'explosion des valeurs de solidarité familiale affecte en premier lieu l'éducation des enfants. Mais dans ce domaine, la famille africaine élargie a des mérites que l'on ne saurait ignorer. En dépit des changements de mentalité qu'impose la modernité. elle continue d'assumer des fonctions essentielles que François Itoua définit ainsi[13] :

> - la fonction de formation qui s'applique à tout enseignement portant sur la morale, le caractère de l'enfant, les vertus telles qu'elles sont véhiculées par la sagesse ancestrale et que la coutume propose comme un idéal de conduite;
> - la fonction éducative qui fait davantage appel à l'endurance physique, à la discipline; elle se propose d'inculquer à l'enfant les règles qui servent de guide dans la vie quotidienne;

---

[12] *Afrique... Jeunes enfants et développement*, Rapport publié par le Bureau Régional de l'UNICEF pour l'Afrique de l'Ouest et du Centre (WCARO) et le Centre International de l'Enfance (C.I.E.), octobre 1988.

[13] François ITOUA, *La famille africaine et sa contribution au développement*, in « Famille, enfants et développement en Afrique », UNESCO, Paris, 1985.

Ces deux fonctions assurent la promotion sociale de l'enfant et préparent son insertion dan la vie active. Elles guident encore les familles africaines. Mais il est à craindre que celles-ci ne résistent point à la pauvreté et à la misère qui contraignent les familles à se disloquer, les jeunes à émigrer en ville, mettant en péril une cohésion sociale déjà fortement fragilisée par l'importation et l'assimilation de modes de vie bouleversant les valeurs traditionnelles de solidarité et de partage.

L'éclatement des familles a pour effet immédiat de diluer les responsabilités jusqu'à leur complète disparition, et de transférer ces fonctions sur les membres les moins aptes à y échapper (les femmes ou les personnes âgées). On le constate aujourd'hui dans les villes où la pression de l'exode rural et l'urbanisation sauvage provoquent des phénomènes d'exclusion et d'abandon dont les premières victimes sont les enfants. On assiste aussi de plus en plus, comme conséquence de la pauvreté des familles, à une utilisation précoce des enfants dans des activités non formelles. En effet, il est devenu courant de voir

> « des enfants de 3 à 5 ans demeurer debout toute la journée devant les hôtels, les mosquées, les églises, les feux de signalisation, pour demander de l'argent afin de nourrir leur famille. A Bamako, Abidjan, et ailleurs, des fillettes de 5-6 ans se promènent toute la journée pour vendre des oranges, avec tous les risques encourus dans une grande ville »[14].

Ces enfants, sans espoir de scolarisation et obligés d'assumer des fonctions adultes, sont le signe d'une déstructuration de la société africaine dans ce qu'elle a de plus solide, la solidarité familiale.

Incontestablement, la notion de famille étendue ou élargie, telle qu'elle est analysée aujourd'hui par les intellectuels

---

[14] *Afrique... Jeunes enfants et développement*, UNICEF-CIE, op. cit.

africains, pose avant tout la question du rôle de la famille africaine et celle des transformations structurelles qui devraient en faire l'un des piliers du développement, comme le souligne Babacar Ndiaye :

> « Nous avons une notion très étendue de la structure familiale. C'est très bien d'un point de vue humain mais la question se pose de savoir si ce système constitue un frein dans la course au développement. Devons nous essayer de bâtir le développement autour de cette structure familiale ou au contraire chercher à réduire la pression que la famille exerce sur l'individu? Comment insérer dans le développement une personne qui doit avec son maigre salaire s'occuper de dix ou vingt personnes? Le débat est toujours ouvert. »[15]

Il reste toujours ouvert d'autant plus que les mutations politiques en cours sur le continent, avec leur cortège de conflits, ajoutent une nouvelle dimension à la notion de famille africaine élargie. En particulier, elles confrontent les familles à un nouveau dilemme : celui de la solidarité transcendant l'appartenance à un même clan , une même tribu ou ethnie.

La solidarité familiale répond à une logique fondée sur la reconnaissance d'une appartenance commune en termes d'ethnie ou de tribu et, jusqu'à présent, celle-ci a survécu aux pressions dérivant essentiellement de la crise économique. Les alliance parentales issues de mariages infra-ethniques ont suivi le même schéma. Mais, aujourd'hui, comme nous le démontrent les conflits au Rwanda, au Burundi ou au Liberia, cette solidarité a été largement entamée. La famille africaine élargie subit, elle aussi, les conséquences des mutations politiques découlant de la démocratisation.

---

[15] Babacar NDIAYE, ancien Président du Groupe de la Banque Africaine de développement, cité par D. Etounga Manguelle, op. cit., p. 23

## 2. La marginalisation de la femme

> « La question qu'il faut se poser et souligner est de savoir si une région peut assurer un développement durable de ses ressources humaines quand 40% environ de sa population n'a pas le niveau minimum d'instruction nécessaire pour comprendre les politiques et les mesures socio-économiques pertinentes adoptées à l'échelon national dans des domaines tels que la régulation des naissances, l'acquisition et la répartition des ressources, le développement scientifique et technologique ou la productivité, ni pour les expliquer à ses enfants et prendre part à leur mise en oeuvre? »[16]

La femme africaine dont la beauté et les qualités ont été magnifiées par tant de poètes africains reste encore en marge du développement. De nombreuses études indiquent en effet que son apport dans le développement des pays africains et sa participation aux prises de décision sont très faibles malgré les charges familiales qui lui incombent et le rôle essentiel qu'elle joue dans les activités non formelles et dans celles liées à la subsistance. Les pratiques discriminatoires dont sont victimes les femmes en Afrique sont nombreuses : les conditions d'accès à l'enseignement entre filles et garçons sont en défaveur des premières, la jouissance des biens découlant des différentes activités économiques incombent à l'homme plutôt qu'à la femme, l'exécution des tâches domestiques reposent sur elles. Et pour aggraver le tableau, le faible développement des campagnes astreignent la population active jeune à l'exode vers les centres urbains, abandonnant ainsi le travail des champs et léguant aux femmes restées au village un surcroît de travail.

Malgré les nombreuses résolutions adoptées par les organisations internationales et entérinées par les

---

[16] *Déclaration et cadre d'action de Ouagadougou*. Conférence panafricaine sur l'éducation des filles, Ouagadougou, Burkina Faso, 28 mars - 1er avril 1993. Comité mixte UNESCO-UNICEF sur l'éducation.

gouvernements africains, la femme rurale reste encore prisonnière de croyances et pratiques qui la relèguent dans un rôle subalterne vis-à-vis de l'homme. Victime de la tradition, elle l'est encore plus de la modernité qui contraint les jeunes et les hommes valides à quitter le foyer rural en quête de fortune dans les villes ou dans les pays industrialisés.

Phénomène ayant pris une ampleur dramatique dans les pays du Sahel notamment au cours des périodes de sécheresse des années 80, celui-ci touche de plus en plus les autres régions d'Afrique, du fait de la pauvreté des zones rurales et du manque d'opportunité de travail dans les villes. On assiste ainsi à une « féminisation » des villages et à une prise de responsabilité de la part des mères de familles à la démesure des moyens disponibles pour assurer les soins et l'éducation de leurs enfants ou pour subvenir aux besoins alimentaires quotidiens de leur famille.

Lorsque l'on analyse la condition de la femme africaine, il est utile de distinguer celle qui vit à la campagne de celle qui réside et évolue en milieu urbain. Encore faut-il souligner que cette division reste globale car, à l'intérieur de ces deux groupes, subsistent des catégories bien hétérogènes : par exemple, en milieu rural, femme paysanne et femme employée dans le secteur moderne; en milieu urbain, femme au foyer, femme commerçante, femme fonctionnaire, etc., sans oublier la distinction majeure entre femme analphabète et femme instruite ou intellectuelle. Ces femmes vivent des réalités fort différentes selon les lieux, les coutumes et les moeurs. Encore plus, (et c'est ce que les experts, à force de généralisation, ignorent souvent dans leurs analyses), elles n'ont pas forcément la même perception de leur statut de "discriminées" et, par conséquent, n'envisagent pas de la même manière les moyens de parer éventuellement à cette discrimination.

La femme africaine rurale qui émigre en ville est plus exposée à la marginalisation du fait que son faible niveau d'instruction ne lui permet guère de s'insérer dans le marché de l'emploi moderne offrant des possibilités de rémunération plus intéressantes que dans le secteur primaire. Le faible niveau d'instruction de la majorité des femmes adultes est la résultante inévitable d'un accès limité des jeunes filles à l'éducation. C'est sans nul doute l'un des obstacles majeurs au développement de l'Afrique. Les bénéfices d'un accès plus équitable des jeunes filles et des femmes à l'éducation sont évidents sur tous les plans et notamment sur celui de la santé:

> « les femmes éduquées sont plus susceptibles de recevoir des soins prénatals et de s'assurer que leur accouchement est fait par des personnes formées. Leurs enfants ont plus de chances d'avoir des livrets de santé et d'être immunisés (...). Une femme kenyane éduquée aura moins tendance à consulter un guérisseur si son enfant a la rougeole; une femme nigériane éduquée ira au dispensaire plutôt que chez l'herboriste local pour obtenir des médicaments; au Ghana, 52% des femmes non éduquées pensent que la maladie est causée par les esprits, mais ce pourcentage tombe à 31% pour les femmes qui ont été à l'école primaire. En Afrique occidentale, les femmes instruites sont plus nombreuses à utiliser les spirales anti-moustiques et les moustiquaires que les femmes moins éduquées disposant du même revenu »[17].

La femme africaine des villes ayant en général reçu une instruction lui permettant de se hisser aux échelons supérieurs de la société connaît des fortunes diverses selon les pays et les régions. Il convient à ce propos de relativiser les analyses « maximalistes » tendant à sous-estimer les progrès réalisés dans de nombreux pays africains en ce qui concerne l'intégration des femmes intellectuelles dans la vie publique. Aujourd'hui, de nombreuses femmes occupent des postes de responsabilité élevée au sein des administrations publiques.

Certes, l'égalité des chances tant évoquée, n'est pas totalement acquise. Mais, on peut néanmoins espérer que les avancées obtenues en la matière, grâce à la prise de conscience mondiale du rôle fondamental de la femme et à l'ouverture

---

[17] FNUAP (Fonds des Nations-Unies pour les activités en matière de population), Rapport annuel, 1988.

démocratique, continueront d'être maintenues. A l'approche du XXIème siècle, la lutte pour l'émancipation de la femme et pour la reconnaissance de ses droits fondamentaux a été marquée par des victoires incontestables partout dans le monde. Depuis la première conférence mondiale sur les femmes organisée en 1975 par les Nations unies, des progrès ont été enregistrés sur tous les continents. La mobilisation internationale qui a permis le succès de la dernière Conférence de Beijing est une preuve que, désormais, la femme occupe une place centrale dans le développement.

Le chemin à parcourir est encore long. Les facteurs d'ordre culturel, comme dans toute société, ne s'adaptent pas au progrès par la simple volonté des gouvernants ou par la simple mise en oeuvre de projets de développement « intégrant la dimension féminine ». Car, il ne suffit pas seulement d'éduquer ou de former le plus grand nombre de filles et de femmes, il ne s'agit pas non plus d'augmenter arithmétiquement leur capacité économique de production, il s'agit surtout de faire en sorte que la société toute entière admette que le développement est un effort commun, un processus qui requiert la participation égale de tous les citoyens, sans discrimination quelconque.

Cette admission passe notamment par la reconnaissance du travail des femmes, en particulier du travail invisible et des multiples activités secondaires qui occupent le plus clair de leur temps, et que les statistiques officielles n'incorporent que rarement dans la comptabilité nationale (travaux domestiques, travaux des champs, garde et soins donnés aux enfants)[18].

Bon nombre de pays africains ont réussi à hisser de nombreuses femmes à de hauts niveaux de responsabilité politique ou administrative. Pour celles-ci en particulier, le défi

---

[18] A propos du travail invisible des femmes, le FNUAP observe par exemple qu'en Afrique, « seulement 22,9% des femmes étaient comptabilisées en 1985 dans la main-d'oeuvre, qui regroupe les personnes exécutant un travail en contrepartie d'un salaire, en espèces ou en nature et les travailleurs indépendants qui exécutent un travail en contrepartie d'un profit ou d'un gain familial, en espèces ou en nature. Mais 60 à 80% de la production vivrière en Afrique sont imputables au travail des femmes ». Rapport annuel 1988.

est majeur. Plus que « diaboliser » le mâle africain, c'est surtout la solidarité dont elle feront montre envers la majorité de leurs semblables, restées en marge du progrès, qui contribuera à dé-marginaliser la femme africaine.

## 3. L'entrepreneur africain: "Homo non-economicus"

Dans le domaine de la gestion d'entreprise, un grand nombre de recherches ont été effectuées quant à l'aptitude des africains à assumer des responsabilités requérant, selon les normes de la science économique, esprit d'indépendance, rigueur financière, neutralité sociale, etc. La rationalité économique voudrait que l'entrepreneur africain, entendu au sens le plus large du terme, se débarrasse de ses avatars sociaux et culturels et se consacre entièrement à la réussite financière de son entreprise. Lui est-il possible de renier les valeurs qui ont forgé son enfance et grâce auxquelles il est parvenu à se hisser au sommet de la société ?

La dépendance, on le sait, est source de plus grande dépendance et les dettes morales envers la famille, les parents et amis constituent encore le noeud central de la réussite ou de l'échec pour beaucoup d'africains. Les exemples ne manquent point pour illustrer les échecs de nombreux hommes d'affaires africains pris dans l'engrenage de pratiques sociales et d'obligations familiales ne leur laissant guère la possibilité de s'affirmer en toute indépendance et de consacrer le surplus nécessaire à l'épargne et à l'investissement. Mamadou Dia note à ce propos que « la famille élargie est toujours présente, toujours susceptible de s'imposer. Lorsqu'il est modeste, le surplus va d'abord aux proches, puis aux voisins, et enfin à la tribu. Ainsi, les surplus ne servent qu'à encourager les dépenses somptuaires et à élargir le cercle de bénéficiaires de la redistribution des revenus »[19].

La famille reste encore l'élément central de régulation de la redistribution des revenus au sein de la société africaine. Les ressources publiques ne semblent guère échapper à son influence comme le note encore Mamadou Dia :

> « les ressources publiques deviennent ainsi la proie de groupes ethniques et de la famille élargie qui trouvent là les moyens de s'assurer, par le clientélisme et parfois la corruption pure et simple, des appuis et une légitimité. Cependant, continue l'auteur, cette richesse se perd pour l'essentiel en dépenses ostentatoires (maisons luxueuses, monuments, voitures dernier cri, fêtes somptueuses, etc.) au lieu de s'investir dans la production ».

S'il est vrai que ces comportements sont dictés par une conception de la famille qui paraît irrationnelle, il faut admettre aussi que de nombreux hommes d'affaires ou dirigeants d'entreprises publiques se laissent aller, consciemment, à des pratiques qui ont peu de lien avec leurs obligations familiales mais qui sont plutôt le résultat de comportements dictés par le goût démesuré de l'apparence et du prestige. Bon nombre d'entre eux sont parvenus aux affaires non pas en raison d'un quelconque mérite lié à leurs compétences mais parce qu'ils ont su tirer profit de leurs alliances naturelles ou de circonstance avec les pouvoirs en place.

La faillite des sociétés d'Etat et des entreprises publiques, aujourd'hui dans le collimateur des bailleurs de fonds et vouées à la privatisation, est bien loin d'être le résultat d'une inaptitude culturelle de ceux qui ont eu la charge de les diriger. Célestin Monga fait ainsi remarquer avec justesse que,

---

[19] Mamadou DIA, *Développement et valeurs culturelles en Afrique subsaharienne*, in « La dimension culturelle du développement en Afrique: décision, participation, entreprises », Séminaire régional organisé par l'UNESCO, la Banque mondiale, l'UNICEF en coopération avec le Ministère de la Côte d'Ivoire au siège de la BAD. Abidjan, 2-6 novembre 1992.

> « l'accession aux postes de responsabilité n'est pas fonction des critères de compétence mais du degré d'allégeance au chef suprême et de l'appartenance ethnique dont on se prévaut.. L'amalgame qui consiste à constamment associer l'échec de quelques individus à celui de tout un peuple et de tout un continent est dangereux. Il cohabite avec la thèse révisionniste, dans sa version tropicale, de Bernard Lugan (...) pour qui l'Afrique gagnerait à être recolonisée »[20].

Nous sommes du même avis. Car, comment expliquer autrement la réussite financière des commerçantes de l'Afrique de l'Ouest ( les mama-benz ) qui, sans avoir été formées dans les grandes écoles de commerce européennes, sont aujourd'hui réputées pour être des femmes d'affaires modèles ?

Analysant la relation entre culture nationale et aptitude à l'industrialisation en Afrique, Henri Aujac note par exemple, à propos de la Côte d'Ivoire que

> « les pouvoirs publics ont, très consciemment, essayé de mettre à bas les cultures nationales jugées incompatibles avec une industrialisation «à l'occidentale». Pour le moment, si l'on en juge selon les «critères occidentaux» de développement, le succès, quoique fragile, est incontestable. Mais le risque existe d'avoir, par cette politique, rendu à terme la société invivable pour des parties importantes de la population, ce qui ne pourra que rendre difficile, sinon impossible, la poursuite de l'industrialisation. Les responsables des pays en développement n'ont pas encore réussi à découvrir les modes d'industrialisation compatibles avec leurs cultures nationales »[21].

Ou plutôt faut-il dire que l'Africain refuse inconsciemment cette culture qui le « robotiserait » ou mieux le « désocialiserait ». Peut-on le lui en vouloir, lorsque l'on voit ce qui passe dans les sociétés hyper-industrialisées et ce que l'après-développement réserve à la grande masse des exclus, à ceux qui ratent le train du progrès ?

---

[20] Célestin MONGA, *Le mythe de la gestion à l'africaine*, Chronique, Jeune Afrique Economie, octobre 1990.

[21] Henri Aujac, *Culture nationale et aptitude à l'industrialisation*, in Revue d'Economie Politique, 93ème année, n° 1, Paris, 1983.

## 4. Féticheurs, marabouts et prophètes

Le recours à la médecine traditionnelle est un phénomène très répandu en Afrique. Elle se substitue de plus en plus à la médecine moderne. On ne peut certes déplorer l'existence de cette soupape de sécurité mais il faut dire que le danger est de voir apparaître ici et là des pseudo-guérisseurs et charlatans profitant de la confusion générale et du désarroi des populations pour s'enrichir à peu de frais.

En effet, les ressources que drainent ces activités restent encore mal connues et dans la plupart des pays, il n'en existe aucun contrôle légal. Au Bénin, par exemple, on compte 3260 guérisseurs traditionnels enregistrés au Ministère de la santé. On y estime que les dépenses de santé traditionnelle s'établissent en moyenne à plus de 9 milliards de FCFA par an, soit 2% du PNB (environ 2000 FCFA par habitant)[22]. Lorsque l'on compare le volume et la disponibilité des services offerts par la médecine moderne et ceux de la médecine traditionnelle, on peut imaginer les beaux jours qui restent à cette dernière.

La carence des services modernes accentue le recours systématique à la médecine traditionnelle non sans danger pour les populations car, au milieu d'authentiques guérisseurs capables de pallier les insuffisances du service public moderne, pullule toute une armée de charlatans, manipulateurs, rebouteux ou prohètes-guérisseurs, véritables menaces pour la santé publique. La crise économique aidant, les charlatans de tous genres prolifèrent profitant du désarroi des populations pour s'enrichir ou tout simplement gagner une popularité qu'ils n'auraient pu mériter autrement. C'est ainsi que l'on voit apparaître ici et là les "docteur Sida" et autres comme si le mal en lui-même n'était pas suffisant. Malheureusement, ces charlatans viennent ternir l'image des guérisseurs et tradi-praticiens honnêtes, dévoués et sérieux qui, s'aidant tout

---

[22] Table ronde des partenaires au développement, Genève 1992, Document de base, Ministère du Plan et de la restructuration économique.

simplement de la science léguée par leurs ancêtres, réussissent à soulager bien de maux[23].

Les pratiques cultuelles et fétichistes, le recours systématique au marabout, l'adhésion à des sectes religieuses d'inspiration douteuse etc., doivent être certainement analysés dans le contexte actuel de crise qui bouleverse les fondements culturels de la société africaine. Mais ils sont surtout le résultat des échecs des politiques de santé publique.

Ces pratiques ne sont pas seulement l'apanage des populations rurales car, les citadins africains sont tout aussi friands de fétiches et incantations maraboutiques lorsqu'il s'agit de résoudre un problème social, individuel ou collectif: recherche d'emploi, soulagement de maladies jugées inguérissables, retour d'affection. Paradoxalement d'ailleurs, ce sont les dirigeants africains eux-mêmes qui aujourd'hui symbolisent le plus cette situation. Les exemples ne manquent pas en Afrique de dirigeants et chefs d'Etat dont les pratiques fétichistes sont connues de tous. C'est d'ailleurs ce qui fait leur popularité et dans l'inconscient populaire, c'est ce qui fait leur force et leur pouvoir[24].

La prolifération de sectes religieuses où se pratiquent différents rites sacrés procèdent de la même démarche: lorsqu'il s'agit de maladie, juguler le mal en ayant recours à des forces invisibles contre lesquels on ne peut se retourner en cas d'échec; lorsque l'on veut oublier les problèmes quotidiens de la subsistance, trouver refuge dans un idéal mystico-religieux

---

[23] Il est difficile de faire la part de vérité entre les charlatans et les honnêtes guérisseurs, surtout lorsqu'il s'agit d'une maladie aussi impitoyable que le SIDA. La presse locale africaine rapporte souvent les cas de guérisseurs traditionnels prétendant avoir découvert le remède miracle. *LIBERTITRES*, Revue de sélection de la presse africaine (n° 15, septembre 1992) publie ainsi des extraits de deux articles parus dans la presse locale ivoirienne (*Ivoir'soir* et *L'observateur du lundi*) stigmatisant les miracles accomplis par certains guérissuers du SIDA. Faut-il y croire? Nous laissons le soin de la réponse aux repsonsables de la santé publique en Afrique.

[24] Daniel ETOUNGA MANGUELLE fait une analyse fort intéressante des dérivations fétichistes du pouvoir en Afrique, in *L'Afrique a-t-elle besoin d'un programme d'ajustement culturel?*, op. cit.

dont les prophètes et leurs sectes se font l'expression terrestre. C'est donc une fuite constante en avant des africains, paysans ou citadins, intellectuels ou analphabètes, simples citoyens ou responsables politiques, fuite devant ce qui leur paraît être une fatalité : la crise économique, la pauvreté, le manque de liberté et de démocratie...

Les causes de la survivance de ces pratiques sont, à notre avis, liées à l'absence de structures publiques capables de répondre adéquatement aux besoins des populations. Les alternatives que les solutions modernes devraient leur offrir sont presque partout inexistantes : pas d'hôpitaux, pas de dispensaires ou de dépôts pharmaceutiques ou bien quand ils existent, ils ne répondent pas aux attentes des populations.

Que voudrait-on que fasse un pauvre paysan lorsque tout à coup son fils a une fièvre aiguë et que le dispensaire le plus proche se trouve être au diable vauvert? Que peut-on attendre de lui lorsqu'enfin il a réussi à s'y rendre avec des moyens de fortune et qu'il n'y trouve pas de médicaments? Peut-on le blâmer de consulter le féticheur du village qui, lui au moins, est toujours disponible, dispose comme par miracle des concoctions appropriées et, de plus, le met en paix avec l'esprit de ses ancêtres? Ce qu'il faut dire c'est que pour combattre des pratiques aussi fortement enracinées dans le subconscient collectif, il faut mettre à la disposition des populations des structures fiables et les instruments nécessaires à leur fonctionnement.

Pour conclure ce bref examen des interrelations entre culture et développement, nous ne pouvons nous empêcher de citer les passages suivants, qui expriment avec pertinence et lucidité les interrogations qui hantent aujourd'hui tous ceux qui tentent d'aborder cette problématique. Le premier est une réfutation des analyses ramenant à unité la culture africaine, en oubliant la pluralité des traditions qui fondent les sociétés africaines; les deux autres nous rappellent que les cultures ne sont point figées et que c'est leur dynamisme qui entraîne le progrès et, en ultime analyse, le développement :

- « Quand on parle de « tradition africaine », il ne faut jamais généraliser. Il n'y a pas un homme africain, il n'y a pas une tradition africaine valable pour toutes les régions et toutes les ethnies. Certes il existe de grandes constances (...) mais aussi de nombreuses différences: les dieux, les symboles sacrés, les interdits religieux, les coutumes sociales qui en découlent, varient d'une région à l'autre, d'une ethnie à une autre, parfois de village à village »[25].

- « Il est indispensable de considérer les cultures comme des modèles culturels de résolution des problèmes, des modèles non figés, qui peuvent s'appliquer aussi bien à la tradition qu'à la modernité (...). Si les blocages d'ordre culturel sont parfois importants, ils ne peuvent pas et ne doivent pas constituer des obstacles insurmontables. Des questions aussi cruciales pour les pays en développement que celles de la démographie et de la condition de la femme peuvent se résoudre sans entrer directement en conflit avec les tabous culturels. Pourvu que l'on recoure à la concertation, à l'information et que les susceptibilités soient respectées, tout problème peut trouver une solution qui pourra s'inscrire dans la dynamique culturelle »[26].

- « Dans la réflexion contemporaine sur les dimensions culturelles du développement, la culture est reconnue à la fois comme l'élément moteur du processus de développement et comme le but ultime de la croissance et du progrès d'une société. Il convient donc d'examiner attentivement l'interaction dynamique entre les structures économiques et les systèmes culturels et de rechercher un meilleur équilibre entre les méthodes de production et d'organisation et les modes de vie, afin de faire en sorte que les plans et projets de développement soient compatibles avec l'environnement culturel et conformes aux aspirations de la population »[27].

---

[25] Amadou HAMPATE BA, *Amkoullel, l'enfant peul. Mémoires*, Actes Sud, Paris, 1991, p. 14.
[26] Xavier DUPUIS, *Culture et développement. De la reconnaissance à l'évaluation*, UNESCO/PUF, Paris, 1991, p. 44.
[27] UNESCO, *Plan à moyen terme* (1990-1995).

# CHAPITRE XI

## LE DÉFI DE LA DÉMOCRATIE

> « Les sociétés africaines vont devoir se frayer un chemin difficile entre la présence et l'absence simultanée de l'Etat. Seule une acclimatation de la démocratie pourrait permettre de limiter les dégâts, mais ce serait supposer le problème résolu. ».
>
> Jean François Médard[1]

L'histoire récente des relations internationales marquée par la fin du bipolarisme Est-Ouest, dont le point culminant a été la chute du mur de Berlin, a eu au moins un mérite : celui d'avoir contribué à démystifier l'illusion démocratique entretenu par les pays de l'ancien bloc communiste et par les nombreux dirigeants africains qui s'en ont inspiré comme référent idéologique pour régner sans partage sur le continent. Mais, elle a aussi permis de se rendre compte que le système démocratique libéral n'est pas nécessairement transposable sous toutes les latitudes. Le concept de démocratie n'est pas interprété de la même manière tant dans les sociétés africaines que dans les vieilles démocraties occidentales[2].

---

[1] Jean-François MEDARD, *Etats d'Afrique noire. Formations, mécanismes et crise*, Khartala, Paris, 1991.

[2] Manassé ESOAVELOMANDROSO et Gaëtan FELTZ notent que « la mise en place d'un système politique reposant sur les principes fondamentaux de la démocratie libérale n'est pas réalisable aujourd'hui dans un grand nombre de pays du Sud. La démocratie majoritaire à l'occidentale s'avère actuellement inapplicable (...) car elle peut subir une dérive totalitaire par son inertie face à des

La vulgarisation d'un système politique sur lequel tous les pays semblent s'accorder et qui paraît être la clé d'accès au XXIème siècle, cache des évolutions et des approches divergentes selon les pays. Les pays du Nord paraissent mieux armés, du fait d'une longue tradition démocratique, à affronter les défis du troisième millénaire, tandis que les pays du Sud restent encore fragiles face à un processus de nature irréversible et qui semble échapper à leur contrôle.

Qu'en-est-il de l'Afrique ?

En reparcourant les trajectoires politiques des Etats africains avant l'avènement de la démocratie, on se rend compte que, quelles qu'aient été leurs options politiques, très peu d'entre eux ont véritablement réussi à éviter la dégradation économique et sociale qui les situe au rang des pays les plus pauvres de la planète.

Les exemples ne manquent point : le Zaïre ayant adopté un modèle de développement capitaliste, le Congo avec son socialisme scientifique et malgré l'énormité de ses richesses naturelles, la Tanzanie, longtemps célébré pour son « socialisme bantou » sont aujourd'hui aussi mal lotis que les pays les plus pauvres du Sahel. Le Sénégal, pays précurseur en matière de démocratisation reste encore classé, à l'instar du Mali ou du Burkina Faso, dans le groupe des pays les moins avancés du monde.

On peut alors légitimement se demander pourquoi, dans un cas comme dans l'autre, les pays africains n'ont pas réussi à éviter cette dégradation. Ce constat nous amène à penser que, plus que les systèmes de gouvernement, ce sont les hommes au pouvoir qui, soit par manque de clairvoyance, soit par manque de responsabilité politique, ont conduit leur pays vers l'impasse. Mais ce serait considérer le problème résolu.

---

mentalités spécifiques », *Démocratie et développement, mirage ou espoir raisonnable?*, Khartala, Paris, 1995, p.12.

Il reste tout de même que, malgré les pressions par un ordre économique mondial auquel les Africains ne participent pas, les raisons de la marginalisation du continent relèvent d'abord d'une incapacité à s'autogérer et à imaginer des stratégies propres d'insertion au système économique international.

Les Etats africains ont abordé la démocratie dans un contexte de fragilité politique et économique qui ne pouvait que rendre douloureuse la transition d'un système de monopole du pouvoir à celui d'un partage total. Certains ont emprunté la voie d'un débat national (Conférences nationales souveraines au bénin, Congo, Gabon, Niger, Mali, Togo, Zaïre...); d'autres ont préféré une libéralisation directe des institutions (Burkina-Faso, Cameroun, Côte d'Ivoire, Ghana, Malawi, Mauritanie, Zambie...). Le bilan de ces tentatives de démocratisation « en douceur » reste pour l'instant mitigé.

Dans quelques pays, les Conférences nationales ont abouti à l'alternance du pouvoir (Bénin, Congo...), tandis que dans d'autres, elles ont consolidé les régimes existants leur conférant une nouvelle légitimité au niveau international (Cameroun, Côte d'Ivoire, Gabon...). Devant un tel bilan, à notre avis encore prématuré, on ne peut que constater que les Africains n'ont pas encore trouvé une voie propre vers un système politique qui concilierait leur culture et les exigences d'une intégration dans le système mondial.

Avec un peu de recul, on serait même tenté de dire que les Africains, comme par le passé, ont été contraints de mettre en pratique, des idées venues d'ailleurs et dont ils n'ont pas eux-mêmes la maîtrise. Cependant, les peuples africains et en premier lieu, leurs dirigeants, ne peuvent se permettre d'ignorer qu'une alternative existe aux régimes autoritaires et que la démocratie reste encore le système politique qui garantit mieux que le parti unique, les libertés individuelles et les chances d'un développement réel et durable. Mais, la démocratie ne se construit pas en un jour et c'est aussi un risque comme le souligne Guy Rossantaga-Rignault :

> « le lien entre démocratie et développement, à supposer qu'il existe, ne peut être déterminé catégoriquement. Tout juste peut-on considérer la démocratie comme un risque. Un risque que tout peuple doit prendre à un moment de son existence. A charge pour lui de transformer cet essai aléatoire »[3].

## 1. La démocratie en Afrique : au-delà des idées reçues

L'avènement de la démocratie en Afrique a été accompagné d'un certain nombre de postulats théoriques reposant sur des idées reçues qu'il convient de relever et qui ne sont pas forcément étrangères aux nombreux obstacles qui entravent le processus de démocratisation en cours.

En premier lieu, il convient de mentionner l'idée selon laquelle le pluralisme politique, première qualité d'une démocratie, se traduit uniquement par l'existence d'une multitude de partis politiques. Nous convenons que l'instauration du multipartisme soit un passage obligé vers la démocratie. Mais, encore faut-il que celui-ci soit entendu comme expression plurielle de toutes les tendances politiques d'une nation et non comme le moyen d'une conquête du pouvoir sur la base de regroupements à caractère sectaire.

Dans la plupart des pays africains, le multipartisme a donné lieu à la création de plusieurs partis politiques, dont la majorité ne saurait prétendre rallier un électorat allant au-delà des identités ethniques ou tribales. On ne pouvait certes espérer mieux lorsque toute l'histoire politique des ces trente dernières années a été marquée par l'exacerbation des rivalités ethniques. Les régimes politiques ayant gouverné avant l'instauration de la démocratie avaient fondé leur hégémonie sur la prédominance ethnique l'utilisant même comme argument contre l'inéluctabilité de la démocratisation. On se souvient encore des arguments de certains chefs d'Etat africains

---

[3] Guy ROSSATANGA-RIGNAULT, *Brèves remarques à propos des mutations institutionnelles et politiques au Gabon*, op. cit.

retardant l'échéance de la démocratie au nom d'une unité nationale garantie par l'existence d'un parti unique, seule structure apte à fédérer les peuples. La démocratie ne pouvait qu'exacerber les sentiments ethno-tribalistes et les pulsions identitaires.

Cet argument est évidemment dénué de tout fondement. Même si l'explosion des conflits internes de ces dernières années coïncide avec l'avènement de la démocratie, on ne peut lui en attribuer la responsabilité. Le multipartisme fonctionne mal en Afrique parce que les conditions de son fonctionnement ne sont pas entièrement remplis.

L'une des conditions du pluralisme politique est celle de la garantie totale des libertés individuelles qui suppose que chaque citoyen ait un accès libre à l'expression et à l'information. Or, dans la majorité des pays africains, les moyens d'information restent encore contrôlés par les pouvoirs publics ou par ceux qui détiennent un certain pouvoir financier. Comment, dans ces conditions, instaurer une véritable démocratie quand, de surcroît, la majorité de la population est analphabète ? Enfin, le multipartisme n'a pas apporté de changements significatifs au niveau de la classe dirigeante ni donné lieu au renouvellement attendu des cadres politiques.

Deuxièmement, on peut relever l'ambiguïté qui a consisté à faire croire que la démocratie, par la seule voie de la libéralisation des institutions publiques et l'organisation d'élections, apporteraient les solutions aux problèmes de la pauvreté des populations. On comprend mieux aujourd'hui, après quelques années, pourquoi certains pays africains connaissent des tensions sociales plus fortes qu'avant la démocratisation. Celle-ci a été trop vite perçue comme la panacée du développement alors qu'elle n'en constitue qu'un des moyens, certes, le moins mauvais. Cette idée est probablement à l'origine de la crise de la démocratie en Afrique. Notons avec Jean-Claude Willame, que démocratie et développement n'ont pas toujours été historiquement, des réalités indissociables[4].

## 2. Les obstacles à la démocratie

Les obstacles au processus de démocratisation en Afrique sont de plusieurs ordres : l'héritage colonial ayant produit des Etats-nations fictifs et défini des frontières artificielles, les programmes d'ajustement structurel qui imposent une rigueur économique dont les populations s'accommodent mal, l'impatience de ces mêmes populations rêvant d'une démocratie leur apportant richesse et bien-être, les dirigeants, anciens tenants de la dictature, qui se reconnaissent aujourd'hui des vertus de démocrates et néanmoins sont encore enclins à l'autoritarisme, l'absence de paix marquée par les nombreux conflits internes. Tous ces facteurs rendent douloureuses les transitions démocratiques en Afrique.

### *L'accroissement de la pauvreté et de l'exclusion*

Les causes de la pauvreté d'une grande partie de l'Afrique ne peuvent être attribuées uniquement à des facteurs exogènes continent. Il y a assurément une grande part de responsabilité des pouvoirs publics et de ceux qui ont prétendu incarner l'Etat.

La personnalisation du pouvoir, la non-alternance démocratique ont généré sur le plan économique, des pratiques à tous égards préjudiciables pour le développement. Ainsi, lorsque l'on crée des monopoles économiques et commerciaux au profit d'un petit nombre de privilégiés, ce sont des milliers de libres citoyens que l'on prive d'outils de travail et de production utiles au développement de leur pays.

---

[4] Jean-Claude WILLAME, *L'exportation de la démocratie: enjeux et illusions*, in Démocratie et développement, mirage ou espoir raisonnable, op. cit., p. 52.

Quand on dépense d'énormes sommes d'argent public pour édifier des oeuvres architectoniques de prestige, ce sont des milliers d'enfants que l'on prive d'outils et de lieux d'apprentissage utiles au développement et de millions de femmes à qui l'on nie le droit et l'accès à l'éducation. Lorsque l'on s'approprie les biens de l'Etat, ce sont des fonds publics que l'on soustrait arbitrairement à des investissements créateurs d'emplois. Car ce sont des milliers de paysans à qui on enlève les bénéfices d'un impôt qu'ils ont acquitté à la sueur d'un dur et ingrat labeur. Enfin, lorsque l'on profite de positions administratives pour y pratiquer l'injustice et le favoritisme, ce sont des compétences que l'on soustrait au service du pays.

Ces pratiques ont accentué la pauvreté et l'exclusion de millions de citoyens africains. La persistance de la pauvreté et l'exclusion croissante d'une grande partie de la population semblent interdire aujourd'hui toute tentative de réforme économique et politique. Comme le note Peter Onyang' Nyong'o:

> « La démocratie est importante en soi pour le développement. Si les Etats africains n'ont pas réussi à tracer des voies de développement (ou d'industrialisation) viables, c'est avant tout en raison de l'absence de toute responsabilité politique et donc de démocratie. Depuis l'indépendance, le rôle du citoyen dans les affaires publiques a été systématiquement réduit. L'arène politique s'est rétrécie, la démobilisation politique est devenue la norme plutôt que l'exception dans le comportement des régimes, et la manipulation des structures sociales pour justifier et maintenir la répression politique a constitué la préoccupation majeure de la plupart des gouvernements. Tout ceci est venu renforcer une caractéristique notoire que partagent presque tous les gouvernements africains : le mauvais emploi des ressources publiques et leur utilisation à des fins privées, toute possibilité de voir s'épanouir un processus viable de développement autochtone étant écartée ou délibérément étouffée. C'est ainsi qu'est apparue une corrélation bien nette entre l'absence de démocratie dans les

régimes politiques africains et la détérioration des conditions socio-économiques ».[5]

*La recrudescence de conflits internes*

L'Afrique de cette fin de siècle se présente à la face du monde, comme un vaste champ de bataille où s'affrontent pêle-mêle armées nationales, milices partisanes, populations civiles[6]. Qu'il s'agisse du drame récemment vécu par les populations rwandaises ou du conflit latent au Burundi; qu'il s'agisse des guerres interminables du Soudan, du Liberia ou de la Somalie; qu'il s'agisse de luttes internes ayant pour finalité le contrôle du territoire national au Mozambique ou en Angola, les conflits qui ont marqué le continent africain, notamment au cours de cette dernière décennie, n'ont épargné ni le Nigeria ni le Congo, ni le Togo ni le Zaïre. Il n'est aucun pays d'Afrique qui, à l'heure actuelle, ne se sente à l'abri d'une quelconque irruption de violence interne.

Les conflits qui se produisent aujourd'hui en Afrique revêtent diverses formes: différends sur les questions de frontières, guerres civiles, conflits ethniques ou religieux, irrédentisme des minorités, revendications de libertés politiques et économiques etc. Les causes vont des inégalités socio-économiques aux violations des droits les plus élémentaires de la personne humaine. Elles ont souvent aussi pour origine la violence de l'Etat sur la société civile.

Avec la fin de la guerre froide et la chute du bloc soviétique, l'espace occupé par les conflits idéologiques opposant traditionnellement sur le continent africain les

---

[5] Peter ANYANG' NYONG'O, *Instabilité politique et perspectives de démocratie en Afrique*, in Politique Etrangère, Revue trimestrielle de l'Institut Français des Relations Internationales, N° 3, 1988.

[6] On estime qu'au cours des trente dernières années, plus de 8 millions de personnes ont été victimes de conflits qui ont ensanglanté le continent africain. L'Afrique compte aujourd'hui le plus grand nombre de réfugiés : 25 millions. Nous nous limitons à l'Afrique subsaharienne.

grandes puissances, s'est rétréci au niveau des nations. Les foyers de tension se sont multipliés à l'intérieur des états laissant éclater de manière quasi irréversible, un peu partout en Afrique, des conflits de nature ethnique. Ce type de conflits n'est pas nouveau. Il a toujours existé, à l'état larve, mais il était contenu par les nécessités géopolitiques des Etats et des grandes puissances qui les soutenaient.

L'avènement de la démocratie, semble avoir eu l'effet d'un tison sur un brasier mal éteint. Il serait faux cependant de prétendre que la démocratie en est la seule cause principale. Certes, les transitions démocratiques s'avèrent bien difficiles en Afrique. Elles se heurtent à la misère des populations et à la déliquescence de l'autorité de l'Etat. Elles sont freinées par les programmes draconiens de redressement économique. Elles suscitent des revendications légitimes d'espaces d'expression politique de la part des groupes longtemps restés à l'écart du pouvoir et génèrent des conflits d'une nouvelle nature.

Mais, le véritable problème, ce n'est point la démocratie. C'est l'ethno-populisme qui a déterminé la formation des pouvoirs et leur légitimation. D'où la question fondamentale du système de gouvernement à même de garantir une démocratie qui, d'une part, préserve les identités culturelles et les pluralités ethniques et, d'autre part, assure les transformations sociales et économiques nécessaires au développement et à la paix.

Les gouvernements africains actuels sont-ils en mesure de prévenir ces conflits ? Ont-ils les armes politiques et les moyens économiques nécessaires pour éviter que les formes de violence, si bénignes soient-elles, ne se transforment en conflits permanents menaçant non seulement la sécurité de leurs nations mais aussi la stabilité de tout le continent ? Par définition, quelle que soit la nature du conflit, il appartient d'abord à l'autorité gouvernante - l'Etat en l'occurrence - de trouver les moyens de le résoudre. Mais qu'advient-il lorsque l'Etat est lui-même partie prenante dans le conflit ou lorsque qu'il en est lui-même l'origine et la cause ? Qu'advient-il lorsque l'Etat disparaît au profit de pouvoirs locaux, partisans et claniques ?

Les conflits qui ont éclaté avec le plus de virulence dans les pays africains au cours de cette dernière décennie et en particulier depuis la vague de démocratisation des institutions politiques ont eu pour origine soit la remise en cause du pouvoir de l'Etat soit la contestation du système de gouvernement qui le caractérisait. C'est donc l'Etat, en tant qu'institution symbolisant le pouvoir aux mains d'une minorité, qui est lui-même cause et source du conflit. De nombreuses études ont démontré la nature fragile de l'Etat en Afrique. Certaines préconisent même la disparition de l'Etat actuel au profit de structures politiques moins rigides, moins centralisatrices et surtout démocratiques et représentatives de toutes les tendances de la société. Le débat reste encore ouvert quant à la nature véritable de l'Etat en Afrique, son rôle en tant qu'institution politique et agent du développement.

### *Le dysfonctionnement des armées nationales*

Parmi les acteurs de la vie politique en Afrique, l'armée a été, sans nul doute, l'un de ceux qui auront marqué l'histoire mouvementé du continent africain au cours de ces trois dernières décennies. À l'exception d'un nombre restreint de pays - Sénégal, Côte d'ivoire, Cameroun, notamment - l'armée a, partout en Afrique, conquis le pouvoir et s'y est maintenue avec les moyens qui lui étaient propres : l'usage de la force. À l'avènement de la démocratie, il paraissait inéluctable que celle-ci retrouve son rôle véritable de garante des institutions et de défense des intérêts nationaux. Les récents événements qui se sont produits, en particulier, à Sao Tomé, au Niger, en République centrafricaine et au Congo, où l'on a vu les militaires investir la rue, usant de leurs armes, ainsi que la permanence de dirigeants militaires au Nigéria, ont écarté ces illusions. L'armée en Afrique reste encore tributaire de réflexes autoritaires hérités des pouvoirs ayant gouverné avant la démocratisation.

Créées au lendemain des indépendances, la plupart des armées nationales africaines avaient pour fonction de garantir la souveraineté des nouveaux Etats[7]. Mais au fil des années, elles se détournent de leur fonction première et s'accaparent du pouvoir lorsqu'elles ne se transforment pas tout simplement en force de protection des régimes en place et de répression des populations civiles. Les forces armées africaines présentent des dysfonctionnements notoires :

a) les règles de hiérarchie, de discipline, de loyauté, les principes de cohésion et d'interdépendance ne sont pas systématiquement respectés. Les critères militaires classiques sont relégués au second plan derrière l'allégeance politique;
b) le recrutement des cadres militaires obéit à des considérations politiques ou personnelles et non pas à des aptitudes professionnelles.;
c) les militaires qui accèdent au pouvoir agissent comme les civils qu'ils ont destitués. Ils se préoccupent peu de moderniser les forces armées ou d'équilibrer les effectifs[8].

Les Conférences nationales avaient accordé une attention relative à la question de l'armée et en particulier au rôle qui lui serait destiné et à la place qu'elle occuperait dans un régime démocratique. C'était ignorer que celle-ci avait monopolisé l'espace politique africain et que, y renoncer, à la ferveur d'un

---

[7] Historiquement, les armées africaines ont des origines différentes. Dans certains cas, elles naissent à l'occasion de luttes de libération nationale et précèdent l'Etat (Algérie, pays lusophones). Le plus souvent, l'armée nationale africaine est une création de l'Etat colonial puis postcolonial sur la base d'accords de coopération et du transfert aux jeunes Etats des forces armées constituées pendant la période coloniale. Dominique BANGOURA, *Armées nationales et défis démocratiques en Afrique*, Actes du colloque international sur les transitions démocratiques, Syros, Paris, 1996, p.91

[8] Dominique BANGOURA, op. cit., p. 96

débat national, ne pouvait être un gage de stabilité. Comme l'explique Dominique Bangoura,

> « Par essence et par expérience, l'armée telle qu'elle existe en Afrique depuis l'époque coloniale se situe aux antipodes de la démocratie. Pour des raisons tenant à l'histoire (modèle d'armée coloniale/armée répressive), à ses caractéristiques internes (contre le débat public, anti-anarchique, conservatrice), à ses missions, aux régimes politiques civils et militaires dictatoriaux qu'elle sert de gré ou de force, à l'absence de liens avec le peuple..., l'armée se montre anti-démocratique »[9].

A la lumière des interventions encore trop fréquentes des armées africaines dans la vie politique, il paraît légitime de se demander,

> « si certaines armées africaines, de par leur structure et les missions inavouables que leur assignent les généraux et autres chefs d'Etat militaires, ne constituent pas, pour longtemps encore, un fléau pour l'Etat de droit, en général, et un handicap majeur pour la démocratie, en particulier »[10].

Une des conséquences manifestes de la démocratie a été celle de mettre à l'écart du pouvoir les militaires et de les renvoyer à leurs casernes. Mais, dans bon nombre de pays, cette mise à l'écart n'a pas été précédée d'une réflexion profonde sur le rôle que devraient jouer les nouvelles armées nationales dans le cadre d'un Etat démocratique. On a ainsi aujourd'hui en Afrique des armées qui, faute de ne pouvoir servir de forces de répression pour les régimes, ne savent plus quelle place tenir dans la société. Dénués de l'influence qu'ils exerçaient sur le pouvoir et des privilèges économiques et sociaux qu'ils pouvaient en tirer, les militaires sont redevenus

---

[9] Dominique BANGOURA, *A la recherche d'une stratégie-espace, facteur de paix en Afrique*, Afrique 2000, Revue africaine de politique internationale, Trimestriel n°15, octobre-novembre-décembre 1993.

[10] Jean-Baptiste PLACCA, *Ces militaires, fossoyeurs de la démocratie en Afrique*, Jeune Afrique Economie, 17 juin 1996, n° 220, p. 43.

de simples citoyens confrontés aux mêmes rigueurs financières que la grande masse de la population civile. Les armées africaines posent ainsi deux types de problèmes aux nouvelles démocraties africaines :

- un problème d'ordre économique lié à la conjoncture financière défavorable des Etats;
- un problème d'ordre institutionnel qui est essentiellement celui de la redéfinition de ses fonctions par rapport à l'Etat et par rapport à l'ensemble de la société.

Deux mesures de nature économique ont affecté les armées: d'une part, la réduction de leurs effectifs pléthoriques entraînant la mise au chômage d'un grand nombre de soldats et d'autre part, la perte de privilèges économiques se traduisant notamment par le non paiement des salaires. La conjugaison de ces deux mesures a produit les « mutineries alimentaires » qui ont eu lieu dans certains pays, ajoutant une nouvelle dimension à la question militaire en Afrique : celle de leur survie économique dans des Etats dramatiquement confrontés à des difficultés financières et à la nécessité, dictée par la démocratisation, d'appliquer avec équité, les mesures d'ajustement structurel. L'on sait, que dans plusieurs pays d'Afrique, l'armée a été assimilée à la fonction publique et que celle-ci a servi de marché de travail pour de nombreux jeunes désoeuvrés. Pour s'assurer son allégeance, les pouvoirs en avaient fait un corps social privilégié qui échappait aux rigueurs de la crise économique.

Il convient de souligner cependant, que les dysfonctionnements internes que nous évoquions plus haut se sont aussi traduits par une différence de traitement entre les différents corps. La plupart des soldats partagent la même misère que les civils. Le problème qui se pose aujourd'hui est celui d'une part, de la reconversion civile de ces soldats souvent improductifs et dépourvus de formation professionnelle et d'autre part, du maintien d'un effectif à la mesure des besoins réels des pays et de leur capacité économique à les entretenir.

La question du rôle de l'armée et des fonctions qu'elle devrait assumer dans un Etat démocratique reste encore d'actualité en Afrique. Dans un processus de transition politique qui requiert la participation de toutes les forces de la nation, aucune entité politique, civile ou militaire ne peut être tenue à l'écart des enjeux et des projets qui concerne l'avenir de la société. Les nouvelles démocraties africaines doivent impérativement aborder la question de la transformation de leurs armées en acteurs et agents du développement.

Des expériences positives ont déjà été tentées dans certains pays où l'armée, loin d'être un corps au service exclusif des régimes politiques, participe, à des degrés divers à la réalisation de projets de développement. Le futur de la démocratie en dépend. Les militaires sont des citoyens à part entière et de ce fait, ont un devoir de citoyenneté qu'il peuvent accomplir dans l'exercice de leurs fonctions. Nous convenons avec Dominique Bangoura[11], que l'armée nouvelle devrait avoir pour fonction de :

> - garantir l'intégrité territoriale de l'Etat multinational contre toute forme d'agression, assurer la survie des populations, protéger la vie et la liberté des citoyens;
> - participer à la sauvegarde de la paix entre les Etats au niveau sous-régional;
> - contribuer au rétablissement et au maintien de la paix et à l'assistance d'urgence à peuples en danger » au niveau sous-régional.

Les forces armées africaines sont appelées à exercer les fonctions qui leur sont dévolues en relation avec la nouvelle conception de l'Etat démocratique. Non seulement elles doivent assurer la sécurité de l'Etat, mais elles doivent évoluer

---

[11] Dominique BANGOURA, *A la recherche d'une stratégie-espace, facteur de paix en Afrique*, op. cit. , p. 120.

en relation permanente avec les le peuple en participant à son développement et à sa survie.

### 3. Un atout pour la démocratie et le développement : la participation de la société civile

Les initiatives spontanées des populations ont explosé en Afrique à la suite de l'effondrement des pouvoirs locaux et de la libéralisation de la vie économique et politique. Aujourd'hui, elles paraissent incontournables car elles ont démontré que le développement pouvait également être inspiré loin des pouvoirs de décision situés au centre de l'Etat. Mais, cette participation n'est pas récente et elle a même précédé l'avènement de la démocratie. C'est depuis que la crise s'est installée sur le continent, avec pour corollaire la démission progressive des pouvoirs publics que les populations ont commencé à prendre en main leur propre destin. La participation communautaire est devenu ainsi un élément clé de toutes les stratégies de développement des gouvernements et des organisations internationales. Les pays donateurs et les organisations internationales utilisent de plus en plus les filières non gouvernementales pour exécuter leurs projets.

Dans son rapport sur le développement humain paru en 1993, le PNUD rappelle que la participation est un élément essentiel du développement et que celle-ci doit être considérée comme une stratégie globale axée sur le rôle que les populations devraient jouer dans tous les domaines de la vie - politique, économique et sociale -, soit en tant qu'individus soit en tant que groupes. Sur le plan économique, cela signifie « de pouvoir se livrer librement à toute activité économique »; sur le plan social, « être à même de participer pleinement à toutes les formes de la vie communautaire »; sur le plan politique, cela signifie « la liberté de faire des choix, de modifier les structures de gestion des affaires publiques, et d'en remplacer ceux qui en sont responsables à tous les niveaux, du palais présidentiel aux municipalités ou aux conseils villageois ».

Bien que ces concepts ne soient pas nouveaux, et que la participation populaire ait précédé, dans certains pays, l'avènement de la démocratie, le fait de les rappeler, à un moment où les revendications de liberté et de démocratie n'ont jamais été aussi fortes en Afrique, démontrent bien que, dans la réalité, peu de gouvernements ont réellement suscité l'adhésion des communautés locales aux projets de développement qui les concernaient.

Lorsque l'on parle de participation populaire, il faut cependant distinguer d'une part, les mouvements associatifs structurés administrativement et financièrement selon un schéma occidental et d'autre part, les initiatives spontanées des populations regroupées au sein de mouvements où prédomine la solidarité traditionnelle. Dans la vaste gamme des initiatives communautaires, les mouvements associatifs occupent une place prépondérante et parmi eux, les Organisations non gouvernementales.

Les ONG, souvent d'origine étrangère, ont fait preuve de compétence notamment à la fin des années 70 lorsque les grandes vagues de sécheresse et de famine se sont abattues sur le continent. Devant la lenteur des procédures gouvernementales, elles ont réussi à mettre en place des structures d'intervention efficaces en y associant les communautés locales. S'inspirant d'abord des principes humanitaires, elles ont peu à peu, au fur et à mesure que les crises persistaient et que les programmes d'ajustement structurel commençaient à fragiliser les structures communautaires, modifié le contenu de leurs interventions pour s'engager dans la voie du développement, notamment dans les domaines de la santé, de l'approvisionnement en eau, de l'agriculture et de l'alphabétisation. En ce sens, on peut dire que les ONG ont comblé les lacunes des pouvoirs publics dans de nombreux pays africains.

Cette présence massive d'organisations étrangères n'a pas été sans effet sur les africains eux-mêmes. Les politiques de compression des personnels de la fonction publique ont amené un grand nombre d'entre eux à créer leurs propres ONG et à assumer des fonctions en rapport direct avec les populations, ce qui n'était pas toujours le cas lorsqu'ils exerçaient des responsabilités gouvernementales.

Les initiatives locales se sont essentiellement développées dans les domaines où les besoins les plus élémentaires des populations n'étaient pas satisfaits par l'Etat, soit comme substitution à cette défaillance soit comme complément aux insuffisances de l'action des pouvoirs publics. Ces domaines sont essentiellement l'éducation, la santé et le développement rural.

Dans le domaine de l'éducation, on l'a vu, les populations ont pris l'initiative de créer leurs propres écoles là où les pouvoirs publics n'en avait pas les moyens. Dans celui de la santé, de nombreuses initiatives ont vu le jour. L'exemple du Mali est édifiant à cet égard. Les centres de santé communautaires, au nombre de treize dans la seule ville de Bamako, comme le rapporte Anne-Marie Thomazeau,

> « constituent un espoir pour tous les quartiers pauvres de la ville, en particulier pour la mise en application de la politique des médicaments essentiels encouragée par l'OMS. Celui de Fagiguila-Doumanzana, par exemple, a vu le jour dans un de ces quartiers appelés «spontanés» par les Maliens, à la fois terre d'accueil pour les déracinés de la brousse et lieu d'exil pour les exclus du centre-ville.(...) Dans les villages de brousse de la région de Kayes, à 500 kilomètres à l'ouest de Bamako, les réalisations communautaires financées par l'épargne des 200.000 émigrés organisés en associations de village dans les foyers de travailleurs de la région parisienne se multiplient. Elles vont des centres de santé aux écoles et collèges, en passant par les infrastructures hydrauliques, agricoles et commerciales. Durant la seule année 1985, les foyers ont financé 29 écoles, 20 centres de santé communautaires, 17 coopératives agricoles et 84

banques céréales. On compte dans la région de Kayes plus de 600 associations villageoises fédérées »[12].

Dans le domaine du développement rural, citons l'exemple de l'une des plus anciennes initiatives qui ait vu le jour en Afrique : les groupements Naam au Burkina Faso. Ceux-ci ont débuté en 1967 dans la province de Yatenga, dans le but de ranimer les associations traditionnelles de partage des tâches. L'idée, à l'origine, était de permettre aux communautés locales d'accumuler un surplus de production et de l'investir dans le développement communautaire. Pendant la saison des pluies, le groupement s'attache essentiellement à promouvoir les productions locales: potagers, culture du millet, du sésame, du coton et des arachides au moyen de parcelles dites communautaires. Pendant la saison sèche, les activités sont axées sur la fabrication du savon, la production textile, l'élevage et la construction de fours à faible consommation d'énergie. Les produits sont vendus sur le marché et les bénéfices sont partagés entre les membres du groupe. En 1989, on comptait près de 2800 groupements rassemblant au total plus de 160.000 membres. Aujourd'hui, ce chiffre a presque doublé[13].

On pourrait multiplier les exemples, en particulier dans le domaine de la collecte de l'épargne rurale. Ces initiatives sont le signe évident qu'une certaine Afrique se met quotidiennement en mouvement pour relever les défis du développement, grâce au dynamisme des mouvements associatifs ou communautaires qui, chaque jour et sans relâche inventent une nouvelle Afrique loin des centres majeurs de pouvoir et de décision rattachés à l'Etat.

L'intérêt de l'explosion démocratique en Afrique aujourd'hui, ce n'est pas tant le fait qu'elle ait produit l'effondrement des régimes autoritaires, mais qu'elle ait, en même temps, permis l'éclosion d'une société civile prête à

[12] Anne-Marie THOMAZEAU, op. cit.

[13] PNUD, *Rapport mondial sur le développement humain*, 1993

pallier les défaillances de ces régimes. La démocratie a ouvert des espaces d'expression d'une nouvelle citoyenneté et d'une solidarité populaire s'exprimant avant tout par une participation accrue des populations civiles aux affaires de l'Etat. Elle n'aurait pas été possible en Afrique sans une responsabilisation des populations à travers les mouvements associatifs de développement et, sans une implication active de celles-ci dans le processus de refus des régimes autoritaires.

Les premiers mouvements démocratiques ont d'abord émergé à la base, avant d'atteindre les sommets de l'élite et de la classe politique. Ils exprimaient avant tout des revendications d'ordre économique et réclamaient une plus grande justice sociale et une équité dans la répartition des richesses nationales. En ce sens, on peut probablement aujourd'hui rendre justice aux programmes draconiens de redressement économique pour avoir, dans une certaine mesure, contribué à ce que les populations longtemps mises à l'écart de toute forme de participation se voient investies d'un pouvoir de décision. Car, c'est probablement d'abord, parce qu'elles ont été contraintes d'assumer leur propre développement qu'elles se sont rendues compte qu'elles pouvaient se passer, dans bien des domaines, de la tutelle de l'Etat. C'est là aussi qu'elles ont fait l'expérience de la démocratie, en découvrant que cette absence de tutelle élargissait le champ de leurs libertés et de leurs droits.

Cette révolution des mentalités, longtemps ancrées dans l'illusion de la toute puissance de l'Etat, constitue aujourd'hui l'élément moteur de la démocratie et l'instrument qui permettra à cette démocratie africaine, encore tâtonnante, de survivre au retour des régimes autoritaires.

La consolidation de la démocratie passe par une restructuration profonde des systèmes de gouvernement qui ont longtemps dominé la vie publique en Afrique. Les bonnes lois , comme le disait déjà Platon en son temps, sont celles que les peuples aiment plus que la vie. La première tâche des nouveaux dirigeants élus démocratiquement est celle d'établir des lois véritablement démocratiques grantissant le respect des valeurs humaines fondamentales tels que la liberté d'expression, le droit à la dignité humaine et la reconnaissance de la citoyenneté donnant lieu aux citoyens le libre choix de leurs représentants. Car, comme le dit Guy Hermet :

> « où que ce soit et dans tous les contextes culturels, l'existence de la démocratie se vérifie en tout premier lieu au regard de la faculté que les gouvernés possèdent de remercier les gouvernants en place puis d'en choisir d'autres qu'ils pourront éventuellement renverser à leur tour. En revanche, elle reste problématique ou franchement contestable là où les dirigeants parviennent à échapper par quelque subterfuge au verdict populaire, là où les élections ne servent guère qu'à les confirmer dans leurs fonctions, ou là encore où l'armée ou un parti imposent en réalité le candidat qu'ils entendent maintenir ou porter au pouvoir. Par conséquent, il ne suffit pas de poser que les régimes pleinement démocratiques sont basés sur le ferme contrôle du peuple sur les institutions et sur le suffrage universel. Il convient par surcroît, que ce suffrage populaire puisse sanctionner véritablement les dirigeants au lieu de leur servir d'alibi ».[14]

L'organisation d'élections libres ne constitue pas le seul critère d'une véritable démocratie. Celle-ci doit aussi donner lieu à une organisation sociale et économique permettant de satisfaire les besoins essentiels des populations. La définition de règles établissant les limites des pouvoirs institutionnels de l'Etat et des agents économiques privés, le rééquilibrage des économies (notamment en termes de villes-campagnes, industrie-agriculture) l'adoption de législations économiques fondées sur la liberté de production et de consommation des richesses nationales, la répartition et l'utilisation judicieuse de ces mêmes richesses, l'abolition de privilèges d'Etat, de clans ou de familles, l'égalité de chances en matière d'éducation, de formation et d'alphabétisation etc., sont autant de gages pour l'avenir de la démocratie en Afrique.

---

[14] Guy HERMET, *Culture et démocratie*, UNESCO/Albin Michel, Paris, 1993.

## CHAPITRE XII

# LES ENJEUX DE LA MONDIALISATION

« La mondialisation prend la forme aujourd'hui de l'extension et de la primauté du marché mondial »
Gustave Massiah[15]

Depuis une dizaine d'années, des bouleversements majeurs sont survenus dans l'environnement politique et économique international. A l'instar des années 60 et 70 (lorsque sont apparus les concepts de développement, croissance, bipolarisme, centre, périphérie, etc.), des termes nouveaux sont venus émailler le langage des experts des relations internationales. Ainsi sont apparus les termes *globalisation*, *mondialisation*, *village planétaire*, *autoroutes de l'information*. Ces néologismes indiquent les mutations qui se sont produites au cours de ces dix dernières années, tant au niveau des relations économiques et politiques entre nations, qu'au niveau des rapports entre les Etats et les citoyens.

Les relations entre les nations répondent désormais à une logique économique et financière. Les grandes alliances fondées sur l'appartenance à une même idéologie ayant prévalu au cours des années 70-80, semblent aujourd'hui occultées par la nécessité de regroupements économiques

---

[15] Gustave MASSIAH, *La crise des Etats en Afrique*, in « Sociétés africaines et développement », Travaux et Recherches de l'IFRI (Institut français des Relations internationales) avec la Caisse centrale de coopération économique (CCCE), Masson, Paris, 1992, p. 129.

assurant les échanges commerciaux nécessaires à la survie des nations. La planète toute entière s'achemine vers l'adoption d'un modèle économique uniforme fondé sur le libre marché, renforcé par l'élargissement de l'intervention des institutions financières internationales.

Pour les pays en développement, en particulier, la mondialisation a signifié « la généralisation du passage des modèles de développement fondés sur la production en substitution d'importations et la prééminence économique de l'Etat, vers des modèles d'ouverture sur les exportations et de réduction de l'impulsion publique »[16].

Ce mouvement de globalisation de l'économie mondiale transcendant les barrières idéologiques et les frontières politiques entre Etats, participe d'un processus d'homogénéisation supposé réduire les inégalités entre les pays pauvres et les pays nantis, à travers la libéralisation des flux économiques et commerciaux.

Du fait que les mutations qui accompagnent ce mouvement sont d'abord d'origine économique, l'Afrique dans son ensemble, se trouve dans la zone d'exclusion de la mondialisation[17]. Néanmoins, loin d'apparaître un handicap, la mondialisation présente des atouts qui pourraient consentir à l'Afrique de réaliser des progrès immenses et de se replacer dans le sillon des économies avancées, à l'instar des pays de l'Asie. Ces atouts qui représentent autant d'enjeux se situent à deux niveaux :

- la maîtrise de l'information et de la communication et des moyens technologiques qui la soutiennent;
- la maîtrise et le partage du savoir et des compétences qui en découlent.

---

[16] Jacques OULD AOUDIA, *L'éclatement économique: les disparités régionales*, in « Les Tiers Mondes », Cahiers Français, La Documentation française, n. 270, Paris, mars-avril 1995, p. 47.

[17] Gustave MASSIAH, op. cit.

## 1. L'atout de l'information et de la communication

Le facteur essentiel d'accélération du processus de mondialisation au cours de ces dernières années, a été sans nul doute « les progrès dans la communication massive, instantanée et diversifiée de l'information »[18]. Ces progrès ont été spectaculaires au point qu'aujourd'hui, la révolution de l'information est assimilée aux précédentes révolutions industrielles et agricoles. Les experts s'accordent pour dire que, grâce aux nouvelles technologies de l'information, l'Afrique a aujourd'hui les moyens de combler son retard et d'accomplir d'immenses progrès en matière de développement . A-t-elle réellement les moyens d'en tirer profit ou, comme ce fut le cas lors des précédentes révolutions, laissera-t-elle échapper cette occasion de s'affirmer dans ce vaste mouvement?

Parmi les innovations technologiques dans le domaine de l'information et de la communication, on compte notamment:

> « la possibilité de numériser diverses formes d'information - texte, nombres, son, images fixes ou animées - et de les intégrer en un seul produit, le multimédia; l'intelligence artificielle et l'incorporation d'interfaces intelligentes et de dispositifs interactifs dans les produits et les services d'information rendant possible une utilisation à la demande par les usagers; les techniques de compression numérique qui permettent de communiquer très rapidement un volume plus important d'informations sur toute une gamme de réseaux hertziens ou filaires; les satellites de communication beaucoup plus puissants et d'une bien plus grande facilité d'accès; les satellites de diffusion directe qui transforment les modes de transmission traditionnels; la progression exponentielle de la puissance de calcul des ordinateurs s'accompagnant de baisses spectaculaires des coûts; l'offre de câbles à fibres optiques bon marché et de nouvelles technologies sans fil et techniques de commutation; le

---

[18] Olivier DOLLFUS, *La nouvelle carte du monde*, Presses Universitaires de France, Paris, 1995, p. 64.

développement impressionnant, ces dernières années, du domaine des réseaux informatiques pour la recherche et, en particulier, l'expansion explosive du plus grand d'entre eux, l'Internet, qui relie des millions d'ordinateurs individuels et d'utilisateurs dans le monde entier»[19]

Les bénéfices qui découlent de l'utilisation judicieuse de ces innovations sont innombrables. Elles permettent, par exemple, de partager, en temps réel, des informations qui peuvent améliorer le sort de millions d'être humains. On pense notamment aux moyens de détection préventive des catastrophes naturelles et aux possibilités d'anticiper, sur le plan agricole, les effets néfastes de mauvaises récoltes. Elle induit aussi de nouvelles relations entre les peuples, et entre ceux-ci et les pouvoirs publics. Le vent de la démocratisation n'aurait pas pu probablement souffler sur le continent africain avec autant de force si les images rapportant la chute du mur de Berlin et l'effondrement du bloc communiste, n'avaient pu être diffusées instantanément à travers tous les réseaux de communication du monde entier.

Mais au-delà des avantages liés à ces nouvelles technologies, l'enjeu véritable de la révolution de l'information se situe en amont. Leur maîtrise donne accès à un pouvoir où dominent des intérêts autant économiques que politiques. Celle-ci constitue, à l'évidence, l'une des clés des enjeux de la compétition internationale au troisième millénaire. Le développement de ces technologies s'observe essentiellement dans les pays industrialisés :

« alors que pour un grand nombre de pays en développement, même les anciennes technologies, comme la télévision, le téléphone, voire l'électricité, ne sont encore qu'un rêve[20]. Se

---

[19] *Enjeux éducatifs, scientifiques et culturels des nouvelles technologies de l'information et de la communication*, Paris, UNESCO, novembre 1995, p. 2.

[20] A titre d'exemple, avec 12% de la population mondiale, le continent africain ne possède que 2% des lignes téléphoniques. Jean-Philippe BICHARD, *Des autoroutes, pour quoi faire?*, JEUNE AFRIQUE , n° 1801, 13-19 juillet 1995.

pose alors la difficile question de savoir si l'accès à l'ère de l'information sera réservé, de fait, à une petite élite parmi les nations - et encore seulement aux plus riches d'entre elles - de sorte que le village planétaire aura ses propres taudis et ghettos. C'est là indéniablement l'aspect le plus sujet à controverse de cette révolution de l'information qui, si elle peut permettre de façonner une nouvelle société planétaire plus juste, risque aussi d'élargir encore le fossé qui sépare les nantis des déshérités à l'intérieur des nations comme sur la scène internationale non seulement en reproduisant mais encore en aggravant les inégalités par l'institution d'une ligne de partage technologique »[21].

Ces disparités ne pourront être réduites que s'il existe une volonté politique réelle des pays nantis de partager la maîtrise de l'information et des techniques qui la soutiennent. Pour les pays en développement, il s'agit de dessiner des politiques nationales en mesure de faire bénéficier, au plus grand nombre, des bienfaits de ces technologies.

En effet, pour l'Afrique, il ne s'agit pas seulement de combler un retard par rapport aux pays industrialisés mais d'éviter aussi que les technologies de l'information ne créent, au sein des nations elles-mêmes, des disparités et des inégalités supplémentaires. Car, bien que bon nombre des innovations les plus récentes en matière de technologies des communications, - magnétoscopes, radiodiffusion en stéréo, téléphonie numérique, télex, télévision, etc. - aient aujourd'hui pénétré en Afrique, leur diffusion reste encore sporadique et généralement limitée aux grands centres urbains[22].

Comme toute innovation, l'entrée dans l'ère nouvelle de l'information donne lieu à d'innombrables débats tendant à anticiper son évolution. L'Afrique n'en est pas en reste. La prise de conscience d'une révolution mondiale aux enjeux multiples suscite déjà de nombreux projets, notamment dans le

---

[21] *Enjeux éducatifs, scientifiques et culturels des nouvelles technologies de l'information et de la communication*, Paris, UNESCO, novembre 1995, p. 3.
[22] *Rapport sur la communication dans le monde*, UNESCO, Paris, 1990.

domaine des télécommunications[23]. Il reste à l'Afrique et aux Africains de savoir tirer profit de ces initiatives, par des politiques résolument volontaristes et en faisant des choix de stratégie conformes aux besoins réels de leur société.

Il est certain que l'Afrique ne peut se permettre de rester à la traîne de ce mouvement qui participe de la mondialisation et dont les effets se font déjà sentir du Nord au Sud. Le prochain millénaire consacrera encore plus la suprématie de l'information et de la communication planétaire et, inévitablement, les nations qui n'auront pas su tirer profit de ses avantages, resteront toujours défavorisées par rapport au reste du monde.

## 2. Le partage du savoir et des compétences

Malgré la diffusion rapide de l'information qui atteint les zones les plus reculées de la planète et qui fait que « plus personne ne peut demeurer passif devant le changement, que les plus misérables des habitants du Tiers Monde s'informent par la radio des événements qui régissent leur existence même s'ils ont lieu à New York, à Bruxelles ou à Tokyo; qu'en bref, une nouvelle sphère publique est en train de se créer, où le débat n'est plus seulement national ou local mais international »[24], la réalité est que les techniques et les instruments qui permettent de maîtriser cette information restent encore aux mains d'un petit nombre de pays.

---

[23] Citons pour exemple, le projet Africa One (Africa Optical Network) dont l'initiateur n'est autre que le groupe américain AT&T. Ce projet, lancé en Afrique en 1995 sur siollicitation de l'Union internationale des télécommunications (UIT) vise à mettre en place le premier réseau numérique sous-marin en fibre optique de grande capacité en Afrique: 35000 kilomètres de câbles traverseront quarante un pays africain en plus de l'Arabie Saoudite et l'Italie, pour un coût avoisinant les 2 milliards de dollars. *Des autoroutes, pour quoi faire?*, JEUNE AFRIQUE , n° 1801, 13-19 juillet 1995.

[24] Guy HERMET, *Culture et démocratie*, op. cit., p. 188.

Les ordinateurs, ces outils qui ont révolutionné les communications en moins d'une décennie, et qui, aujourd'hui, semblent indispensables à la vie quotidienne, aussi bien dans la sphère professionnelle que domestique, en sont un exemple édifiant. Aujourd'hui, plus de 140 millions d'ordinateurs personnels sont répartis dans le monde. Les pays industrialisés d'Europe occidentale et de l'Amérique du Nord possèdent à eux seuls plus de la moitié du parc mondial.

Contrairement à certains pays d'Asie qui ont su conquérir des espaces de production et de commercialisation qui font d'eux des géants sur le marché mondial, l'Afrique a encore un long chemin à parcourir pour combler le retard qui le sépare du reste du monde. Tandis que dans ces pays, les utilisateurs privés se font de plus en plus nombreux, l'ordinateur est encore loin d'avoir pénétré les foyers africains. D'une part, comme tout bien de consommation importé, son coût reste prohibitif, et d'autre part, même dans le cas où il serait accessible, il manquerait encore la formation nécessaire pour pouvoir s'en servir.

C'est pourtant là, indiscutablement, que se situe, pour les Africains, le vrai défi de la mondialisation : non pas celui de la maîtrise de la production des outils de l'information, mais celui de leur utilisation. Il s'agit, pour les pays africains, à défaut de ne pouvoir produire eux-mêmes ces instruments, d'en maîtriser les techniques d'utilisation en développant les formations appropriées. La situation actuelle, dans la plupart des pays africains, est qu'une petite élite maîtrise le savoir informatique et très souvent leur utilisation ne profite point à la grande masse.

Il y a deux risques majeurs dont on ne peut ignorer les conséquences sur le développement. D'une part, il y a le risque d'une marginalisation progressive de la grande masse au profit d'une petite élite possédant le savoir technique et, d'autre part, il y a celui d'un décalage entre les résultats de l'utilisation de ces techniques et les besoins immédiats de développement.

Le partage du savoir et des compétences au moyen des ordinateurs par le biais de ce que l'on appelle aujourd'hui les autoroutes de l'information rapprochent d'abord les élites du Nord et du Sud. Ainsi, un universitaire camerounais, échangera plus facilement les résultats de ses travaux de recherche avec ses collègues européens sur un sujet concernant le développement rural des paysans du nord du Cameroun alors qu'il aura eu peu de contacts avec ceux-ci. Pour Olivier Dollfus, la communication électronique fait courir aussi le risque

> « d'une forte intégration mondiale entre élites surtout lorsque l'appartenance à cette élite est en partie liée à un bagage technique. Ainsi s'établissent des réseaux mondiaux de relations entre les élites, alors que la communication devient difficile ou n'existe pas avec des voisins d'une classe sociale différente »[25].

Face à ce processus, l'élite africaine a un rôle à jouer qui n'est pas de moindre importance. Il s'agit surtout de l'élite intellectuelle qui, par la grâce du savoir, peut accéder à des connaissances techniques et scientifiques pouvant améliorer le sort de millions de leurs concitoyens. Que ce soit dans le domaine de la production agricole et donc dans celui de l'approvisionnement alimentaire, grande carence du continent, que ce soit dans le domaine de la recherche médicale ou dans celui de l'information tout court, l'élite africaine qui a le privilège de se prévaloir des techniques modernes de la communication, peut devenir l'élément clé cette révolution mondiale.

Nous avons indiqué deux atouts majeurs de la mondialisation qui pourraient permettre à l'Afrique, de tirer pleinement avantage des mutations induites par la mondialisation.

L'information est cruciale si l'on veut développer une nouvelle citoyenneté démocratique et susciter une

---

[25] Olivier DOLLFUS, op. cit., p. 104.

participation responsable des populations. La maîtrise de moyens de communication modernes est une ouverture vers l'extérieur pourvu que ceux-ci soient judicieusement mis au service de tous. Les politiques de formation doivent intégrer cette nouvelle dimension et s'éloigner des formules éducatives classiques et répétitives qui ne sont pas en rapport avec les nouvelles données de l'économie mondiale.

La possibilité, pour les élites africaines, d'acquérir de nouvelles compétences au moyen de la communication électronique, est un atout de grande importance. Mais, évidement, pour que cela profite au développement, ces compétences doivent être partagées. Il s'agit d'imaginer des politiques qui privilégient d'avantage le partage et la solidarité plutôt que la concurrence entre les élites, les centres de recherche et les universités, aussi bien au niveau des pays qu'à l'échelle continentale.

Sur la mondialisation et ses conséquences, beaucoup a déjà été écrit. Processus ségrégateur et porteur d'inégalités pour les uns, mouvement inéluctable vers le progrès pour les autres, il reste que l'humanité toute entière est confrontée, à la fin de ce siècle, à un phénomène qui accentue les interdépendances et entraîne dans son sillage, des nations et des peuples aux niveaux de développement inégaux. C'est un processus complexe ayant des conséquences d'ordre politique, économique et culturelle sur les Etats et les peuples du monde entier.

Sur le plan politique, la mondialisation paraît avoir comme conséquence première l'unification des idéologies politiques et la négation des souverainetés nationales. Mais en même temps, elle suscite des réactions de repli de la part des Etats et de leurs gouvernements encore impuissants à en maîtriser les conséquences.

Sur le plan économique, elle consacre le triomphe du capitalisme international et la suprématie de l'économie du marché. Désormais, grâce aux technologies modernes de la communication et aux réseaux du type *Internet*, les capitaux peuvent voyager librement d'un bout à l'autre de la planète et pénétrer les marchés périphériques. Mais si, dans certains cas, ces transferts de capitaux peuvent entraîner des gains de productivité et créer des emplois dans les pays de destination, il n'en reste pas moins que l'on assiste aussi à l'intrusion de réseaux internationaux de type mafieux. Enfin, malgré les bénéfices économiques dont elle est porteuse, la mondialisation ne doit pas faire oublier que des disparités existent encore entre les nations : 20% de l'humanité se partage encore plus de 80% du revenu mondial.

Sur le plan culturel, elle ignore la diversité et tend à homogénéiser les cultures, en affirmant la suprématie « d'un modèle de civilisation de plus en plus uniforme, calqué sur les moeurs de la société de consommation à l'occidentale, et étranger aux valeurs qui fondent l'originalité des autres régions du monde »[26]. C'est là le risque majeur de la mondialisation. La standardisation des normes culturelles risque de marginaliser des populations entières et accroître la fragmentation des identités nationales.

Les pays africains ont l'opportunité d'entrer dans le troisième millénaire par le biais de la mondialisation. Certes, on ne peut ignorer ses effets pervers. Mais, comme toute révolution, elle porte aussi en elle des éléments de progrès. De nombreuses voix s'élèvent un peu partout contre ce mouvement en oubliant que tout progrès ne s'accomplit pas sans ruptures. Pour les pays africains, déjà pénalisés par tant d'autres calamités, la négation de cette réalité ne peut qu'entraîner un repli sur eux-mêmes et le risque d'une plus grande marginalisation.

---

[26] Marcel MERLE, *Bilan des relations internationales contemporaines*, Economica, Paris, 1995

# CONCLUSION

«Le travail du chercheur est comme celui de la ménagère, il ne finit jamais »

Federico Caffe[1]

Notre propos a d'abord été celui de présenter un ensemble de situations réelles qui ne sont pas toujours prises en compte dans les statistiques internationales et qui dénotent ce que nous avons appelé le non-développement de l'Afrique. Il nous paraît donc ambitieux de prétendre avoir apporté des réponses complètes aux multiples interrogations qui ont surgi au fil de notre réflexion.

Cependant, face à la complexité de la crise qui perdure depuis plusieurs décennies sur le continent africain, nous pouvons esquisser les conclusions suivantes :

- En dépit des signes de richesse dont ne semble bénéficier qu'une minorité de la population, il y a une Afrique qui ne survit que grâce au dynamisme des réseaux traditionnels de solidarité familiale. C'est cette Afrique qui mérite que l'on se penche davantage sur son sort, sur les raisons de sa marginalisation et sur les responsabilités de ceux qui ont eu la charge de la gestion de la chose publique. En pensant à elle une question nous est constamment venue à l'esprit. Et si c'était cette Afrique à qui l'on refusait justement le développement?

[1] Federico CAFFE, *Keynes, l'alfiere dell'intervento pubblico*, article paru dans « Il Messagero », quotidien romain, 1/6/1983.

Pas à l'Afrique de l'élite, de la classe dirigeante, et des hauts fonctionnaires de l'Etat, ni à celle des hommes d'affaires prospérant à l'ombre des pouvoirs locaux, mais à celle des enfants des zones rurales et des bidonvilles, des paysans et paysannes qui chaque jour font et refont les mêmes corvées sans pour autant améliorer leurs conditions de vie. Cette Afrique qui ne survit, semble-t-il, que grâce à la manne internationale sous toutes ses formes : tourisme, aide alimentaire, projets communautaires; cette Afrique méconnue, sans voix et souvent négligée par les pouvoirs publics; c'est cette Afrique qui reste en marge du développement. Peu importe lequel, peu importe s'il est porteur de contradictions ou de déchirements. C'est cette Afrique qui n'est pas du tout développée, l'autre Afrique dirions-nous.

- Le non-développement de l'Afrique n'est pas une fatalité. Il n'est pas le résultat d'une histoire forgée en dehors de l'Afrique et à laquelle les africains eux-mêmes seraient tenus à l'écart. Les dirigeants africains avaient toutes les occasions de mener leurs pays vers une voie de développement et de progrès qui aurait soulagé les maux actuels dont souffrent les populations. Nous avons cependant de multiples raisons d'espérer. L'Afrique n'est point soumise au déterminisme du non-développement ou à la fatalité de la pauvreté, loin de là. Les expériences positives d'auto-développement réalisées dans certaines parties du continent par les populations elles-mêmes incitent à plus d'optimisme. Ce qui manque certainement, c'est la traduction en un projet global de toutes ces initiatives qui restent isolées. parce que ne faisant pas partie d'une projet global de société.

- La démocratie a suscité de nombreux espoirs. Mais elle a aussi produit de nombreuses désillusions. Mais toute l'Afrique, fort heureusement, n'est pas en proie au désespoir. Quelques îlots de stabilité et d'équilibre interne y fleurissent : le Bénin, le Cap Vert, l'île Maurice, le Ghana, le Mali, la Namibie ou le

Sénégal, pour ne citer que ceux-là, sans oublier l'extraordinaire et inattendue expérience de l'Afrique du Sud où, l'un des plus puissants et odieux systèmes d'exclusion et de discrimination raciale a été anéanti sans recours à une guerre civile brutale. Ces expériences plus ou moins bien réussies sont autant d'espoirs pour le futur de la démocratie en Afrique. Mais que dire des expériences douloureuses du Burundi, du Congo, du Nigeria ou du Zaïre où le processus démocratique semble s'être enlisé dans une voie sans issue, démontrant que la simple proclamation de nouvelles constitutions, l'organisation d'élections et l'instauration du multipartisme ne sont pas des gages de stabilité et n'égalisent pas forcément l'équation « Démocratie = Développement = Paix ».

- Quant à la mondialisation, elle suscite encore de nombreuses interrogations. Autant elle doit être considérée comme un mouvement de progrès, autant ses effets doivent être maîtrisés à tous les niveaux, politique, économique, social et culturel. Avec elle, une nouvelle carte du monde voit le jour. Elle prend d'un côté, la forme d'un noyau homogène où les intérêts de peuples aux origines si différentes semblent converger, et de l'autre, celle d'une masse hétéroclite où les aires de croissance contrastent de manière brutale avec les foyers d'exclusion, de violence et de pauvreté. On ne peut en effet ignorer que ce vaste mouvement de recomposition de l'espace mondial, tout en créant des espaces d'homogénéisation au niveau planétaire, cache des fortes tendances inégalitaires, entre nations, mais aussi au sein des économies nationales, entre une élite privilégiée et une masse ignorante. Quelle sera la place du continent africain au sein de cette nouvelle carte et quel rôle y jouera-t-il ?

- Enfin, quelles que soient les stratégies que l'on puisse adopter, quelles que soient les politiques que l'on puisse mettre en oeuvre, il est évident que le développement de l'Afrique, après tant d'années d'hégémonie étatique, ne peut se réaliser sans participation réelle des éléments constitutifs de la société. Cette participation implique les notions de liberté, équité, cohésion et justice sociale, notions longtemps ignorées des pouvoirs politiques. Ce n'est qu'en tenant compte des potentialités des différents acteurs participant au développement qu'un partage des rôles et des responsabilités de chacun aboutira également au partage équitable des fruits découlant de cet effort commun. Ce qui implique un révolution des mentalités et de nouvelles formes de citoyenneté. La démocratie, entendue au sens de liberté et de justice sociale, est une des conditions fondamentales de cette participation spontanée et collective des populations au développement de leur pays.

# TABLE

**Avant-propos** ........................................................ 11

**Introduction** ........................................................ 13

PREMIÈRE PARTIE

**L'UTOPIE DU DÉVELOPPEMENT**

*Chapitre I* : **La crise du développement** .................. 22

1. La crise des théories du développement .................. 24
2. La crise des indicateurs du développement ............ 31
   - *Produit National Brut (PNB)* ............................ 32
   - *Indice du développement humain (IDH)* .......... 34
3. Le développement : la fin d'un paradigme ............. 38

*Chapitre II* : **La crise des pouvoirs d'Etat** ............. 42

1. L'Etat : crise et décadence ...................................... 44
   - *L'Etat-parti* ........................................................ 49
   - *L'Etat-patron* ..................................................... 51
   - *L'Etat-prédateur* ................................................ 53
2. L'Etat : fin d'un mythe? ........................................... 56

DEUXIÈME PARTIE

## LE NON-DÉVELOPPEMENT AU QUOTIDIEN

*Chapitre III* : **Pour comprendre le non-développement** .63

- *Du sous-développement au non-développement* .. 66

*Chapitre IV* : **La généralisation de la pauvreté** ...... 74

1. La misère croissante du monde urbain .................... 78
2. La dégradation des villes africaines ........................ 87
3. La survie en ville: l'informel .................................... 89
4. Le monde rural: entre la survie à la campagne et l'exode en ville ..................................................... 95

*Chapitre V* : **La marginalisation du monde rural** . 99

1. La dégradation du secteur vivrier traditionnel ......... 101
2. Autosuffisance et insécurité alimentaire ................ 107
3. Sécheresse, pauvreté, environnement ..................... 111
4. Le développement rural sans les paysans ............ 114

*Chapitre VI* : **Les illusions de la "santé pour tous"**.. 118

1. Quelques données pour comprendre ...................... 120
2. Les carences des structures hospitalières urbaines .... 124
3. L'illusion de la « santé pour tous en l'an 2000 » .... 128

*Chapitre VII* : **L'école africaine en crise** ................. 135

1. De la scolarisation et à la déscolarisation.................. 136
2. L'inefficacité de l'enseignement fondamental ......... 139
   - *La dégradation des infrastructures scolaires* .... 140
   - *Le drame des enseignants* .............................. 141

3. L'école, fabrique à chômeurs ................................ 143
4. Le désespoir des parents ........................................ 145

*Chapitre VIII* : **L'interminable aide extérieure** ........ 149

1. Experts internationaux, fonctionnaires et populations locales: l'éternel quiproquo ................................... 150
2. Rationalité et irrationalité de l'aide .......................... 153
3. L'aide, nécessité ou alibi ? .................................... 160

TROISIÈME PARTIE

**L'AFRIQUE PAR LES AFRICAINS :**
**LES DÉFIS DU TROISIÈME MILLÉNAIRE**

*Chapitre IX* : **Le défi de l'éducation pour tous** ... 172

1. Education pour tous: le mythe de Sisyphe ? ............ 174
2. Faut-il réinventer l'école africaine ? ...................... 178
3. Rétablir la confiance des parents .......................... 187

*Chapitre X* : **Le défi de l'ajustement culturel** ...... 194

1. La famille africaine élargie .................................... 198
2. La marginalisation de la femme .......................... 206
3. L'entrepreneur africain: homo non-economicus ... 210
4. Féticheurs, marabouts et prophètes ...................... 213

*Chapitre XI* : **Le défi de la démocratie** ................. 217

1. La démocratie en Afrique: au-delà des idées reçues . 220
2. Les obstacles à la démocratie ................................ 222
   - *L'accroissement de la pauvreté et de l'exclusion.* 222
   - *La recrudescence de conflits internes* ............. 224
   - *Le dysfonctionnement des armées nationales*.... 226
3. Un atout pour la démocratie et le développement : la participation de la société civile .......................... 231

*Chapitre XII* : **Les enjeux de la mondialisation**........ 237

1. L'atout de l'information et de la communication ... 239
2. Le partage du savoir et des compétences ............ 242

**Conclusion** ........................................................ 247

L'Harmattan

Gérard Buakasa

# RÉINVENTER L'AFRIQUE

## de la tradition à la modernité au Congo-Zaïre

*"Réinventer l'Afrique Noire sur l'axe de sa matrice culturelle profonde, à tous les niveaux : religieux, politique, économique et social (...)"*, voilà ce à quoi s'est attelé l'auteur, à partir du cas zaïrois.

D'où une analyse de la situation du Congo-Zaïre, présentement "sinistré", qui dégage les capacités et les pistes d'un développement autochtone, fondé sur des résurgences de traditions culturelles locales jusque-là marginalisées. Un recentrage sur les forces internes, vitales, des populations, pour réinventer une modernité, africaine cette fois, permettant au Continent Noir de se remettre sur ses deux jambes et de reprendre sa marche interrompue par le télescopage occidental.

L'auteur procède par une démarche pluridisciplinaire afin de cerner les "causes" d'une sombre réalité très complexe et avancer ses propositions de redémarrage.

Préface de Gilles Bibeau
Postface de V. Y. Mudimbe

*Gérard BUAKASA est né en 1937 au Congo-Zaïre. Études de philosophie et de sociologie en Belgique et en France. Professeur à Kinshasa. Il réside actuellement au Canada où il enseigne et poursuit des recherches en anthropologie religieuse et médicale. A publié plusieurs ouvrages.*

ISBN : 2-7384-4047-9

MISE EN PAGES FOURNIE

Achevé d'imprimer par Corlet, Imprimeur, S.A. - 14110 Condé-sur-Noireau (France)
N° d'Imprimeur : 19611 - Dépôt légal : octobre 1996 - *Imprimé en C.E.E.*